張文治編

國學治要

第三編

諸子治要

中華書局印行

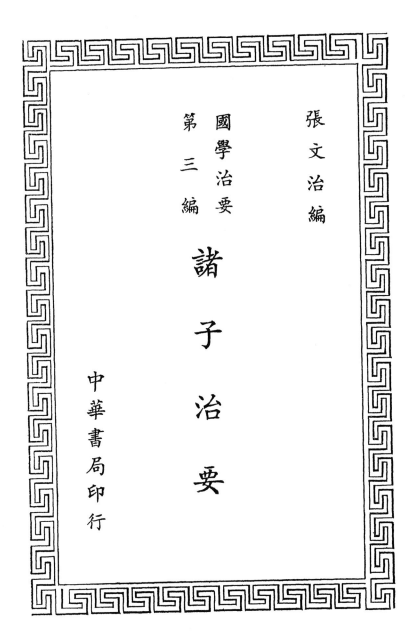

諸子治要卷一序

諸子十七種

諸子之學。起於衰周。說者謂王官失守。其徒各以所業。遊說諸侯。是時車馬之迹日密。竹帛之用漸宏。故百家之說。蠭起而著述寖多。其後源遠流分。醇駁互見。爲其學者。又多拘守門戶。汙附不已。故其言乃以龐雜見病。然平心而論。諸子之書。其篤實博大。尙不及周孔之經傳。亦往往各有獨入深到之處。言若相反。功多相成。此其書所以千載猶新而終不可廢也。所惜世遠年湮。篇簡殘闕。諸子之學。尤稱難治。蓋嘗考之。其時自孟荀莊韓諸子。以至劉安司馬談之倫。於其學之淵源流別。雖時有論說。加以褒貶。然或敍述不周。或論斷欠平。皆未足以見其全。迨劉向父子因羣書而作七略。（班固漢書藝文志。即本劉氏七略而成。七略之書久亡。今云七略者。據漢志而言也。）評論部次。條理縝密。後世學者。相率奉爲準繩。顧更考諸隋唐以下諸史志。見其著錄羣書。莫不刪七略而爲四部。以兵書數術方技三略。併入子部。則諸子之部次又一變矣。吾因深求其說。而後知諸子之家數。正猶經傳之種類。歷代時有增損。不能執一而論。茍撰諸義而協。則亦不得遽斥爲無據也。故是編特深維古義。斟酌今情。於古有而今不傳者闕之。或今雖傳而淺率虛僞。無重要關係於學術者。亦皆不取。都計采錄諸子之學八家。其次序則本於七略。而以兵家爲殿。每家之中。各舉一二巨子。爲書共一十七種。其十之八九。皆先秦兩漢之古著。非後人剿襲立說者可比。學者宜熟究之。舍短取長。略通萬方。其庶乎可以知吾先哲蘊藏之宏富。而有以自立矣。

諸子治要卷一目錄

國學治要三

諸子十七種

韓子二柄 八姦節錄 定法 五蠹 顯學

右法家書三種

公孫龍子跡府 白馬論 堅白論

右名家書一種

墨子法儀 辭過 兼愛上 非攻上 非命上節錄 小取 耕柱節錄 貴義節錄 公孟節錄

魯問節錄 公輸

右墨家書一種

鬼谷子捭闔 揣篇 摩篇 權篇 謀篇以上均節錄

右縱橫家書一種

呂氏春秋貴公 去私 貴生 尊師 蕩兵 節喪 當務 順說 察今 離謂 爲欲 恃君 上農

淮南子原道訓 本經訓 齊俗訓 氾論訓 泰族訓 要略訓以上均節錄

論衡物勢 書虛 變虛 感虛 福虛 禍虛 道虛以上均節錄 齊世 論死節錄 訂鬼節錄

右雜家書三種

孫子計篇 作戰篇 謀攻篇

右兵家書一種

諸子治要卷二序

隋唐以前諸子論學名著

古人論文。有大家。有名家。大家所造者深。所就者博。名家或具此而缺彼。然觀其成也。語不必多少。篇各無定體。而神理獨至。歷久不磨。吾謂諸子之爲學。蓋亦如是。所云大家。卽前所錄諸子十七種是也。所云名家。今獨可無類次乎。試申言之。吾國開明最古。數千年來。賢哲崛起。上多以古文爲治。下好以立言自期。雖不無庸妄者流。濫列其間。然大率皆殫精竭慮。各有專著。略舉其所極。或獨究一義。或兼明衆說。或因時救弊。或推陳出新。若此者並足以補苴罅漏。參證源流。不愧於名家之稱。今之所錄。卽本此旨。而廣爲搜輯。嚴定取去。不限於一家之學。亦不必各家求備。上起周初。下終晚唐。並以作者時代爲次。俾淵源變遷之迹。易於尋討。卷末附錄史記之諸子列傳等篇。雖與學說無關。而可爲知人論世之資。亦不宜略。惟唐之韓柳二家。論學之作。誠多名貴。因其以文爲主。已別具古文專編。茲不重錄。都計得篇若干。學者熟讀乎此。互相考校。當可粗窺歷代諸子之深博。而後知名家之作。亦未易多求也。

諸子治要卷二目錄

隋唐以前諸子論學名著

高誘呂氏春秋序　淮南鴻烈解序

魯勝墨辯序

張湛列子序

楊倞荀子序

諸子治要卷一

諸子十七種

荀子

周荀況撰。況趙人。時人相尊。亦稱荀卿。漢人或稱爲孫卿。以荀孫字音相近。或曰。以避宣帝諱詢之嫌名故也。自仲尼沒。傳其學者。孟荀並爲大宗。荀子性惡篇持論。雖與孟子相反。然其本旨在使人去惡歸善。固無二致。書凡三十三篇。主於明周孔之教。崇禮樂。勉人學問。而於當時名墨諸家立說之徼。尤不厭反復辨正。其推論多精切不磨。與孟子之自任闢邪說以承三聖正復相似。故韓愈稱其書爲大醇小疵。而楊倞更以爲羽翼經傳。光乎孔氏者也。（案荀姓也。子男子之美稱也。荀子本以稱人。因以稱其所著之書。凡諸子之書名。多同此類）

勸學 節錄以下各篇並同

君子曰。學不可以已。青取之於藍而青於藍。冰水爲之而寒於水。木直中繩。輮以爲輪。其曲中規。雖有槁暴。不復挺者。輮使之然也。故木受繩則直。金就礪則利。君子博學而日參省乎己。則知明而行無過矣。故不登高山。不知天之高也。不臨深谿。不知地之厚也。不聞先王之遺言。不知學問之大也。干越夷貉之子。生而同聲。長而異俗。教使之然也。詩曰。嗟爾君子。無恆安息。靖共爾位。好是正直。神之聽之。介爾景福。

學惡乎始。惡乎終。曰。其數則始乎誦經。終乎讀禮。其義則始乎爲士。終乎爲聖人。眞積力久則入。學至乎沒而後止也。故學數有終。若其義則不可須臾舍也。爲之人也。舍之禽獸也。故書者政事之紀也。詩者中聲之所止也。禮者法之大分類之綱紀也。故學至乎禮而止矣。夫是之謂道德之極。禮之敬文也。樂之中和也。詩書之博也。春秋之微也。在天地之間者畢矣。君子之學也。入乎耳。箸乎心。布乎四體。形乎動靜。端而言。蝡而動。一可以爲法則。小人之學也。入乎耳。出乎口。口耳之間則四寸耳。曷足以美七尺之軀哉。

修身

見善。修然必以自存也。見不善。愀然必以自省也。善在身。介然必以自好也。不善在身。菑然必以自惡也。故非我而當者。吾師也。是我而當者。吾友也。諂諛我者。吾賊也。故君子隆師而親友。以致惡其賊。好善無厭。受諫而能誡。雖欲無進。得乎哉。小人反是。致亂而惡人之非己也。致不肖而欲人之賢己也。心如虎狼。行如禽獸。而又惡人之賊己也。諂諛者親。諫諍者疏。修正爲笑。至忠爲賊。雖欲無滅亡。得乎哉。詩曰。噏噏呰呰。亦孔之哀。謀之其臧。則具是違。謀之不臧。則具是依。此之謂也。

志意修則驕富貴。道義重則輕王公。內省而外物輕矣。傳曰。君子役物。小人役於物。此之謂矣。身勞而心安。爲之。利少而義多。爲之。事亂君而通。不如事窮君而順焉。故良農不爲水旱不耕。良賈不爲折閱不市。士君子不爲貧窮怠乎道。

夫驥一日而千里。駑馬十駕。則亦及之矣。將以窮無窮逐無極與。其折骨絕筋。終身不可以相及也。將有所止之。則千里雖遠。亦或遲或速。或先或後。胡爲乎其不可以相及也。不識步道者。將以窮無窮逐無極與。意亦有所止之與。夫堅白同異有厚無厚之察。非不察也。然而君子不辨。止之也。倚魁之行。非不難也。然而君子不行。止之也。故學曰遲。彼止而待我。我行而就之。則亦或遲或速。或先或後。胡爲乎其不可以同至也。故蹞步而不休。跛鼈千里。累土而不輟。丘山崇成。厭其源。開其瀆。江河可竭。一進一退。一左一右。六驥不致。彼人之才性之相縣也。豈若跛鼈之與六驥足哉。然而跛鼈致之。六驥不致。是無他故焉。或爲之。或不爲之耳。道雖邇。不行不至。事雖小。不爲不成。其爲人也多暇日者。其出入不遠矣。好法而行。士也。篤志而體。君子也。齊明而不竭。聖人也。

非十二子

假今之世。飾邪說。文姦言。以梟亂天下。矞宇嵬瑣。使天下混然不知是非治亂之所存者有人矣。縱情性。安恣睢。禽獸行。不足以合文通治。然而其持之有故。其言之成理。足以欺惑愚衆。是它囂魏牟也。忍情性。綦谿利跂。苟以分異人爲高。不足以合大衆明大分。然而其持之有故。其言之成理。足以欺惑愚衆。是陳仲史鰌也。不知壹天下建國家之權稱。上功用。大儉約。而僈差等。曾不足以容辨異縣君臣。然而其持之有故。其言之成理。足以欺惑愚衆。是墨翟宋鈃也。尚法而無法。下修而好作。上則取聽於上。下則取從於俗。終日言成文典。及紃察之。則倜然無所歸宿。不可以經國定分。然而其持之有故。其言之成理。足以欺惑愚衆。是愼到田駢也。不法先王。不是禮義。而好治怪說。玩琦辭。甚察而不惠。辯而無用。多事而寡功。不可以爲治綱紀。然而其持之有故。其言之成理。足以欺惑愚衆。是惠施鄧析也。略法先王而不知其統。猶然而材劇志大。聞見雜博。案往舊造說。謂之五行。甚僻違而無類。幽隱而無說。閉約而無解。案飾其辭而祇敬之曰。此眞先君子之言也。子思唱之。孟軻和之。世俗之溝猶瞀儒。嚾嚾然不知其所非也。遂受而傳之。以爲仲尼子游爲茲厚於後世。是則子思孟軻之罪也。若夫總方略。齊言行。壹統類。而羣天下之英傑。而告之以太古。敎之以至順。奧窔之間。簟席之上。斂然聖王之文章具焉。佛然平世之俗起焉。六說者不能入也。十二子者不能親也。無置錐之地。而王公不能與之爭名。在一大夫之位。則一君不能獨畜。一國不能獨容。成名況乎諸侯。莫不願以爲臣。是聖人之不得勢者也。仲尼子弓是也。一天下。財萬物。長養人民。兼利天下。通達之屬。莫不從服。六說者立息。十二子者遷化。則聖人之得勢者。舜禹是也。今夫仁人也。將何務哉。上則法舜禹之制。下則法仲尼子弓之義。以務息十二子之說。如是則天下之害除。仁人之事畢。聖王之跡著矣。

儒效

秦昭王問孫卿子曰。儒無益於人之國。孫卿子曰。儒者法先王。隆禮義。謹乎臣子而致貴其上者也。人主用之。則勢在本朝而宜。不用則退編百姓而慤。必爲順下矣。雖窮困凍餒。必不以邪道爲貪。無置錐之地。而明於持社稷之大義。嗚呼而莫之能應。然而通乎財萬物養百姓之經紀。勢在人上。則王公之材也。在人下。則社稷之臣。國君之寶也。雖隱於窮閻漏屋。人莫不貴之。道誠存也。仲尼將爲司寇。沈猶氏不敢朝飲其羊。公慎氏出其妻。慎潰氏踰境而徙。魯之粥牛馬者不豫賈。必蚤正以待之也。居於闕黨。闕黨之子弟罔不分。有親者取多。孝悌以化之也。儒者在本朝則美政。在下位則美俗。儒之爲人下如是矣。王曰。然則其爲人上何如。孫卿曰。其爲人上也廣大矣。志意定乎內。禮節修乎朝。法則度量正乎官。忠信愛利形乎下。行一不義。殺一無罪。而得天下。不爲也。此君義信乎人矣。通於四海。則天下應之如讙。是何也。則貴名白而天下治也。故近者歌謳而樂之。遠者竭蹶而趨之。四海之內若一家。通達之屬。莫不從服。夫是之謂人師。詩曰。自西自東。自南自北。無思不服。此之謂也。夫其爲人下也如彼。其爲人上也如此。何謂其無益於人之國也。昭王曰善。

先王之道。仁之隆也。比中而行之。曷謂中。曰禮義是也。道者。非天之道。非地之道。人之所道也。君子之所道也。君子之所謂賢者。非能偏能人之所能之謂也。君子之所謂知者。非能偏知人之所知之謂也。君子之所謂辯者。非能偏辯人之所辯之謂也。君子之所謂察者。非能徧察人之所察之謂也。有所正矣。相高下。視肥墝。序五種。君子不如農人。通財貨。相美惡。辨貴賤。君子不如賈人。設規矩。陳繩墨。便備用。君子不如工人。不卹是非然不然之情。以相薦撙。以相恥怍。君子不若惠施鄧析。若夫譎德而定次。量能而授官。使賢不肖皆得其位。能不能皆得其官。萬物得其宜。事變得其應。愼墨不得進其談。惠施鄧析不敢竄其察。言必當理。事必當務。是然後君子之所長也。凡事行有益於理者立之。無益於理者廢之。夫是之謂中事。凡知說有益於理者爲之。無益於理者舍之。夫是之謂中說。事行失中謂之姦事。知說失中。謂之姦道。姦事姦道。治世之所棄。而亂世之所從服也。若夫充虛之相施易也。堅白同異之分隔也。是聰耳之所不能聽也。明目之所不能見也。辯士之所不能言也。雖有聖人之知。未能僂指也。不知無害爲君子。知之無損爲小人。工匠不知無害爲巧。君子不知無害爲理。王公好之則亂法。百姓好之則亂事。而狂惑戇陋之人。乃始率其羣徒。辯其談說。明其辟稱。老身長子。不知惡也。夫是之謂上愚。曾不如相雞狗之可以爲名也。詩曰。爲鬼爲蜮。則不可得。有靦面目。視人罔極。作此好歌。以極反側。此之謂也。

不聞不若聞之。聞之不若見之。見之不若知之。知之不若行之。學至於行之而止矣。行之明也。明之爲聖人。聖人也者。本仁義。當是非。齊言行。不失毫釐。無他道焉。已乎行之矣。故聞之而不見。雖博必謬。見之而不知。雖識必妄。知之而不行。雖敦必困。不聞不見。則雖當非仁也。

其道百舉而百陷也。故人無師無法。而知則必爲盜。勇則必爲賊。云能則必爲亂。察則必爲怪。辯則必爲誕。人有師有法。而知則速通。勇則速威。云能則速成。察則速盡。辯則速論。故有師法者。人之大寶也。無師法者。人之大殃也。人無師法。則隆性矣。有師法。則隆積矣。而師法者。所得乎情。非所受乎性。不足以獨立而治。性也者。吾所不能爲也。然而可化也。情也者。非吾所有也。然而可爲也。注錯習俗。所以化性也。并一而不貳。所以成積也。習俗移志。安久移質。并一而不貳。則通於神明。參於天地矣。故積土而爲山。積水而爲海。旦暮積謂之歲。至高謂之天。至下謂之地。宇中六指謂之極。涂之人百姓。積善而全盡。謂之聖人。彼求之而後得。爲之而後成。積之而後高。盡之而後聖。故聖人也者。人之所積也。人積耨耕而爲農夫。積斲削而爲工匠。積反貨而爲商賈。積禮義而爲君子。工匠之子。莫不繼事。而都國之民。安習其服。居楚而楚。居越而越。居夏而夏。是非天性也。積靡使然也。故人知謹注措。愼習俗。大積靡。則爲君子矣。縱性情而不足問學。則爲小人矣。爲君子則常安榮矣。爲小人則常危辱矣。凡人莫不欲安榮而惡危辱。故唯君子爲能得其所好。小人則日徼其所惡。詩曰。維此良人。弗求弗迪。維彼忍心。是顧是復。民之貪亂。寧爲荼毒。此之謂也。

王制

水火有氣而無生。草木有生而無知。禽獸有知而無義。人有氣有生有知。亦且有義。故最爲天下貴也。力不若牛。走不若馬。而牛馬爲用。何也。曰。人能羣。彼不能羣也。人何以能羣。曰。分。分何以能行。曰。義。故義以分則和。和則一。一則多力。多力則彊。彊則勝物。故宮室可得而居也。故序四時。裁萬物。兼利天下。無他故焉。得之分義也。故人生不能無羣。羣而無分則爭。爭則亂。亂則離。離則弱。弱則不能勝物。故宮室不可得而居也。不可少頃舍禮義之謂也。能以事親謂之孝。能以事兄謂之悌。能以事上謂之順。能以使下謂之君。君者善羣也。羣道當則萬物皆得其宜。六畜皆得其長。羣生皆得其命。故養長時則六畜育。殺生時則草木殖。政令時則百姓一。賢良服。聖王之制也。草木榮華滋碩之時。則斧斤不入山林。不夭其生。不絕其長也。黿鼉魚鱉鰌鱣孕別之時。罔罟毒藥不入澤。不夭其生。不絕其長也。春耕。夏耘。秋收。冬藏。四者不失時。故五穀不絕。而百姓有餘食也。汙池淵沼川澤。謹其時禁。故魚鱉優多。而百姓有餘用也。斬伐養長不失其時。故山林不童。而百姓有餘材也。聖王之用也。上察於天。下錯於地。塞備天地之間。加施萬物之上。微而明。短而長。狹而廣。神明博大以至約。故曰。一與一。是爲人者謂之聖人。

富國

萬物同宇而異體。無宜而有用爲人。數也。人倫並處。同求而異道。同欲而異知。生也。皆有可也。知愚同。所可異也。知愚分。勢同而知異。行私而無禍。縱欲而不窮。則民心奮而不可說也。

如是則知者未得治也。知者未得治。則功名未成也。功名未成。則羣衆未懸也。羣衆未懸。則君臣未立也。無君以制臣。無上以制下。天下害生縱欲。欲惡同物。欲多而物寡。寡則必爭矣。故百技所成。所以養一人也。而能不能兼技。人不能兼官。離居不相待則窮。羣而無分則爭。窮者患也。爭者禍也。救患除禍。則莫若明分使羣矣。彊脅弱也。知懼愚也。民下違上。少陵長。不以德爲政。如是則老弱有失養之憂。而壯者有分爭之禍矣。事業所惡也。功利所好也。職業無分。如是則人有樹事之患。而有爭功之禍矣。男女之合。夫婦之分。婚姻娉內。送逆無禮。如是則人有天合之憂。而有爭色之禍矣。故知者爲之分也。

君道

有亂君。無亂國。有治人。無治法。羿之法非亡也。而羿不世中。禹之法猶存。而夏不世王。故法不能獨立。類不能自行。得其人則存。失其人則亡。法者治之端也。君子者法之原也。故有君子。則法雖省。足以徧矣。無君子。則法雖具。失先後之施。不能應事之變。足以亂矣。不知法之義。而正法之數者。雖博臨事必亂。故明主急得其人。而闇主急得其勢。急得其人。則身佚而國治。功大而名美。上可以王。下可以霸。不急得其人。而急得其勢。則身勞而國亂。功廢而名辱。社稷必危。故君人者勞於索。而休於使之。書曰。惟文王敬忌。一人以擇。此之謂也。

合符節。別契券者。所以爲信也。上好權謀。則臣下百吏誕詐之人。乘是而後欺。探籌投鉤者。

所以爲公也。上好曲私。則臣下百吏。乘是而後偏。衡石稱縣者。所以爲平也。上好傾覆。則臣下百吏。乘是而後險。斗斛敦槩者。所以爲嘖也。上好貪利。則臣下百吏。乘是而後豐取刻與。以無度取於民。故械數者。治之流也。非治之原也。君子者。治之原也。官人守數。君子養原。原清則流清。原濁則流濁。故上好禮義。尚賢使能。無貪利之心。則下亦將綦辭讓。致忠信。而謹於臣子矣。如是則雖在小民。不待合符節。別契劵而信。不待探籌投鉤而公。不待衡石稱縣而平。不待斗斛敦槩而嘖。故賞不用而民勸。罰不用而服。有司不勞而事治。政令不煩而俗美。百姓莫敢不順上之法。象上之志。而勸上之事。而安樂之矣。故藉斂忘費。事業忘勞。寇難忘死。城郭不待飾而固。兵刃不待陵而勁。敵國不待服而詘。四海之民不待令而一。夫是之謂至平。詩曰。王猶允塞。徐方既來。此之謂也。

議兵

臨武君與孫卿子議兵於趙孝成王前。王曰。請問兵要。臨武君對曰。上得天時。下得地利。觀敵之變動。後之發。先之至。此用兵之要術也。孫卿子曰。不然。臣所聞古之道。凡用兵攻戰之本。在乎壹民。弓矢不調。則羿不能以中微。六馬不和。則造父不能以致遠。士民不親附。則湯武不能以必勝也。故善附民者。是乃善用兵者也。故兵要在乎善附民而已。臨武君曰。不然。兵之所貴者。埶利也。所行者。變詐也。善用兵者。感忽悠闇。莫知其所從出。孫吳用之無敵於天下。豈必待附民哉。孫卿子曰。不然。臣之所道。仁人之兵。王者之志也。君之所貴。權謀埶利也。所行攻奪變詐也。諸侯之事也。仁人之兵。不可詐也。彼可詐者。怠慢者也。路亶者也。君臣上下之閒。滑然有離德者也。故以桀詐桀。猶巧拙有幸焉。以桀詐堯。譬之若以卵投石。以指撓沸。若赴水火。入焉焦沒耳。故仁人上下。百將一心。三軍同力。臣之於君也。下之於上也。若子之事父。弟之事兄。若手臂之扞頭目而覆胸腹也。詐而襲之。與先驚而後擊之。一也。且仁人之用十里之國。則將有百里之聽。用百里之國。則將有千里之聽。用千里之國。則將有四海之聽。必將聰明警戒和傳而一。故仁人之兵。聚則成卒。散則成列。延則若莫邪之長刃。嬰之者斷。兌則若莫邪之利鋒。當之者潰。圜居而方止。則若盤石然。觸之者角摧。案角鹿埵隴種東籠而退耳。且夫暴國之君。將誰與至哉。彼其所與至者。必其民也。而其民之親我。歡若父母。其好我。芬若椒蘭。彼反顧其上。則若灼黥。若仇讎。人之情。雖桀跖。豈又肯爲其所惡。賊其所好者哉。是猶使人之子孫。自賊其父母也。彼必將來告之。夫又何可詐也。故仁人用國日明。諸侯先順者安。後順者危。慮敵之者削。反之者亡。詩曰。武王載發。有虔秉鉞。如火烈烈。則莫我敢遏。此之謂也。孝成王臨武君曰。善。

陳囂問孫卿子曰。先生議兵。常以仁義爲本。仁者愛人。義者循理。然則又何以兵爲。凡所爲有兵者。爲爭奪也。孫卿子曰。非女所知也。彼仁者愛人。愛人。故惡人之害之也。義者循理。循理故惡人之亂之也。彼兵者。所以禁暴除害也。非爭奪也。故仁人之兵。所存者神。所過者化。若時雨之降。莫不說喜。是以堯伐驩兜。舜伐有苗。禹伐共工。湯伐有夏。文王伐崇。武王伐紂。此四帝兩王。皆以仁義之兵。行於天下也。故近者親其善。遠方慕其德。兵不血刃。遠邇來服。德盛於此。施及四極。詩曰。淑人君子。其儀不忒。此之謂也。

李斯問孫卿子曰。秦四世有勝。兵強海內。威行諸侯。非以仁義爲之也。以便從事而已。孫卿子曰。非女所知也。女所謂便者。不便之便也。吾所謂仁義者。大便之便也。彼仁義者。所以修政者也。政修則民親其上。樂其君。而輕爲之死。故曰。凡在於軍。將率末事也。秦四世有勝。諰諰然常恐天下之一合而軋己也。此所謂末世之兵。未有本統也。故湯之放桀也。非其逐之鳴條之時也。武王之誅紂也。非以甲子之朝而後勝之也。皆前行素修也。此所謂仁義之兵也。今女不求之於本。而索之於末。此世之所以亂也。

天論

天行有常。不爲堯存。不爲桀亡。應之以治則吉。應之以亂則凶。彊本而節用。則天不能貧。養備而動時。則天不能病。修道而不貳。則天不能禍。故水旱不能使之飢渴。寒暑不能使之疾。祆怪不能使之凶。本荒而用侈。則天不能使 富。養略而動罕。則天不能使之全。倍道而妄行。則天不能使之吉。故水旱未至而飢。寒暑未薄而疾。妖怪未至而凶。受時與治世同。而殃禍與治世異。不可以怨天。其道然也。故明於天人之分。則可謂至人矣。不爲而成。不求而得。夫是之謂天職。如是者。雖深其人不加慮焉。雖大不加能焉。雖精不加察焉。夫是之謂不與天爭職。天有其時。地有其財。人有其治。夫是之謂能參。舍其所以參。而願其所參。則惑矣。列星隨旋。日月遞炤。四時代御。陰陽大化。風雨博施。萬物各得其和以生。各得其養以成。不見其事而見其功。夫是之謂神。皆知其所以成。莫知其無形。夫是之謂天。唯聖人爲不求知天。天職既立。天功既成。形具而神生。好惡喜怒哀樂臧焉。夫是之謂天情。耳目鼻口形能各有接而不相能也。夫是之謂天官。心居中虛以治五官。夫是之謂天君。財非其類以養其類。夫是之謂天養。順其類者謂之福。逆其類者謂之禍。夫是之謂天政。暗其天君。亂其天官。弃其天養。逆其天政。背其天情。以喪天功。夫是之謂大凶。聖人淸其天君。正其天官。備其天養。順其天政。養其天情。以全其天功。如是則知其所爲。知其所不爲矣。則天地官而萬物役矣。其行曲治。其養曲適。其生不傷。夫是之謂知天。故大巧在所不爲。大智在所不慮。所志於天者。已其見象之可以期者矣。所志於地者。已其見宜之可以息者矣。所志於四時者。已其見數之可以事者矣。所志於陰陽者。已其見知之可以治者矣。官人守天而自爲守道也。

治亂天邪。曰。日月星辰瑞厤。是禹桀之所同也。禹以治。桀以亂。治亂非天也。時邪。曰。繁啟蕃長於春夏。畜積收臧於秋冬。是又禹桀之所同也。禹以治。桀以亂。治亂非時也。地邪。曰。得地則生。失地則死。是又禹桀之所同也。禹以治。桀以亂。治亂非地也。詩曰。天作高山。大王荒之。彼作矣。文王康之。此之謂也。

天不爲人之惡寒也輟冬。地不爲人之惡遼遠也輟廣。君子不爲小人匈匈也輟行。天有常道矣。地有常數矣。君子有常體矣。君子道其常。而小人計其功。詩曰。何恤人之言兮。此之謂也。

楚王後車千乘。非知也。君子啜菽飲水。非愚也。是節然也。若夫心意修。德行厚。知慮明。生於今而志乎古。則是其在我者也。故君子敬其在己者。而不慕其在天者。小人錯其在己者。而慕其在天者。君子敬其在己者。而不慕其在天者。是以日進也。小人錯其在己者。而慕其在天者。是以日退也。故君子之所以日進。與小人之所以日退。一也。君子小人之所以相懸者在此耳。

萬物爲道一偏。一物爲萬物一偏。愚者爲一物一偏。而自以爲知道。無知也。愼子有見於後。無見於先。老子有見於詘。無見於信。墨子有見於齊。無見於畸。宋子有見於少。無見於多。有後而無先。則羣衆無門。有詘而無信。則貴賤不分。有齊而無畸。則政令不施。有少而無多。則羣衆不化。書曰。無有作好。遵王之道。無有作惡。遵王之路。此之謂也。

正論

子宋子曰。明見侮之不辱。使人不鬭。人皆以見侮爲辱。故鬭也。知見侮之爲不辱。則不鬭矣。應之曰。然則亦以人之情爲不惡侮乎。曰。惡而不辱也。曰。若是則必不得所求焉。凡人之鬭也。必以其惡之爲說。非以其辱之爲故也。今俳優侏儒狎徒詈侮而不鬭者。是豈鉅知見侮之爲不辱哉。然而不鬭者。不惡故也。今人或入其央瀆。竊其豬彘。則援劍戟而逐之。不避死傷。是豈以喪豬爲辱也哉。然而不憚鬭者。惡之故也。雖以見侮爲辱也。不惡則不鬭。雖知見侮爲不辱。惡之則必鬭。然則鬭與不鬭邪。亡於辱之與不辱也。乃在於惡之與不惡也。夫今子宋子不能解人之惡侮。而務說人以勿辱也。豈不過甚矣哉。金舌弊口。猶將無益也。不知其無益則不知。知其無益也。直以欺人則不仁。不仁不知。辱莫大焉。將以爲有益於人。則與無益於人也。則得大辱而退耳。說莫病是矣。子宋子曰。見侮不辱。應之曰。凡議。必將立隆正然後可也。無隆正。則是非不分。而辯訟不決。故所聞曰天下之大隆。是非之封界。分職名象之所起。王制是也。故凡言議期命。是非以聖王爲師。而聖王之分。榮辱是也。是有兩端矣。有義榮者。有勢榮者。有義辱者。有勢辱者。志意修。德行厚。知慮明。是榮之由中出者也。夫是之謂義榮。爵列尊。貢祿厚。形勢勝。上爲天子諸侯。下爲卿相士大夫。是榮從外至者也。夫是之謂勢榮。流淫汙僈。犯分亂理。驕暴貪利。是辱之由中出者也。夫是之謂義辱。詈侮捽搏。捶笞臏腳。斬斷枯磔。藉靡舌縪。是辱之由外至者也。夫是之謂勢辱。是榮辱之兩端也。故君子可以有勢辱。而不可以有義辱。小人可以有勢榮。而不可以有義榮。有勢辱無害爲堯。有勢榮無害爲桀。義榮勢榮。唯君子然後兼有之。義辱勢辱。唯小人然後兼有之。是榮辱之分也。聖王以爲法。士大夫以爲道。官人以爲守。百姓以爲成俗。萬世不能易也。今子宋子案不然。獨詘容爲己。慮一朝而改之。說必不行矣。譬之是猶以塼塗塞江海也。以焦僥而戴太山也。蹎跌碎折。不待頃矣。二三子之善於子宋子者。殆不若止之。將恐得傷其體也。子宋子曰。人之情欲寡。而皆以己之情欲爲多。是過也。故率其羣徒。辯其談說。明其譬稱。將使人知情之欲寡也。應之曰。然則亦以人之情爲目不欲綦色。耳不欲綦聲。口不欲綦味。鼻不欲綦臭。形不欲綦佚。此五綦者。亦以人之情爲不欲乎。曰。人之情欲是已。曰。若是則說必不行矣。以人之情爲欲此五綦者而不欲多。譬之是猶以人之情爲欲富貴而不欲貨也。好美而惡西施也。古之人爲之不然。以人之情爲欲多而不欲寡。故賞以富厚而罰以殺損也。是百王之所同也。故上賢祿天下。次賢祿一國。下賢祿田邑。愿慤之民完衣食。今子宋子以是之情爲欲寡而不欲多。然則先王以人之所不欲者賞。而以人之所欲者罰邪。亂莫大焉。今子宋子嚴然而好說。聚人徒。立師學。成文曲。然而說不免於以至治爲至亂也。豈不過甚矣哉。

禮論

禮起於何也。曰人生而有欲。欲而不得。則不能無求。求而無度量分界。則不能不爭。爭則亂。亂則窮。先王惡其亂也。故制禮義以分之。以養人之欲。給人之求。使欲必不窮乎物。物必不屈於欲。兩者相持而長。是禮之所起也。故禮者養也。芻豢稻粱。五味調香。所以養口也。椒蘭芬苾。所以養鼻也。雕琢刻鏤。黼黻文章。所以養目也。鐘鼓管磬。琴瑟竽笙。所以養耳也。疏房檖。貌越席牀第几筵。所以養體也。故禮者養也。君子既得其養。又好其別。曷謂別。曰貴賤有等。長幼有差。貧富輕重皆有稱者也。故天子大路越席。所以養體也。側載睪芷。所以養鼻也。前有錯衡。所以養目也。和鸞之聲。步中武象。趨中韶護。所以養耳也。龍旗九斿。所以養信也。寢兕持虎蛟韅絲末彌龍。所以養威也。故大路之馬。必倍至教順。然後乘之。所以養安也。孰知夫出死要節之所以養生也。孰知夫出費用之所以養財也。孰知夫恭敬辭讓之所以養安也。孰知夫禮義文理之所以養情也。故人苟生之爲見。若者必死。苟利之爲見。若者必害。苟怠惰偷懦之爲安。若者必危。苟情說之爲樂。若者必滅。故人一之於禮義。則兩得之矣。一之於情性。則兩喪之矣。

禮者。謹於治生死者也。生。人之始也。死。人之終也。終始俱善。人道畢矣。故君子敬始而愼終。終始如一。是君子之道。禮義之文也。夫厚其生而薄其死。是敬其有知而慢其無知也。是姦人之道而倍叛之心也。君子以倍叛之心接臧穀。猶且羞之。而況以事其所隆親乎。故死之爲道也。一而不可得再復也。臣之所以致重其君。子之所以致重其親。於是盡矣。故事生不忠厚不敬文謂之野。送死不忠厚不敬文謂之瘠。君子賤野而羞瘠。

樂論

夫樂者。樂也。人情之所必不免也。故人不能無樂。樂則必發於聲音。形於動靜。而人之道聲音動靜性術之變盡是矣。故人不能不樂。樂則不能無形。形而不爲道。則不能無亂。先王惡其亂也。故制雅頌之聲以道之。使其聲足以樂而不流。使其文足以辨而不諰。使其曲直繁省廉肉節奏足以感動人之善心。使夫邪汙之氣無由得接焉。是先王立樂之方也。而墨子非之奈何。故樂在宗廟之中。君臣上下同聽之則莫不和敬。閨門之內。父子兄弟同聽之則莫不和親。鄉里族長之中。長少同聽之。則莫不和順。故樂者審一以定和者也。比物以飾節者也。合奏以成文者也。足以率一道。足以治萬變。是先王立樂之術也。而墨子非之奈何。故聽其雅頌之聲。而志意得廣焉。執其干戚。習其俯仰屈伸。而容貌得莊焉。行其綴兆。要其節奏。而行列得正焉。進退得齊焉。故樂者。出所以征誅也。入所以揖讓也。征誅揖讓。其義一也。出所以征誅。則莫不聽從。入所以揖讓。則莫不從服。故樂者。天下之大齊也。中和之紀也。人情之所必不免也。是先王立樂之術也。而墨子非之奈何。且樂者先王之所以飾喜也。軍旅鈇鉞者。先王之所以飾怒也。先王喜怒皆得其齊焉。是故喜而天下和之。怒而暴亂畏之。先王之道。禮樂正其盛者也。而墨子非之。故曰。墨子之於道也。猶瞽之於白黑也。猶聾之於清濁也。猶欲之楚而北求之也。

解蔽

故爲蔽。欲爲蔽。惡爲蔽。始爲蔽。終爲蔽。遠爲蔽。近爲蔽。博爲蔽。淺爲蔽。古爲蔽。今爲蔽。凡萬物異則莫不相爲蔽。此心術之公患也。

墨子蔽於用而不知文。宋子蔽於欲而不知得。愼子蔽於法而不知賢。申子蔽於勢而不知知。惠子蔽於辭而不知實。莊子蔽於天而不知人。故由用謂之道。盡利矣。由欲謂之道。盡嗛矣。由法謂之道。盡數矣。由勢謂之道。盡便矣。由辭謂之道。盡論矣。由天謂之道。盡因矣。此數具者。皆道之一隅也。夫道者。體常而盡變。一隅不足以舉之。曲知之人。觀於道之一隅。而未之能識也。故以爲足而飾之。內以自亂。外以惑人。上以蔽下。下以蔽上。此蔽塞之禍也。孔子仁智且不蔽。故學亂術足以爲先王者也。一家得周道。舉而用之。不蔽於成積也。故德與周公齊。名與三王並。此不蔽之福也。

聖人知心術之患。見蔽塞之禍。故無欲無惡。無始無終。無近無遠。無博無淺。無古無今。兼陳萬物而中縣衡焉。是故衆異不得相蔽以亂其倫也。何謂衡。曰道。故心不可以不知道。心不知道。則不可道而可非道。人孰欲得恣而守其所不可。以禁其所可。以其不可道之心取人。

則必合於不道人。而不知合於道人。以其不可道之心。與不道人論道人。亂之本也。夫何以知。曰心知道。然後可道。可道然後能守道以禁非道。以其可道之心取人。則合於道人。而不合於不道之人矣。以其可道之心。與道人論非道。治之要也。何患不知。故治之要在於知道。人何以知道。曰心。心何以知。曰虛一而靜。心未嘗不臧也。然而有所謂虛。心未嘗不滿也。然而有所謂一。心未嘗不動也。然而有所謂靜。人生而有知。知而有志。志也者。臧也。然而有所謂虛。不以所已臧害所將受謂之虛。心生而有知。知而有異。異也者。同時兼知之。同時兼知之兩也。然而有所謂一。不以夫一害此一謂之一。心臥則夢。偸則自行。使之則謀。故心未嘗不動也。然而有所謂靜。不以夢劇亂知謂之靜。

心者。形之君也。而神明之主也。出令而無所受令。自禁也。自使也。自奪也。自取也。自行也。自止也。故口可劫而使墨云。形可劫而使詘申。心不可劫而使易意。是之則受。非之則辭。故曰。心容其擇也無禁。必自見。其物也雜博。其情之至也不貳。詩云。采采卷耳。不盈頃筐。嗟我懷人。寘彼周行。頃筐易滿也。卷耳易得也。然而不可以貳周行。故曰。心枝則無知。傾則不精。貳則疑惑。以贊稽之。萬物可兼知也。身盡其故則美。類不可兩也。故知者擇一而一焉。

凡觀物有疑。中心不定。則外物不清。吾慮不清。則未可定然否也。冥冥而行者。見寢石以爲伏虎也。見植林以爲後人也。冥冥蔽其明也。醉者越百步之溝。以爲蹞步之澮也。俯而出城門。以爲小之閨也。酒亂其神也。厭目而視者視一以爲兩。掩耳而聽者聽漠漠而以爲哅哅。勢亂其官也。故從山上望牛者若羊而求羊者不下牽也。遠蔽其大也。從山下望木者十仞之木若箸。而求箸者不上折也。高蔽其長也。水動而影搖。人不以定美惡。水勢玄也。瞽者仰視而不見星。人不以定有無。用精惑也。有人焉以此時定物。則世之愚者也。彼愚者之定物以疑決疑。決必不當。夫苟不當。安能無過乎。夏首之南有人焉。曰涓蜀梁。其爲人也。愚而善畏。明月而宵行。俯見其影。以爲伏鬼也。卬視其髮。以爲立魅也。背而走。比至其家。失氣而死。豈不哀哉。凡人之有鬼也。必以其感忽之間疑玄之時正之。此人之所以無有而有無之時也。而已以正事。故傷於溼而擊鼓鼓痺。則必有弊鼓喪豚之費矣。而未有俞疾之福也。故雖不在夏首之南。則無以異矣。

凡以知人之性也。可以知物之理也。以可以知人之性。求可以知物之理。而無所疑止之。則沒世窮年不能徧也。其所以貫理焉雖億萬。已不足以浹萬物之變。與愚者若一。學老身長子。而與愚者若一。猶不知錯。夫是之謂妄人。故學也者。固學止之也。惡乎止之。曰止諸至足。曷謂至足。曰聖也。聖也者。盡倫者也。王也者。盡制者也。兩盡者。足以爲天下極矣。

正名

後王之成名。刑名從商。爵名從周。文名從禮。散名之加於萬物者。則從諸夏之成俗曲期遠方異俗之鄉則因之而爲通。散名之在人者。生之所以然者謂之性。性之和所生。精合感應。不事而自然謂之性。性之好惡喜怒哀樂謂之情。情然而心爲之擇謂之慮。心慮而能爲之動謂之僞。慮積焉能習焉而後成謂之僞。正利而爲謂之事。正義而爲謂之行。所以知之在人者謂之知。知有所合謂之智。智所以能之在人者謂之能。能有所合謂之能。性傷謂之病。節遇謂之命。是散名之在人者也。是後王之成名也。故王者之制名。名定而實辨。道行而志通。則愼率民而一焉。故析辭擅作名以亂正名。使民疑惑。人多辨訟。則謂之大姦。其罪猶爲符節度量之罪也。故其民莫敢託爲奇辭以亂正名。故其民愨。愨則易使。易使則公。其民莫敢託爲奇辭以亂正名。故壹於道法而謹於循令矣。如是則其迹長矣。迹長功成。治之極也。是謹於守名約之功也。今聖王沒。名守慢。奇辭起。名實亂。是非之形不明。則雖守法之吏誦數之儒。亦皆亂也。若有王者起。必將有循於舊名。有作於新名。然則所爲有名。與所緣以同異。與制名之樞要。不可不察也。異形離心交喻。異物名實玄紐。貴賤不明。同異不別。如是則志必有不喻之患。而事必有困廢之禍。故知者爲之分別制名以指實。上以明貴賤。下以辨同異。貴賤明。同異別。如是則志無不喻之患。事無困廢之禍。此所爲有名也。然則何緣而以同異。曰。緣天官。凡同類同情者。其天官之意物也同。故比方之疑似而通。是所以共其約名以相期也。形體色理以目異。聲音清濁調竽奇聲以耳異。甘苦鹹淡辛酸奇味以口異。香臭芬鬱腥臊洒（當爲辛。洒從水。酉聲。古音與辛同。）酸奇臭以鼻異。疾養（與癢同）滄熱滑鈹輕重以形體異。說故喜怒哀樂愛惡欲以心異。（說讀爲脫。誤也脫故猶律文故誤。）心有徵知。徵知則緣耳而知聲可也。緣目而知形可也。然而徵知必將待天官之當簿其類然後可也。五官簿之而不知。心徵之而無說。則人莫不然謂之不知。此所緣而以同異也。然後隨而命之。同則同之。異則異之。單足以喻則單。單不足以喻則兼。單與兼無所相避則共。雖共不爲害矣。知異實者之異名也。故使異實者莫不異名也。不可亂也。猶使異實者莫不同名也。故萬物雖衆。有時而欲徧舉之。故謂之物。物也者。大共名也。推而共之。共則有共。至於無共然後止。有時而欲徧舉之。故謂之鳥獸。鳥獸也者。大別名也。推而別之。別則有別。至於無別然後止。名無固宜。約之以命。約定俗成謂之宜。異於約則謂之不宜。名無固實。約之以命實。約定俗成。謂之實名。名有固善。徑易而不拂。謂之善名。物有同狀而異所者。有異狀而同所者。可別也。狀同而爲異所者。雖可合。謂之二實。狀變而實無別而爲異者。謂之化。有化而無別。謂之一實。此事之所以稽實定數也。此制名之樞要也。後王之成名也。不可不察也。

見侮不辱。聖人不愛己。殺盜非殺人也。此惑於用名以亂名者也。驗之所以爲有名而觀其孰行。則能禁之矣。山淵平。情欲寡。芻豢不加甘。大鐘不加樂。此惑於用實以亂名者也。驗之所緣無以同異而觀其孰調。則能禁之矣。非而謁楹有牛馬非馬也。此惑於用名以亂實者也。驗之名約以其所受悖其所辭。則能禁之矣。凡邪說辟言之離正道而擅作者。無不類於三惑者矣。故明君知其分而不與辨也。夫民易一以道而不可與共故。故明君臨之以勢。道之以道。申之以命。章之以論。禁之以刑。故其民之化道也如神。辨勢惡用矣哉。今聖王沒。天下亂。姦言起。君子無勢以臨之。無刑以禁之。故辨說也。實不喻然後命。命不喻然後期。期不喻然後說。說不喻然後辨。故期命辨說也者。用之大文也。而王業之始也。名聞而實喻。名之用也。累而成文。名之麗也。用麗俱得。謂之知名。名也者。所以期累實也。辭也者。兼異實之名以論一意也。辨說也者。不異實名以喻動靜之道也。期命也者。辨說之用也。辨說也者。心之象道也。心也者。道之工宰也。道也者。治之經理也。心合於道。說合於心。辭合於說。正名而期質請而喻。辨異而不過。推類而不悖。聽則合文。辨則盡故。以正道而辨姦。猶引繩以持曲直。是故邪說不能亂。百家無所竄。有兼聽之明。而無奮矜之容。有兼覆之厚。而無伐德之色。說行則天下正。說不行則白道而冥窮。是聖人之辨說也。詩曰。顒顒卬卬。如珪如璋。令聞令望。豈弟君子。四方爲綱。此之謂也。

性惡

人之性惡。其善者僞也。今人之性。生而有好利焉。順是。故爭奪生而辭讓亡焉。生而有疾惡焉。順是。故殘賊生而忠信亡焉。生而有耳目之欲。有好聲色焉。順是。故淫亂生而禮義文理亡焉。然則從人之性。順人之情。必出於爭奪。合於犯分奪理。而歸於暴。故必將有師法之化。禮義之道。然後出於辭讓。合於文理。而歸於治。用此觀之。然則人之性惡明矣。其善者僞也。故枸木必將待檃括烝矯然後直。鈍金必將待礱厲然後利。今人之性惡。必將待師法然後正。得禮義然後治。今人無師法。則偏險而不正。無禮義。則悖亂而不治。古者聖王以人之性惡。以爲偏險而不正。悖亂而不治。是以爲之起禮義。制法度。以矯飾人之情性而正之。以擾化人之情性而導之也。使皆出於治。合於道者也。今之人化師法。積文學。道禮義者。爲君子。縱性情。安恣睢。而違禮義者。爲小人。用此觀之。然則人之性惡明矣。其善者僞也。孟子曰。人之學者。其性善。曰。是不然。是不及知人之性。而不察乎人之性僞之分者也。凡性者。天之就也。不可學。不可事。禮義者。聖人之所生也。人之所學而能。所事而成者也。不可學。不可事而在人者。謂之性。可學而能。可事而成之在人者。謂之僞。是性僞之分也。今人之性。目可以見。耳可以聽。夫可以見之明不離目。可以聽之聰不離耳。目明而耳聰。不可學明矣。

問者曰。人之性惡。則禮義惡生。應之曰。凡禮義者。是生於聖人之僞。非故生於人之性也。故陶人埏埴而爲器。然則器生於工人之僞。非故生於人之性也。故工人斲木而成器。然則器生於工人之僞。非故生於人之性也。聖人積思慮。習僞故。以生禮義而起法度。然則禮義法度者。是生於聖人之僞。非故生於人之性也。若夫目好色。耳好聲。口好味。心好利。骨體膚理好愉佚。是皆生於人之情性者也。感而自然。不待事而後生之者也。夫感而不能然。必且待事而後然者。謂之生於僞。是性僞之所生。其不同之徵也。故聖人化性而起僞。僞起而生禮義。禮義生而制法度。然則禮義法度者。是聖人之所生也。故聖人之所以同於衆。其不異於衆者。性也。所以異而過衆者。僞也。夫好利而欲得者。此人之情性也。假之有弟兄資財而分者。且順情性。好利而欲得。若是則兄弟相拂奪矣。且化禮義之文理。若是則讓乎國人矣。故順情性則弟兄爭矣。化禮義則讓乎國人矣。凡人之欲爲善者。爲性惡也。夫薄願厚。惡願美。狹願廣。貧願富。賤願貴。苟無之中者。必求於外。故富而不願財。貴而不願勢。苟有之中者。必不及於外。用此觀之。人之欲爲善者。爲性惡也。今人之性。固無禮義。故彊學而求有之也。性不知禮義。故思慮而求知之也。然則生而已。則人無禮義。不知禮義。人無禮義則亂。不知禮義則悖。然則生而已。則悖亂在己。用此觀之。人之性惡明矣。其善者僞也。

塗之人可以爲禹。曷謂也。曰。凡禹之所以爲禹者。以其爲仁義法正也。然則仁義法正有可知可能之理。然而塗之人也。皆有可以知仁義法正之質。皆有可以能仁義法正之具。然則其可以爲禹明矣。今以仁義法正爲固無可知可能之理邪。然則唯禹不知仁義法正。不能仁義法正也。將使塗之人固無可以知仁義法正之質。而固無可以能仁義法正之具邪。然則塗之人也。且內不可以知父子之義。外不可以知君臣之正。不然。今塗之人者。皆內可以知父子之義。外可以知君臣之正。然則其可以知之質。可以能之具。其塗在之人明矣。今使塗之人者。以其可以知之質。可以能之具本夫仁義可知之理。可能之具。然則其可以爲禹明矣。今使塗之人。伏術爲學。專心一志。思索熟察。加日縣久。積善而不息。則通於神明。參於天地矣。故聖人者人之所積而致也。曰聖可積而致。然而皆不可積何也。曰可以而不可使也。故小人可以爲君子。而不肯爲君子。君子可以爲小人。而不肯爲小人。小人君子者。未嘗不可以相爲也。然而不相爲者。可以而不可使也。故塗之人可以爲禹。則然。塗之人能爲禹。未必然也。雖不能爲禹。無害可以爲禹。足可以徧行天下。然而未嘗有能徧行天下者也。夫工匠農賈。未嘗不可以相爲事也。然而未嘗能相爲事也。用此觀之。然則可以爲。未必能也。雖不能。無害可以爲。然則能不能之與可不可。其不同遠矣。其不可以相爲明矣。

諸子治要卷一

諸子十七種

春秋繁露　漢董仲舒撰。仲舒廣川人。武帝時對策。請諸不在六藝之科孔子之術者。皆絕其道。勿使並進。其爲學之嚴正如此。是書以春秋爲名。實不盡關春秋。其言春秋之旨。則多主公羊氏。而往往及陰陽五行。亦非儒者之要義。惟漢書本傳所載賢良三策。名言奧義。往往而存。最足以見其學術之精粹。故今附載於後。俾學者合而考覽焉。

仁義法

春秋之所治。人與我也。所以治人與我者。仁與義也。以仁安人。以義正我。故仁之爲言人也。義之爲言我也。言名以別矣。仁之於人。義之於我者。不可不察也。衆人不察。乃反以仁自裕。而以義設人。詭其處而逆其理。鮮不亂矣。是故人莫欲亂。而大抵常亂。凡以闇於人我之分。而不省仁義之所在也。是故春秋爲仁義法。仁之法在愛人。不在愛我。義之法在正我。不在正人。我不自正。雖能正人。弗予爲義。人不被其愛。雖厚自愛。不予爲仁。昔者晉靈公殺膳宰以淑飲食。彈大夫以娛其意。非不厚自愛也。然而不得爲淑人者。不愛人也。質於愛民以下。至於鳥獸昆蟲莫不愛。不愛。奚足謂仁。仁者愛人之名也。巂傳無大之之辭。自爲追。案嘗有也字。僖廿六年。齊人侵我西鄙。公追齊師至嶲。弗及。傳曰。侈也。莊十八年。公追戎于濟西。傳曰。大其為中國追也。又曰。大其未至而豫禦之也。今案此亦當有公追戎于濟西六字。方可接下文。又嶲舊本作鄙。與左氏同。今從公羊去邑。則善其所恤遠也。兵已加焉。乃往救之。則弗美。未至豫備之。則美之。兩美之俱當作大。善其救害之先也。夫救蚤而先之。則害無由起。而天下無害矣。然則觀物之動而先覺其萌。絕亂塞害於將然而未形之時。春秋之志也。其明至矣。非堯舜之智。知禮之本。孰能當此。故救害而先知之。明也。公之所恤遠。如春秋美之。如與而同。詳其美恤遠之意。則天地之間然後快其仁矣。非三王之德。選賢之精。孰能如此。是以知明先。以仁厚遠。遠而愈賢。近而愈不肖者。愛也。故王者愛及四夷。霸者愛及諸侯。安者愛及封內。危者愛及旁側。亡者愛及獨身。獨身者。雖立天子諸侯之位。一夫之人耳。無臣民之用矣。如此者。莫之亡而自亡也。春秋不言伐梁者。而言梁亡。蓋愛獨及其身者也。故曰仁者愛人。不在愛我。此其法也。義云者。非謂正人。謂正我。雖有亂世枉上。莫不欲正人。奚謂義。昔者楚靈王討陳蔡之賊。齊桓公執袁濤塗之罪。非不能正人也。然而春秋弗予。不得為義者。我不正也。闔廬能正楚蔡之難矣。而春秋奪之義辭。以其身不正也。潞子之於諸侯。無所能正。春秋予之有義。其身正也。趨而利也。或本無此四字。故曰義在正我。不在正人。此其法也。夫我無之求諸人。我有之而誹諸人。誹本亦作非。下同。人之所不能受也。其理逆矣。何可謂義。義者。謂宜在我者。宜在我者。而後可以稱義。故言義者。合我與宜以為一言。以此操之。義之為言我也。故曰有為而得義者。謂之自得。有爲而失義者。謂之自失。人好義者。謂之自好。人不好義者。謂之不自好。以此參之。義我也明矣。是義與仁殊。仁謂往。義謂來。仁大遠。義大近。愛在人。謂之仁。義在我。謂之義。仁主人。義主我也。故曰。仁者人也。義者我也。此之謂也。君子求仁義之別。以紀人我之間。然後辨乎內外之分。而著於順逆之處也。是故內治反理以正身。據禮以勸福。外治推恩以廣施。寬制以容衆。孔子謂冉有曰。治民者先富之而後加敎。語樊遲曰。治身者先難後獲。以此之謂治身之與治民。所先後者不同焉矣。詩云。飮之食之。敎之誨之。先飮食而後敎誨。謂治人也。又曰。坎坎伐輻。彼君子兮。不素餐兮。先其事。後其食。謂治身也。春秋刺上之過。而矜下之苦。小惡在外弗舉。在我書而誹之。凡此六者。以仁治人。義治我。躬自厚而薄責於外。此之謂也。且論已見之。而人不察。曰君子攻其惡。不攻人之惡。不攻人之惡。非仁之寬歟。自攻其惡。非義之全歟。此謂之仁造人。義造我。何以異乎。故自稱其惡謂之情。稱人之惡謂之賊。求諸己謂之厚。求諸人謂之薄。自責以備謂之明。責人以備謂之惑。是故以自治之節治人。是居上不寬也。以治人之度自治。是爲禮不敬也。爲禮不敬。則傷行而民弗尊。居上不寬。則傷厚而民弗親。弗親則弗信。弗尊則弗敬。二端之政詭於上而僻行之則誹於下。（而僻行以下八字。趙曰。疑當作則非僻之行於下。）仁義之處可無論乎。夫目不視弗見。心弗論不得。雖有天下之至味。弗嚼弗知其旨也。雖有聖人之至道。弗論不知其義也。

必仁且知

莫近於仁。莫急於智。不仁而有勇力材能。則狂而操利兵也。不智而辯慧獧給。則迷而乘良馬也。故不仁不智而有材能。將以其材能以輔其邪狂之心。而贊其僻違之行。次以字衍。邪狂疑當邪枉。適足以大其非而甚其惡耳。其強足以覆過。其禦足以犯詐。其慧足以惑愚。其辯足以飾非。其堅足以斷辟。其嚴足以拒諫。此非無材能也。其施之不當。而處之不義也。有否心者不可藉便埶。其質愚者不與利器。論之所謂不知人也者。恐不知別此等也。仁而不智。則愛而不別也。智而不仁。則知而不為也。故仁者所以愛人類也。智者所以除其害也。

何謂仁。仁者憯怛愛人。謹翕不爭。好惡敦倫。無傷惡之心。無隱忌之志。無嫉妒之氣。無感愁之欲。無險詖之事。無辟違之行。故其心舒。其志平。其氣和。其欲節。其事易。其行道。故能平易和理而無爭也。如此者謂之仁。

何謂之智。先言而後當。凡人欲舍行為。皆以其知先規而後為之。其規是者。其所為得。其所事當。其行遂。其名榮。其身故利而無患。福及子孫。德加萬民。湯武是也。其規非者。其所為不得。其所事不當。其行不遂。其名辱。害及其身。絕世無復。殘類滅宗亡國是也。故曰莫急於智。智者見禍福遠。其知利害蚤。物動而知其化。事興而知其歸。見始而知其終。言之而無敢譁。立之而不可廢。取之而不可舍。前後不相悖。終始有類。思之而有復。及之而不可厭。其言寡而足約而喻。簡而達。省而具。少而不可益。多而不可損。其動中倫。其言當務。如是者謂之智。

深察名號 節錄

治天下之端。在審辨大。辨大之端。在深察名號。名者大理之首章也。錄其首章之意。以窺其中之事。則是非可知。逆順自著。其幾通於天地矣。是非之正。取之逆順。逆順之正。取之名號。名號之正。取之天地。天地爲名號之大義也。古之聖人。謞而效天地謂之號。鳴而施命謂之名。名之爲言鳴與命也。號之爲言謞而效也。謞而效天地者爲號。鳴而命者爲名。名號異聲而同本。皆鳴號而達天意者也。鳴號之號平聲。亦疑本是謞字。天不言。使人發其意。弗爲使人行其中。名則聖人所發天意。句不可不深觀也。受命之君。天意之所予也。故號爲天子者。宜視天如父。事天以孝道也。號爲諸侯者。宜謹視所候奉之天子也。號爲大夫者。宜厚其忠信。敦其禮義。使善大於匹夫之義。足以化也。士者事也。民者瞑也。士不及化。可使守事從上而已。五號自讚。各有分。分中委曲。曲有名。名衆於號。號其大全。名也者。名其別離分散也。號凡而略。名詳而目。目者徧辨其事也。凡者獨舉其大也。享鬼神者號一。曰祭。祭之散名。春曰祠。夏曰礿。秋曰嘗。冬曰烝。獵禽獸者號一。曰田。田之散名。春苗。秋蒐。冬狩。夏獮。無有不皆中天意者。物莫不有凡號。號莫不有散名。如是。是故事各順於名。名各順於天。天人之際。合而爲一。同而通理。動而相益。順而相受。謂之德道。詩曰。維號斯言。有倫有迹。此之謂也。今詩作有倫有脊。

名生於眞。非其眞弗以爲名。名者聖人之所以眞物也。名之爲言眞也。故凡百譏有黮黮者。各反其眞。則黮黮者還昭昭耳。欲審曲直。莫如引繩。欲審是非。莫如引名。名之審於是非也。猶繩之審於曲直也。詰其名實。觀其離合。則是非之情不可以相讕已。今世闇於性。言之者不同。胡不試反性之名。性之名非生與。如其生之自然之資謂之性。性者質也。詰性之質於善之名。能中之與。旣不能中矣。而尚謂之質善。何哉。性之名不得離質。離質如毛。則非性已。不可不察也。春秋辨物之理。以正其名。名物如其眞。不失秋毫之末。故名霣石則後其五。言退鷁。則先其六。聖人之謹於正名如此。君子於其言。無所苟而已。五石六鷁之辭是也。栣衆惡於內。弗使得發於外者。心也。故心之爲名栣也。人之受氣苟無惡者。心何栣哉。吾以心之名。得人之誠。人之誠有貪有仁。仁貪之氣。兩在於身。身之名取諸天。天兩有陰陽之施。身亦兩有貪仁之性。天有陰陽禁。身有情欲栣。與天道一也。是以陰之行不得干春夏。而月之魄常厭於日光。乍全乍傷。天之禁陰如此。安得不損其欲而輟其情以應天。天所禁而身禁之。故曰身猶天也。禁天所禁。非禁天也。必知天性不乘於敎。終不能栣。察實以爲名。無敎之時。性何遽若是。故性比於禾。善比於米。米出禾中。而禾未可全爲米也。善出性中。而性未可全爲善也。善與米。人之所繼天而成於外。非在天所爲之內也。天之所爲。有所至而止。止之內謂之天性。止之外謂之人事。事在性外。而性不得不成德。民之號取之瞑也。使性而已善。則何故以瞑爲號。以賓者言。弗扶將。則顛陷猖狂。安能善。性有似目。目臥幽而瞑。待覺而後見。當其未覺。可謂有見質。而不可爲見。今萬民之性。有其質而未能覺。譬如瞑者待覺。敎之然後善。當其未覺。可謂有善質。而不可謂善。與目之瞑而覺。一概之比也。靜心徐察之。其言可見矣。性而瞑之未覺。（而與如通）天所爲也。效天所爲。爲之起號。故謂之民。民之爲言。固猶瞑也。隨其名號以入其理。則得之矣。是正名號者於天地。天地之所生。謂之性情。性情相與爲一瞑。情亦性也。謂性已善。奈其情何。故聖人莫謂性善。累其名也。身之有性情也。若天之有陰陽也。言人之質而無其情。猶言天之陽而無其陰也。窮論者無時受也。名性不以上。不以下。以其中名之。性如繭如卵。卵待覆而爲雛。繭待繅而爲絲。性待敎而爲善。此之謂眞天。天生民性有善質而未能善。於是爲之立王以善之。此天意也。民受未能善之性於天。而退受成性之敎於王。王承天意。以成民之性爲任者也。今案其眞質。而謂民性已善者。是失天意而去王任也。萬民之性苟已善。則王者受命尙何任也。其設名不正。故棄重任而違大命。非法言也。春秋之辭。內事之待外者。從外言之。今萬民之性。待外敎然後能善。善當與敎。不當與性。與性則多累而不精。自成功而無賢聖。此世長者之所誤出也。非春秋爲辭之術也。不法之言。無驗之說。君子之所外。何以爲哉。或曰。性有善端。心有善質。尙安非善。應之曰。非也。繭有絲。而繭非絲也。卵有雛。而卵非雛也。比類率然。有何疑焉。天生民有六經。言性者不當異然其或曰性也善。或曰性未善。則所謂善者各異意也。性有善端。動之愛父母。善於禽獸。則謂之善。此孟子之善。循三綱五紀。通八端之理。忠信而博愛。敦厚而好禮。乃可謂善。此聖人之善也。是故孔子曰善人吾不得而見之。得見有常者斯可矣。由是觀之。聖人之所謂善未易當也。非善於禽獸則謂之善也。使動其端善於禽獸。則可謂之善。善奚爲弗見也。夫善於禽獸之未得爲善也。猶知於草木而不得名知。萬民之性善於禽獸而不得名善。知之名乃取之聖。聖人之所命。天下以爲正。正朝夕者視北辰。正嫌疑者視聖人。聖人以爲無王之世。不教之民。莫能當善。善之難當如此。而謂萬民之性皆能當之。過矣。質於禽獸之性。則萬民之性善矣。質於人道之善。則民性弗及也。萬民之性善於禽獸者許之。聖人之所謂善者勿許。吾質之命性者異孟子。孟子下質於禽獸之所爲。故曰性已善。吾上質於聖人之所善。故謂性未善。善過性。聖人過善。春秋大元。故謹於正名。名非所始。如之何謂未善已善也。

同類相動　節錄

今平地注水。去燥就溼。均薪施火。去溼就燥。百物去其所與異。而從其所與同。故氣同則會。聲比則應。其驗皦然也。試調琴瑟而錯之。鼓其宮則他宮應之。鼓其商而他商應之。五音比而自鳴。非有神。其數然也。美事召美類。惡事召惡類。類之相應而起也。如馬鳴則馬應之。牛鳴則牛應之。帝王之將興也。其美祥亦先見。其將亡也。妖孽亦先見。物故以類相召也。故以龍致雨。以扇逐暑。軍之所處以棘楚。美惡皆有從來。以爲命。莫知其處所。天將陰雨。人之病故爲之先動。是陰相應而起也。天將欲陰雨。又使人欲睡臥者。陰氣也。有憂亦使人臥者。是陰相求也。有喜者使人不欲臥者。是陽相索也。水得夜益長數分。東風而酒湛溢。病者至夜而疾益甚。雞至幾明皆鳴而相薄。其氣益精。故陽益陽而陰益陰。陽陰之氣。因可以類相益損也。天有陰陽。人亦有陰陽。天地之陰氣起。而人之陰氣應之而起。人之陰氣起。而天地之陰氣亦宜應之而起。其道一也。明於此者。欲致雨則動陰以起陰。欲止雨則動陽以起陽。故致雨非神也。而疑於神者。其理微妙也。非獨陰陽之氣可以類進退也。雖不祥禍福所從生。亦由是也。無非己先起之。而物以類應之而動者也。故聰明聖神。內視反聽。言爲明聖。內視反聽。故獨明聖者。知其本心皆在此耳。故琴瑟報彈其宮。他宮自鳴而應之。此物之以類動者也。其動以聲而無形。人不見其動之形。則謂之自鳴也。又相動無形。則謂之自然。其實非自然也。有使之然者矣。

附錄 漢書董仲舒傳

董仲舒。廣川人也。少治春秋。孝景時。爲博士。下帷講誦。弟子傳以久次相授業。或莫見其面。蓋三年不窺園。其精如此。進退容止。非禮不行。學士皆師尊之。武帝卽位。舉賢良文學之士。前後百數。而仲舒以賢良對策焉。制曰。朕獲承至尊休德。傳之亡窮。而施之罔極。任大而守重。是以夙夜不皇康寧。永惟萬事之統。猶懼有闕。故廣延四方之豪儁。郡國諸侯公選賢良修絜博習之士。欲聞大道之要。至論之極。今子大夫褎然爲擧首。朕甚嘉之。子大夫其精心致思。朕垂聽而問焉。蓋聞五帝三王之道。改制作樂。而天下洽和。百王同之。當虞氏之樂。莫盛於韶。於周莫盛於勺。聖王已沒。鐘鼓筦絃之聲未衰。而大道微缺。陵夷至虖桀紂之行。王道大壞矣。夫五百年之間。守文之君。當塗之士。欲則先王之法。以戴翼其世者甚衆。然猶不能反。日以仆滅。至後王而後止。豈其所持操或誖繆而失其統與。固天降命不可復反。必推之於大衰而後息與。烏虖。凡所爲屑屑。夙興夜寐。務法上古者。又將無補與。三代受命。其符安在。災異之變。何緣而起。性命之情。或夭或壽。或仁或鄙。習聞其號。未燭厥理。伊欲風流而令行。刑輕而姦改。百姓和樂。政事宣昭。何修何飭而膏露降。百穀登。德潤四海。澤臻屮木。三光全。寒暑平。受天之祜。享鬼神之靈。德澤洋溢。施虖方外。延及羣生。子大夫明先聖之業。習俗化之變。終始之序。講聞高誼之日久矣。其明以諭朕。科別其條。勿猥勿并。取之於術。慎其所出。迺其不正不直。不忠不極。枉于執事。書之不泄。興于朕躬。毋悼後害。子大夫其盡心。靡有所隱。朕將親覽焉。仲舒對曰。陛下發德音。下明詔。求天命與情性。皆非愚臣之所能及也。臣謹案春秋之中。視前世已行之事。以觀天人相與之際。甚可畏也。國家將有失道之敗。而天迺先出災害以譴告之。不知自省。又出怪異以警懼之。尚不知變。而傷敗迺至。以此見天心之仁愛人君。而欲止其亂也。自非大亡道之世者。天盡欲扶持而全安之。事在彊勉而已矣。彊勉學問。則聞見博而知益明。彊勉行道。則德日起而大有功。此皆可使還至而立有效者也。詩曰夙夜匪解。書云茂哉茂哉。皆彊勉之謂也。道者。所繇適於治之路也。仁義禮樂。皆其具也。故聖王已沒。而子孫長久安寧數百歲。此皆禮樂教化之功也。王者未作樂之時。迺用先王之樂宜於世者。而以深入教化於民。教化之情不得。雅頌之樂不成。故王者功成作樂。樂其德也。樂者所以變民風化民俗也。其變民也易。其化人也著。故聲發於和而本於情。接於肌膚。臧於骨髓。故王道雖微缺。而筦絃之聲未衰也。夫虞氏之不爲政久矣。然而樂頌遺風猶有存者。是以孔子在齊而聞韶也。夫人君莫不欲安存而惡危亡。然而政亂國危者甚衆。所任者非其人。而所繇者非其道。是以政日以仆滅也。夫周道衰於幽厲。非道亡也。幽厲不繇也。至於宣王。思昔先王之德。興滯補弊。明文武之功業。周道粲然復興。詩人美之而作。上天祐之。爲生賢佐。後世稱誦。至今不絕。此夙夜不解行善之所致也。孔子曰。人能弘道。非道弘人也。故治亂廢興在於己。非天降命不得可反。其所操持誖謬。失其統也。臣聞天之所大奉使之王者。必有非人力所能致而自至者。此受命之符也。天下之人同心歸之。若歸父母。故天瑞應誠而至。書曰。白魚入于王舟。有火復于王屋。流爲烏。此蓋受命之符也。周公曰。復哉。復哉。孔子曰。德不孤。必有鄰。皆積善絫德之效也。及至後世。淫佚衰微。不能統理羣生。諸侯背畔。殘賊良民以爭壤土。廢德敎而任刑罰。刑罰不中。則生邪氣。邪氣積於下。怨惡畜於上。上下不和。則陰陽繆盭而妖孽生矣。此災異所緣而起也。臣聞命者天之令也。性者生之質也。情者人之欲也。或夭或壽。或仁或鄙。陶冶而成之。不能粹美。有治亂之所生。故不齊也。孔子曰。君子之德風也。小人之德屮也。屮上之風必偃。故堯舜行德則民仁壽。桀紂行暴則民鄙夭。夫上之化下。下之從上。猶泥之在鈞。唯甄者之所爲。猶金之在鎔。唯冶者之所鑄。綏之斯倈。動之斯和。此之謂也。臣謹案春秋之文。求王道之端。得之於正。正次王。王次春。春者天之所爲也。正者王之所爲也。其意曰。上承天之所爲。而下以正其所爲。正王道之端云爾。然則王者欲有所爲。宜求其端於天。天道之大者在陰陽。陽爲德。陰爲刑。刑主殺而德主生。是故陽常居大夏。而以生育養長爲事。陰常居大冬。而積於空虛不用之處。以此見天之任德不任刑也。天使陽出布施於上而主歲功。使陰入伏於下而時出佐陽。陽不得陰之助。亦不能獨成歲。終陽以成歲爲名。此天意也。王者承天意以從事。故任德敎而不任刑。刑者不可任以治世。猶陰之不可任以成歲也。爲政而任刑。不順於天。故先王莫之肯爲也。今廢先王德敎之官。而獨任執法之吏治民。毋乃任刑之意與。孔子曰。不敎而誅謂之虐。虐政用於下。而欲德敎之被四海。故難成也。臣謹案春秋謂一元之意。一者萬物之所從始也。元者辭之所謂大也。謂一爲元者。視大始而欲正本也。春秋深探其本。而反自貴者始。故爲人君者。正心以正朝廷。正朝廷以正百官。正百官以正萬民。正萬民以正四方。四方正。遠近莫敢不壹於正。而亡有邪氣奸其間者。是以陰陽調而風雨時。羣生和而萬民殖。五穀孰而屮木茂。天地之間。被潤澤而大豐美。四海之內。聞盛德而皆徠臣。諸福之物。可致之祥。莫不畢至。而王道終矣。孔子曰。鳳鳥不至。河不出圖。吾已矣夫。自悲可致此物。而身卑賤不得致也。今陛下貴爲天子。富有四海。居得致之位。操可致之勢。又有能致之資。行高而恩厚。知明而意美。愛民而好士。可謂誼主矣。然而天地未應。而美祥莫至者何也。凡以教化不立。而萬民不正也。夫萬民之從利也。如水之走下。不以教化隄防之。不能止也。是故教化立而姦邪皆止者。其隄防完也。教化廢而姦邪並出。刑罰不能勝者。其隄防壞也。古之王者明於此。是故南面而治天下。莫不以教化爲大務。立太學以教於國。設庠序以化於邑。漸民以仁。摩民以誼。節民以禮。故其刑罰甚輕而禁不犯者。教化行而習俗美也。聖王之繼亂世也。掃除其迹而悉去之。復修教化而崇起之。教化已明。習俗已成。子孫循之。行五六百歲尚未敗也。至周之末世。大爲亡道。以失天下。秦繼其後。獨不能改。又益甚之。重禁文學。不得挾書。棄捐禮誼。而惡聞之。其心欲盡滅先聖之道。而顓爲自恣苟簡之治。故立爲天子十四歲而國破亡矣。自古以來。未嘗有以亂濟亂。大敗天下之民如秦者也。其遺毒餘烈。至今未滅。使習俗薄惡。人民嚚頑。抵冒殊扞。孰爛如此之甚者也。孔子曰。腐朽之木不可彫也。糞土之牆不可圬也。今漢繼秦之後。如朽木糞牆矣。雖欲善治之。亡可奈何。法出而姦生。令下而詐起。如以湯止沸。抱薪救火。愈甚亡益也。竊譬之琴瑟不調。甚者必解而更張之。乃可鼓也。爲政而不行。甚者必變而更化之。乃可理也。當更張而不更張。雖有良工。不能善調也。當更化而不更化。雖有大賢。不能善治也。故漢得天下以來。常欲善治。而至今不可善治者。失之於當更化而不更化也。古人有言曰。臨淵羨魚。不如退而結網。今臨政而願治七十餘歲矣。不如退而更化。更化則可善治。善治則災害日去。福祿日來。詩云。宜民宜人。受祿于天。爲政而宜於民者。固當受祿于天。夫仁誼禮知信。五常之道。王者所當修飭也。五者修飭。故受天之祜。而享鬼神之靈。德施于方外。延及羣生也。天子覽其對而異焉。乃復册之曰。制曰。蓋聞虞舜之時。游於巖廊之上。垂拱無爲。而天下太平。周文王至於日昃不暇食。而宇內亦治。夫帝王之道。豈不同條共貫與。何逸勞之殊也。蓋儉者不造玄黃旌旗之飾。及至周室。設兩觀。乘大路。朱干玉戚。八佾陳於庭。而頌聲興。夫帝王之道。豈異指哉。或曰。良玉不瑑。又云。非文亡以輔德。二端異焉。殷人執五刑以督姦。傷肌膚以懲惡。成康不式。四十餘年。天下不犯。囹圄空虛。秦國用之。死者甚衆。刑者相望。秏矣哀哉。烏虖。朕夙寤晨興。惟前帝王之憲。永思所以奉至尊。章洪業。皆在力本任賢。今朕親耕籍田。以爲農先。勸孝弟。崇有德。使者冠蓋相望。問勤勞。恤孤獨。盡思極神。功烈休德。未始云獲也。今陰陽錯繆。氛氣充塞。羣生寡遂。黎民未濟。廉恥貿亂。賢不肖渾殽。未得其眞。故詳延特起之士。意庶幾乎。今子大夫待詔百有餘人。或道世務而未濟。稽諸上古而不同。考之于今而難行。毋乃牽於文繫而不得騁與。將所繇異術。所聞殊方與。各悉對。著于篇。毋諱有司。明其指略。切磋究之。以稱朕意。仲舒對曰。臣聞堯受命。以天下爲憂。而未以位爲樂也。故誅逐亂臣。務求賢聖。是以得舜禹稷卨咎繇。衆聖輔德。賢能佐職。敎化大行。天下和洽。萬民皆安仁樂誼。各得其宜。動作應禮。從容中道。故孔子曰。如有王者。必世而後仁。此之謂也。堯在位七十載。迺遜于位。以禪虞舜。堯崩。天下不歸堯子丹朱而歸舜。舜知不可辟。乃卽天子之位。以禹爲相。因堯之輔佐。繼其統業。是以垂拱無爲而天下治。孔子曰。韶盡美矣。又盡善也。此之謂也。至於殷紂。逆天暴物。殺戮賢知。殘賊百姓。伯夷太公。皆當世賢者。隱處而不爲臣。守職之人。皆奔走逃亡。入於河海。天下秏亂。萬民不安。故天下去殷而從周。文王順天理物。師用賢聖。是以閎夭大顚散宜生等。亦聚於朝廷。愛施兆民。天下歸之。故太公起海濱而卽三公也。當此之時。紂尙在上。尊卑昬亂。百姓散亡。故文王悼痛而欲安之。是以日昃而不暇食也。孔子作春秋。先正王而繫萬事。見素王之文焉。繇此觀之。帝王之條貫同。然而勞逸異者。

所遇之時異也。孔子曰。武盡美矣。未盡善也。此之謂也。臣聞制度文采。玄黃之飾。所以明尊卑。異貴賤。而勸有德也。故春秋受命所先制者。改正朔。易服色。所以應天也。然則宮室旌旗之制。有法而然者也。故孔子曰。奢則不遜。儉則固。儉非聖人之中制也。臣聞良玉不瑑。資質潤美。不待刻瑑。此亡異於達巷黨人不學而自知也。然則常玉不瑑。不成文章。君子不學。不成其德。臣聞聖王之治天下也。少則習之學。長則材諸位。爵祿以養其德。刑罰以威其惡。故民曉於禮誼而恥犯其上。武王行大誼。平殘賊。周公作禮樂以文之。至於成康之隆。囹圄空虛。四十餘年。此亦敎化之漸。而仁誼之流。非獨傷肌膚之效也。至秦則不然。師申商之法。行韓非之說。憎帝王之道。以貪狼爲俗。非有文德以敎訓於天下也。誅名而不察實。爲善者不必免。而犯惡者未必刑也。是以百官皆飾空言虛辭。而不顧實。外有事君之禮。內有背上之心。造僞飾詐。趣利無恥。又好用憯酷之吏。賦斂亡度。竭民財力。百姓散亡。不得從耕織之業。羣盜並起。是以刑者甚衆。死者相望。而姦不息。俗化使然也。故孔子曰。導之以政。齊之以刑。民免而無恥。此之謂也。今陛下幷有天下。海內莫不率服。廣覽兼聽。極羣下之知。盡天下之美。至德昭然。施于方外。夜郞康居。殊方萬里。說德歸誼。此太平之致也。然而功不加於百姓者。殆王心未加焉。曾子曰。尊其所聞。則高明矣。行其所知。則光大矣。高明光大。不在於它。在乎加之意而已。願陛下因用所聞。設誠於內而致行之。則三王何異哉。陛下親耕籍田以爲農先。夙寤晨興。憂勞萬民。思惟往古。而務以求賢。此亦堯舜之用心也。然而未云獲者。士素不厲也。夫不素養士而欲求賢。譬猶不琢玉而求文采也。故養士之大者。莫大乎太學。太學者。賢士之所關也。教化之本原也。今以一郡一國之衆。對亡應書者。是王道往往而絕也。臣願陛下興太學。置明師。以養天下之士。數考問以盡其材。則英俊宜可得矣。今之郡守縣令。民之師帥。所使承流而宣化也。師帥不賢。則主德不宣。恩澤不流。今吏既亡教訓於下。或不承用主上之法。暴虐百姓。與姦爲市。貧窮孤弱。寃苦失職。甚不稱陛下之意。是以陰陽錯繆。氛氣充塞。羣生寡遂。黎民未濟。皆長吏不明。使至於此也。夫長吏多出於郎中中郎。吏二千石子弟選郎吏。又以富訾。未必賢也。且古所謂功者。以任官稱職爲差。非所謂積日絫久也。故小材雖絫日。不離於小官。賢材雖未久。不害爲輔佐。是以有司竭力盡知。務治其業。而以赴功。今則不然。絫日以取貴。積久以致官。是以廉恥貿亂。賢不肖渾殽。未得其眞。臣愚以爲使諸列侯郡守二千石。各擇其吏民之賢者。歲貢各二人。以給宿衞。且以觀大臣之能。所貢賢者有賞。所貢不肖者有罰。夫如是。諸侯吏二千石皆盡心於求賢。天下之士可得而官使也。徧得天下之賢人。則三王之盛易爲。而堯舜之名可及也。毋以日月爲功。實試賢能爲上。量材而授官。錄德而定位。則廉恥殊路。賢不肖異處矣。陛下加惠。寬臣之罪。令勿牽制於文。使得切磋究之。臣敢不盡愚於是天子復册之。制曰。蓋聞善言天者。必有徵於人。善言古者。必有驗於今。故朕垂問虖天人之應。上嘉唐虞。下悼桀紂。寖微寖滅寖明寖昌之道。虛心以改。今子大夫明於陰陽所以造化。習於先聖之道業。然而文采未極。豈惑虖當世之務哉。條貫靡竟。統紀未終。意朕之不明與。聽若眩與。夫三王之教所祖不同。而皆有失。或謂久而不易者道也。意豈異哉。今子大夫既已著大道之極。陳治亂之端矣。其悉之究之。孰之復之。詩不云虖。嗟爾君子。毋常安息。神之聽之。介爾景福。朕將親覽焉。子大夫其茂明之。仲舒復對曰。臣聞論語曰。有始有卒者。其唯聖人虖。今陛下幸加惠。留聽於承學之臣。復下明册。以切其意。而究盡聖德。非愚臣之所能具也。前所上對。條貫靡竟。統紀不終。辭不別白。指不分明。此臣淺陋之罪也。册曰。善言天者。必有徵於人。善言古者。必有驗於今。臣聞天者。羣物之祖也。故徧覆包函而無所殊。建日月風雨以和之。經陰陽寒暑以成之。故聖人法天而立道。亦溥愛而亡私。布德施仁以厚之。設誼立禮以導之。春者天之所以生也。仁者君之所以愛也。夏者天之所以長也。德者君之所以養也。霜者天之所以殺也。刑者君之所以罰也。繇此言之。天人之徵。古今之道也。孔子作春秋。上揆之天道。下質諸人情。參之於古。考之於今。故春秋之所譏。災害之所加也。春秋之所惡。怪異之所施也。書邦家之過。兼災異之變。以此見人之所爲。其美惡之極。乃與天地流通而往來相應。此亦言天之一

端也。古者修教訓之官。務以德善化民。民已大化之後。天下常亡一人之獄矣。今世廢而
不修。亡以化民。民以故棄行誼而死財利。是以犯法而罪多。一歲之獄以萬千數。以此見
古之不可不用也。故春秋變古則譏之。天令之謂命。命非聖人不行。質樸之謂性。性非教
化不成。人欲之謂情。情非度制不節。是故王者上謹於承天意。以順命也。下務明教化民
以成性也。正法度之宜。別上下之序。以防欲也。修此三者。而大本舉矣。人受命於天。固超
然異於羣生。入有父子兄弟之親。出有君臣上下之誼。會聚相遇。則有耆老長幼之施。粲
然有文以相接。驩然有恩以相愛。此人之所以貴也。生五穀以食之。桑麻以衣之。六畜以
養之。服牛乘馬。圈豹檻虎。是其得天之靈。貴於物也。故孔子曰。天地之性人爲貴。明於天
性。知自貴於物。知自貴於物。然後知仁誼。知仁誼。然後重禮節。重禮節。然後安處善。安處
善。然後樂循理。樂循理。然後謂之君子。故孔子曰。不知命。亡以爲君子。此之謂也。冊曰。上
嘉唐虞。下悼桀紂。寖微寖滅寖明寖昌之道。虛心以改。臣聞衆少成多。積小致鉅。故聖人
莫不以晻致明。以微致顯。是以堯發於諸侯。舜興乎深山。非一日而顯也。蓋有漸以致之
矣。言出於己。不可塞也。行發於身。不可掩也。言行。治之大者。君子之所以動天地也。故盡
小者大。愼微者著。詩云。惟此文王。小心翼翼。故堯兢兢日行其道。而舜業業日致其孝。善
積而名顯。德章而身尊。此其寖明寖昌之道也。積善在身。猶長日加益。而人不知也。積惡

在身猶火之銷膏而人不見也非明乎情性察乎流俗者孰能知之此唐虞之所以得令名而桀紂之可爲悼懼者也夫善惡之相從如景鄉之應形聲也故桀紂暴謾讒賊並進賢知隱伏惡日顯國日亂晏然自以如日在天終陵夷而大壞夫暴逆不仁者非一日而亡也亦以漸至故桀紂雖亡道然猶享國十餘年此其寖微寖滅之道也冊曰三王之教所祖不同而皆有失或謂久而不易者道也意豈異哉臣聞夫樂而不亂復而不厭者謂之道道者萬世亡弊弊者道之失也先王之道必有偏而不起之處故政有眊而不行舉其偏者以補其弊而已矣三王之道所祖不同非其相反將以捄溢扶衰所遭之變然也故孔子曰亡爲而治者其舜乎改正朔易服色以順天命而已其餘盡循堯道何更爲哉故王者有改制之名亡變道之實然夏上忠殷上敬周上文者所繼之捄當用此也孔子曰殷因於夏禮所損益可知也周因於殷禮所損益可知也其或繼周者雖百世可知也此言百王之用以此三者矣夏因於虞而獨不言所損益者其道如一而所上同也道之大原出于天天不變道亦不變是以禹繼舜舜繼堯三聖相受而守一道亡救弊之政也故不言其所損益也繇是觀之繼治世者其道同繼亂世者其道變今漢繼大亂之後若宜少損周之文致用夏之忠者陛下有明德嘉道愍世俗之靡薄悼王道之不昭故舉賢良方正之士論誼考問將欲興仁誼之休德明帝王之法制建太平之道也臣愚不肖述

所聞。誦所學。道師之言。廑能勿失爾。若迺論政事之得失。察天下之息耗。此大臣輔佐之職。三公九卿之任。非臣伸舒所能及也。然而臣竊有怪者。夫古之天下。亦今之天下。今之天下。亦古之天下。共是天下。古亦大治。上下和睦。習俗美盛。不令而行。不禁而止。吏亡奸邪。民亡盜賊。囹圄空虛。德潤草木。澤被四海。鳳凰來集。麒麟來游。以古準今。壹何不相逮之遠也。安所繆盭而陵夷若是。意者有所失於古之道與。有所詭於天之理與。試迹之古。返之於天。儻可得見乎。夫天亦有所分予。予之齒者去其角。傅其翼者兩其足。是所受大者不得取小也。古之所予祿者。不食於力。不動於末。是亦受大者不得取小。與天同意者也。夫已受大。又取小。天不能足。而況人乎。此民之所以囂囂苦不足也。身寵而載高位。家溫而食厚祿。因乘富貴之資力。以與民爭利於下。民安能如之哉。是故衆其奴婢。多其牛羊。廣其田宅。博其產業。畜其積委。務此而亡已。以迫蹴民。民日削月朘。寖以大窮。富者奢侈羨溢。貧者窮急愁苦。窮急愁苦而上不救。則民不樂生。民不樂生。尚不避死。安能避罪。此刑罰之所以蕃而奸邪不可勝者也。故受祿之家。食祿而已。不與民爭業。然後利可均布而民可家足。此上天之理。而亦太古之道。天子之所宜法以爲制。大夫之所當循以爲行也。故公儀子相魯。之其家見織帛。怒而出其妻。食於舍而茹葵。慍而拔其葵。曰吾已食祿。又奪園夫紅女利乎。古之賢人君子在列位者皆如是。是故下高其行而從其教。民化其廉而不貪鄙。及至周室之衰。其卿大夫緩於誼而急於利。亡推讓之風。而有爭田之訟。故詩人疾而刺之曰。節彼南山。惟石巖巖。赫赫師尹。民具爾瞻。爾好誼。則民鄉仁而俗善。爾好利。則民好邪而俗敗。由是觀之。天子大夫者。下民之所視效。遠方之所四面而內望也。近者視而放之。遠者望而效之。豈可以居賢人之位而爲庶人行哉。夫皇皇求財利。常恐乏匱者。庶人之意也。皇皇求仁義。常恐不能化民者。大夫之意也。易曰。負且乘。致寇至。乘車者君子之位也。負擔者小人之事也。此言居君子之位而爲庶人之行者。其患禍必至也。若居君子之位。當君子之行。則舍公儀休之相魯。亡可爲者矣。春秋大一統者。天地之常經。古今之通誼也。今師異道。人異論。百家殊方。指意不同。是以上亡以持一統。法制數變。下不知所守。臣愚以爲諸不在六藝之科孔子之術者。皆絕其道。勿使並進。邪辟之說滅息。然後統紀可一。而法度可明。民知所從矣。對既畢。天子以仲舒爲江都相。事易王。易王帝兄。素驕好勇。仲舒以禮誼匡正。王敬重焉。久之。王問仲舒曰。粵王句踐與大夫泄庸種蠡謀伐吳。遂滅之。孔子稱殷有三仁。寡人亦以爲粵有三仁。桓公決疑於管仲。寡人決疑於君。仲舒對曰。臣愚不足以奉大對。聞昔者魯君問柳下惠。吾欲伐齊。何如。柳下惠曰。不可。歸而有憂色。曰。吾聞伐國不問仁人。此言何爲至於我哉。徒見問爾。且猶羞之。況設詐以伐吳乎。繇此言之。粵本無一仁。夫仁人者。正其誼不謀其利。明其道不計其功。是以仲尼之門。五尺之童。羞稱五伯。爲其先詐力而後仁誼也。苟爲詐而已。故不足稱於大君子之門也。五伯比於他諸侯爲賢。其比三王。猶武夫之與美玉也。王曰善。仲舒治國。以春秋災異之變。推陰陽所以錯行。故求雨。閉諸陽。縱諸陰。其止雨反是。行之一國。未嘗不得所欲。中廢爲中大夫。先是。遼東高廟長陵高園殿災。仲舒居家推說其意。屮稿未上。主父偃侯仲舒。私見。嫉之。竊其書而奏焉。上召視諸儒。仲舒弟子呂步舒不知其師書。以爲大愚。於是下仲舒吏。當死。詔赦之。仲舒遂不敢復言災異。仲舒爲人廉直。是時方外攘四夷。公孫弘治春秋不如仲舒。而弘希世用事。位至公卿。仲舒以弘爲從諛。弘嫉之。膠西王亦上兄也。尤縱恣。數害吏二千石。弘乃言於上曰。獨董仲舒可使相膠西王。膠西王聞仲舒大儒。善待之。仲舒恐久獲辠。病免。凡相兩國。輒事驕王。正身以率下。數上疏諫爭。敎令國中。所居而治。及去位歸居。終不問家產業。以修學著書爲事。仲舒在家。朝廷如有大議。使使者及廷尉張湯就其家而問之。其對皆有明法。自武帝初立。魏其武安侯爲相而隆儒矣。及仲舒對册。推明孔氏。抑黜百家。立學校之官。州郡舉茂材孝廉。皆自仲舒發之。年老。以壽終於家。家徙茂陵。子及孫皆以學至大官。仲舒所著。皆明經術之意。及上疏條敎。凡百二十三篇。而說春秋事得失。聞舉玉杯蕃露清明竹林之屬。復數十篇。十餘萬言。皆傳於後世。掇其切當世施朝廷者著于篇。

贊曰。劉向稱董仲舒有王佐之材。雖伊呂亡以加。筦晏之屬。伯者之佐。殆不及也。至向子歆。以爲伊呂乃聖人之耦。王者不得則不興。故顏淵死。孔子曰。噫。天喪余。唯此一人爲能當之。自宰我子游子贛子夏不與焉。仲舒遭漢承秦滅學之後。六經離析。下帷發憤。潛心大業。令後學者有所統壹。爲羣儒首。然考其師友淵源所漸。猶未及乎游夏。而曰筦晏弗及。伊呂不加。過矣。至向曾孫龔。篤論君子也。以歆之言爲然。

諸子治要卷一

諸子十七種

法言

漢揚雄撰。雄成都人。字子雲。成帝時。召對承明殿。奏甘泉長楊等賦。遂以爲郎給事黃門。王莽時。卒。雄爲人篤志嗜學。尤好儒家言。嘗著太玄以擬易。著此書以擬論語。雖學者多譏其徒爲貌似。不能恢張儒學。然詳觀其書大抵尊孔子。談王道。折衷百家之說。亦頗有善言。於儒家不爲無功。厥後唐韓愈宋司馬光先後爲一代大儒。皆推崇其書。而法言則尤有名。固不能盡疑其若侯芭之私阿所好也。

學行

學。行之。上也。言之。次也。教人。又其次也。咸無焉。爲衆人。或曰。人羨久生。將以學也。可謂好學已乎。曰。未之好也。學不羨。天之道。不在仲尼乎。仲尼駕說者也。不在茲儒乎。如將復駕其所說。則莫若使諸儒金口而木舌。或曰。學無益也。如質何。曰。未之思矣。夫有刀者礲諸。有玉者錯諸。不礲不錯。焉攸用。礲而錯諸。質在其中矣。否則輟。螟蛉之子。殪而逢蜾蠃。祝之曰。類我類我。久則肖之矣。速哉。七十子之肖仲尼也。學以治之。思以精之。朋友以磨之。名譽以崇之。不倦以終之。可謂好學也已矣。孔子習周公者也。顏淵習孔子者也。羿逢蒙分其弓。良捨其策。般投其斧而習諸。孰曰非也。或曰。此名也。彼名也。處一焉而已矣。曰。川有瀆。山有嶽。高而且大者。衆人所不能踰也。或問世言鑄金。金可鑄歟。曰吾聞覿君子者問鑄人不問鑄金。或曰。人可鑄歟。曰孔子鑄顏淵矣。或人跛爾曰。旨哉問鑄金得鑄人。學者所以修性也。視聽言貌思。性所有也。學則正。否則邪。師哉師哉。桐子之命也。務學不如務求師。師者人之模範也。模不模。範不範。爲不少矣。一鬨之市。不勝異意焉。一卷之書。不勝異說焉。一鬨之市。必立之平。一卷之書。必立之師。習乎習。以習非之勝是。況習是之勝非乎。於戲。學者審其是而已矣。或曰。焉知是而習之。曰視日月而知衆星之蔑也。仰聖人而知衆說之小也。學之爲王者事。其已久矣。堯舜禹湯文武汲汲。仲尼皇皇。其已久矣。或問進。曰水。或曰。爲其不捨晝夜歟。曰有是哉。滿而後漸者。其水乎。或問鴻漸。曰非其往不往。非其居不居。漸猶水乎。請問木漸。曰止於下而漸於上者。其木也哉。亦猶水而已矣。吾未見好斧藻其德若斧藻其楶者也。鳥獸觸其情者也。衆人則異乎。賢人則異衆人矣。聖人則異賢人矣。禮義之作。有以矣夫。人而不學。雖無憂。如禽何。學者所以求爲君子也。求而不得者有矣。夫未有不求而得之者也。睎驥之馬。亦驥之乘也。睎顏之人。亦顏之徒也。或曰。顏徒易乎。曰睎之則是。曰昔顏常睎夫子矣。正考甫常睎尹吉甫矣。公子奚斯常睎正考甫矣。如不欲睎則已矣。如欲睎。孰禦焉。或曰。書與經同。而世不尚。治之可乎。曰可。或人啞爾笑曰。須以發策決科。曰大人之學也爲道。小人之學也爲利。子爲道乎。爲利乎。或曰。耕不穫。獵不饗。耕獵乎。曰耕道而得道。獵德而得德。是穫饗已。吾不覩參辰之相比也。是以君子貴遷善。遷善也者。聖人之徒歟。百川學海而至於海。丘陵學山而不至於山。是故惡夫畫也。頻頻之黨。甚於鷃斯。亦賊夫糧食而已矣。朋而不心。面朋也。友而不心。面友也。或謂子之治產不如丹圭之富。曰。吾聞先生相與言。則以仁與義。市井相與言。則以財與利。如其富。如其義。或曰。先生生無以養。死無以葬。如之何。曰。以其所以養。養之至也。以其所以葬。葬之至也。或曰。倚頓之富以為孝。不亦至乎。顏其餒矣。曰。彼以其粗。顏以其精。彼以其回。顏以其貞。顏其劣乎。顏其劣乎。或曰。使我紆朱懷金。其樂不可量已。曰。紆朱懷金者之樂。不如顏氏子之樂。顏氏子之樂也內。紆朱懷金者之樂也外。或曰。請問屢空之內。曰。顏不孔。雖得天下不足以為樂。然亦有苦乎。曰。顏苦孔之卓之至也。或人瞿然曰。茲苦也。祇其所以為樂也歟。曰。有教立道。無心仲尼。有學術業。無心顏淵。或曰。立道仲尼不可為思矣。術業顏淵不可為力矣。曰。未之思也。孰禦焉。

修身

修身以為弓。矯思以為矢。立義以為的。奠而後發。發必中矣。人之性也善惡混。修其善則為善人。修其惡則為惡人。氣也者。所以適善惡之馬也歟。或曰。孔子之事多矣。不用則亦勤且憂乎。曰。聖人樂天知命。樂天則不勤。知命則不憂。或問銘。曰。銘哉銘哉。有意於慎也。聖人之辭可為也。使人信之所不可為也。是以君子彊學而力行。珍其貨而後市。修其身而後交。善其謀而後動。成道也。君子之所慎。言禮書。上交不諂。下交不驕。則可以有為矣。或曰。君子自守。奚其交。曰天地交。萬物生。人道交。功勳成。奚其守。好大而不為大。不大矣。好高而不為高。不高矣。仰天庭而知天下之居卑也哉。公儀子董仲舒之才之邵也。使見善不明。用心不剛。儔克爾。或問仁義禮智信之用。曰仁宅也。義路也。禮服也。智燭也。信符也。處宅由路正服明燭執符。君子不動。動斯得矣。有意哉。孟子曰。夫有意而不至者有矣。未有無意而至者也。或問治己。曰治己以仲尼。或曰治己以仲尼。仲尼奚寡也。曰率馬以驥。不亦可乎。或曰田圃田者莠喬喬。思遠人者心忉忉。曰日有光。月有明。三年不目日。視必盲。三年不目月。精必矇。熒魂曠枯。糟莩曠沈。擿埴索塗。冥行而已矣。或問何如斯謂之人。曰取四重。去四輕。則可謂之人。曰何謂四重。曰重言。重行。重貌。重好。言重則有法。行重則有德。貌重則有威。好重則有觀。敢問四輕。曰言輕則招憂。行輕則招辜。貌輕則招辱。好輕則招淫。禮多儀。或曰日昃不食肉。肉必乾。日昃不飲酒。酒必酸。賓主百拜而酒三行。不已華乎。曰實無華則野。華無實則賈。華實副則禮。山雌之肥。其意得乎。或曰回之簞瓢。臞如之何。曰明明在上。百官牛羊亦山雌也。闇闇在上。簞瓢捽茹亦山雌也。何其臞。千鈞之輕。烏獲力也。簞瓢之樂。顏氏德也。或問犂牛之鞹與玄騂之鞹。有以異乎。曰同。然則何以不犂也。曰將致孝乎鬼神。不敢以其犂也。如刲羊刺豕。罷賓犒師。惡在犂不犂也。有德者好問聖人。或曰魯人鮮德。奚其好問仲尼也。曰魯未能好問仲尼故也。如好問仲尼。則魯作東周矣。天下有三檢。衆人用家檢。賢人用國檢。聖人用天下檢。天下有三門。由於情欲。入自禽門。由於禮義。入自人門。由於獨智。入自聖門。或問士何如斯可以禔身。曰。其爲中也弘深。其爲外也肅括。則可以禔身矣。君子微愼厥德。悔吝不至。何元憞之有。上士之耳訓乎德。下士之耳順乎己。言不慙。行不恥者。孔子憚焉。

問道

或問道。曰。道也者。通也。無不通也。或曰。可以適它歟。曰。適堯舜文王者爲正道。非堯舜文王者爲它道。君子正而不它。或問道。曰。道若塗若川。車航混混。不捨晝夜。或曰。焉得直道而由諸。曰。塗雖曲而通諸夏。則由諸。川雖曲而通諸海。則由諸。或曰。事雖曲而通諸聖。則由諸乎。道德仁義禮。譬諸身乎。夫道以導之。德以得之。仁以人之。義以宜之。禮以體之。天也。合則渾。離則散。一人而兼統四體者。其身全乎。或問德表。曰。莫知作上作下。請問禮莫知。曰。行禮於彼。而民得於此。奚其知。或曰。孰若無禮而德。曰。禮體也。人而無禮。焉以爲德。或問天。曰。吾於天歟。見無爲之爲矣。或問彫刻衆形者匪天歟。曰。以其不彫刻也。如物刻而彫之。焉得力而給諸。老子之言道德。吾有取焉耳。及搥提仁義。絕滅禮學。吾無取焉耳。吾焉開明哉。惟聖人爲可以開明。它則苓大哉。聖人言之至也。開之廓然見四海。閉之閛然不覩牆之裏。聖人之言似於水火。或問水火。曰。水測之而益深。窮之而益遠。火用之而彌明。宿之而彌壯。允治天下不待禮文與五教。則吾以黃帝堯舜為疣贅。或曰。太上無法而治。法非所以為治也。曰。鴻荒之世。聖人惡之。是以法始乎伏犧而成乎堯。匪伏匪堯。禮義哨哨。聖人不取也。或問八荒之禮。禮也。樂也。孰是。曰。殷之以中國。或曰。孰為中國。曰。五政之所加。七賦之所養。中於天地者為中國。過此而往者人也哉。聖人之治天下也。礙諸以禮樂。無則禽。異則貉。吾見諸子之小禮樂也。不見聖人之小禮樂也。孰有書不由筆。言不由舌。吾見天常為帝王之筆舌也。智也者。知也。夫智用不用。益不益。則不贅虧矣。深知器械舟車宮室之為。則禮由己。或問大聲。曰。非雷。非霆。隱隱耾耾。久而愈盈。尸諸聖。或問道有因無因乎。曰。可則因。否則革。或問無為。曰。奚為哉。在昔虞夏襲堯之爵。行堯之道。法度彰。禮樂著。垂拱而視天下民之阜也。無為矣。紹桀之後。纂紂之餘。法度廢。禮樂虧。安坐而視天下民之死。無為乎。或問太古塗民耳目。惟其見也聞也。見則難蔽。聞則難塞。曰。天之肇降生民。使其目見耳聞。是以視之禮。聽之樂。如視不禮。聽不樂。雖有民。焉得而塗諸。或問新敝。曰。新則襲之。敝則益損之。或問太古德懷不禮懷。嬰兒慕駒犢從焉。以禮。曰。嬰犢乎。嬰犢母懷不父懷。母懷愛也。父懷敬也。獨母而不父。未若父母之懿也。狙詐之家曰。狙詐之計。不戰而屈人兵。堯舜也。曰。不戰而屈人兵。堯舜也。霑項漸襟。堯舜乎。衒玉而賈石者。其狙詐乎。或問狙詐與亡孰愈。曰。亡愈。或曰。子將六師則誰使。曰。御得其道。則天下狙詐咸作使。御失其道。則天下狙詐咸作敵。故有天下者審其御而已矣。或問威震諸侯。須於征歟。狙詐之力也。如其亡。曰。威震諸侯須於狙詐。可也。未若威震諸侯而不須狙詐也。或曰。無狙詐將何以征乎。曰。縱不得不征。不有司馬法乎。何必狙詐乎。申韓之術。不仁之至矣。若何牛羊之用人也。若牛羊用人。則狐狸螻螾不膢臘也歟。或曰。刀不利。筆不銛。而獨加諸砥。不亦可乎。曰。人砥則秦尙矣。或曰。刑名非道邪。何自然也。曰。何必刑名。圍棊擊劍。反目眩形。亦皆自然也。由其大者作正道。由其小者作姦道。或曰。申韓之法非法歟。曰。法者謂唐虞成周之法也。如申韓。如申韓。莊周申韓不乖寡聖人而漸諸篇。則顏氏之子閔子之孫其如台。或曰。莊周有取乎。曰。少欲。鄒衍有取乎。曰。自持。至周罔君臣之義。衍無知於天地之間。雖鄰不覿也。

問明 節錄

或問命。曰。命者天之命也。非人爲也。人爲不爲命。請問人爲。曰。可以存亡。可以死生。非命也。命不可避也。或曰。顏氏之子。冉氏之孫。曰。以其無避也。若立巖牆之下。動而徵病。行而招死。命乎命乎。吉人凶其吉。凶人吉其凶。辰乎辰。曷來之遲。去之速也。君子。競諸譊言。敗俗譊好敗則。姑息敗德。君子謹於言。愼於好。亟於時。吾不見震風之能動聾聵也。或問堯將讓天下於許由。由恥。有諸。曰。好大者爲之也。顧由無求於世而已矣。允哲堯。儃舜之重。則不輕於由矣。好大累克。巢父洗耳。不亦宜乎。靈場之威。宜夜矣乎。朱鳥翾翾。歸其肆矣。或曰。奚取於朱鳥哉。曰。時來則來。時往則往。能來能往者。朱鳥之謂歟。或問韓非作說難之書。而卒死乎說難。敢問何反也。曰。說難蓋其所以死乎。曰。何也。曰。君子以禮動。以義止。合則進。否則退。確乎不憂其不合也。夫說人而憂其不合。則亦無所不至矣。或曰。說之不合非憂邪。曰。說不由道。憂也。由道而不合。非憂也。或問哲。曰。旁明厥思。問行。曰。旁通厥德。

先知 節錄

爲政日新。或人敢問日新。曰。使之利其仁。樂其義。厲之以名。引之以美。使之陶陶然之謂日新。或問民所勤。曰。民有三勤。曰。何哉所謂三勤。曰。政善而吏惡。一勤也。吏善而政惡。二勤也。政吏駢惡。三勤也。禽獸食人之食。土木衣人之帛。穀人不足於晝。絲人不足於夜。之謂惡政。或曰。人君不可不學律令。曰。君子爲國。張其綱紀。謹其教化。導之以仁。則下不相賊。莅之以廉。則下不相盜。臨之以正。則下不相詐。修之以禮義。則下多德讓。此君子所當學也。如有犯法。則司獄在。或苦亂。曰。綱紀。曰。惡在於綱紀。曰。大作綱。小作紀。如綱不綱。紀不紀。雖有羅網。惡得一目而正諸。或曰。齊得夷吾而霸。仲尼曰小器。請問大器。曰。大器其猶規矩準繩乎。先自治而後治人之謂大器。或曰。正國何先。曰。躬工人績。或曰。爲政先殺後教。曰。嗚呼。天先秋而後春乎。將先春而後秋乎。吾見玄駒之步。雉之晨雊也。化其可以已矣哉。民可使覿德。不可使覿刑。覿德則純。覿刑則亂。

君子

或問君子言則成文。動則成德。何以也。曰。以其弸中而彪外也。般之揮斤。羿之激矢。君子不言。言必有中也。不行。行必有稱也。或問君子之柔剛。曰。君子於仁也柔。於義也剛。或問航不漿。衝不薺。有諸。曰。有之。或曰。大器固不周於小乎。曰。斯械也。君子不械。或問孟子知言之要。知德之奧。曰。非苟知之。亦允蹈之。或曰。子小諸子。孟子非諸子乎。曰。諸子者。以其知異於孔子者也。孟子異乎不異。或曰。孫卿非數家之書。侻也。至于子思孟軻。詭哉。曰。吾於孫卿歟。見同門而異戶也。惟聖人爲不異。牛玄騂白。睟而角。其升諸廟乎。是以君子全其德。或問君子似玉。曰。純淪溫潤。柔而堅。玩而廉。隊乎其不可形也。或曰。仲尼之術。周而不泰。大而不小。用之猶牛鼠也。曰。仲尼之道。猶四瀆也。經營中國。終入大海。它人之道者。西北之流也。綱紀夷貉。或入于沱。或淪于漢。淮南說之用。不如太史公之用也。太史公。聖人將有取焉。淮南。鮮取焉爾。必也儒乎。乍出乍入。淮南也。文麗用寡。長卿也。多愛不忍。子長也。仲尼多愛。愛義也。子長多愛。愛奇也。或曰。甚矣傳書之不果也。曰。不果則不果矣。人以巫鼓。或問聖人之言炳若丹青。有諸。曰。吁。是何言歟。丹青初則炳。久則渝。渝乎哉。或曰。聖人之道若天。天則有常矣。奚聖人之多變也。曰。聖人固多變。子游子夏得其書矣。未得其所以書也。宰我子貢得其言矣。未得其所以言也。顏淵閔子得其行矣。未得其所以行也。聖人之書言行。天也。天其少變乎。

或曰。聖人自恣歟。何言之多端也。曰。子未覩禹之行水歟。一東一北。行之無礙也。君子之行。獨無礙乎。如何直往也。水避礙則通於海。君子避礙則通於理。君子好人之好。而忘己之好。小人好己之好。而忘人之好。或曰。子於天下則誰與。曰。與夫進者乎。或曰。貪夫位也。慕夫祿也。何其與。曰。此貪也。非進也。夫進也者。進於道。慕於德。殷之以仁義。進而進。退而退。日孳孳而不自知勸者也。或曰。進進則聞命矣。請問退進。曰。昔乎顏淵以退爲進。天下鮮儷焉。或曰。若此則何少於必退也。曰。必進易儷也。必退易儷也。進以禮。退以義。難儷也。或曰。人有齊死生。同貧富。等貴賤。何如。曰。作此者其有懼乎。信死生齊。貧富同。貴賤等。則吾以聖人爲囂囂。通天地人曰儒。通天地而不通人曰伎。人必先作。然後人名之。先求。然後人與之。人必其自愛也。然後人愛諸。人必其自敬也。然後人敬諸。自愛。仁之至也。自敬。禮之至也。未有不自愛敬而人愛敬之者也。或問龍龜鴻鵠。不亦壽乎。曰。壽。曰。人可壽乎。曰。物以其性。人以其仁。或問人言仙者。有諸乎。曰。吁。吾聞伏羲神農殁。黃帝堯舜殂落而死。文王畢。孔子魯城之北。獨子愛其死乎。非人之所及也。仙亦無益子之彙矣。或曰。聖人不師仙。厥術異也。聖人之於天下。恥一物之不知。仙人之於天下。恥一日之不生。曰。生乎生乎。名生而實死也。或曰。世無仙則焉得斯語。曰。語乎者。非囂囂也歟。惟囂囂能使無爲有。或問仙之實。曰。無以爲也。有與無非問也。問也者。忠孝之問也。忠臣孝子。偟乎不偟。或問壽可益乎。曰。德。曰。回牛之行德矣。曷壽之不益也。曰德故爾。如回之殘。牛之賊也。焉得爾。曰殘賊可壽。曰彼妄也。君子不妄。有生者必有死。有始者必有終。自然之道也。君子忠人況己乎。小人欺己況人乎。

諸子治要卷一

諸子十七種

中說　舊本題隋王通撰。通龍門人。字仲淹。嘗西遊長安。奏太平十二策。知謀不用。退居河汾教授。屢徵不至。卒年僅三十五。著有禮論樂論續書續詩元經讚易等書。以擬六經。此書則刻畫論語。較揚雄法言。尤爲酷似。師弟更互相標榜。自比孔顏。故論者多斥其僭妄已甚。然考其書中所言大要純正。通達宋明理學大儒如朱子王陽明。皆推許之。略名存實與揚雄法言。當不相上下。或曰。案此書本末。證以通師弟及同時人事實。多相牴牾。蓋爲其子福郊福畤等所作。而託名於通者。此言信者甚衆。學者當加考辨。庶不爲古人之所欺矣。

王道　節錄以下各論並同

子在長安。楊素蘇夔李德林皆請見。子與之言。歸而有憂色。門人問子。子曰。素與吾言終日。言政而不及化。夔與吾言終日。言聲而不及雅。德林與吾言終日。言文而不及理。門人曰。然則何憂。子曰。非爾所知也。二三子皆朝之預議者也。今言政而不及化。是天下無禮也。言聲而不及雅。是天下無樂也。言文而不及理。是天下無文也。王道從何而興乎。吾所以憂也。門人退。子援琴鼓蕩之什。門人皆霑襟焉。子曰。封禪之費。非古也。徒以夸天下。其秦漢之侈心乎。子曰。易樂者必多哀。輕施者必好奪。子曰。無赦之國。其刑必平。多斂之國。其財必削。子曰。

廉者常樂無求。貪者常憂不足。裴晞問曰。衞玠稱人有不及。可以情恕。非意相干。可以理遣。何如。子曰。寬矣。曰。仁乎。子曰。不知也。阮嗣宗與人談。則及玄遠。未嘗臧否人物。何如。子曰。愼矣。曰。仁乎。子曰。不知也。

天地

李靖問任智如何。子曰。仁以爲己任。小人任智而背仁爲賊。君子任智而背仁爲亂。賈瓊問君子之道。子曰。必先恕乎。曰。敢問恕之說。子曰。爲人子者。以其父之心爲心。爲人弟者。以其兄之心爲心。推而達之於天下。斯可矣。子躬耕。或問曰。不亦勞乎。子曰。一夫不耕。或受其飢。且庶人之職也。亡職者。罪無所逃天地之間。吾得逃乎。子燕居。董常竇威侍。子曰。吾視千載已上。聖人在上者。未有若周公焉。其道則一。而經制大備。後之爲政。有所持循。吾視千載而下。未有若仲尼焉。其道則一。而述作大明。後之修文者。有所折中矣。千載而下。有申周公之事者。吾不得而見也。千載而下。有紹宣尼之業者。吾不得而讓也。

事君

房玄齡問事君之道。子曰。無私。問使人之道。曰。無偏。曰。敢問化人之道。子曰。正其心。問禮樂。子曰。王道盛。則禮樂從而興焉。非爾所及也。楊素使謂子曰。盍仕乎。子曰。疏屬之南。汾水之曲。有先人之敝廬在。可以避風雨。有田可以具饘粥。彈琴著書。講道勸義。自樂也。願君侯正身以統天下。時和歲豐。則通也。受賜多矣。不願仕也。子曰。古之爲政者。先德而後刑。故其人悅以恕。今之爲政者。任刑而棄德。故其人怨以詐。子曰。古之從仕者養人。今之從仕者養己。子曰。婚娶而論財。夷虜之道也。君子不入其鄉。古者男女之族。各擇德焉。不以財爲禮。子之族。婚嫁必具六禮。曰。斯道也。今亡矣。三綱之首不可廢。吾從古。子曰。惡衣薄食。少思寡欲。今人以爲詐。我則好詐焉。不爲誇衒。若愚似鄙。今人以爲恥。我則不恥也。

周公

子謂史談善述九流。知其不可廢。而知其各有弊也。安得長者之言哉。子曰。通其變。天下無弊法。執其方。天下無善教。故曰。存乎其人。劉炫見子談六經。倡其端。終日不竭。子曰。何其多也。炫曰。先儒異同。不可不述也。子曰。一以貫之可矣。爾以尼父爲多學而識之耶。炫退。子謂門人曰。榮華其言。小成其道。難矣哉。子曰。詩書盛而秦世滅。非仲尼之罪也。虛玄長而晉室亂。非老莊之罪也。齊戒修而梁國亡。非釋迦之罪也。易不云乎。苟非其人。道不虛行。或問佛。子曰。聖人也。曰。其教何如。曰。西方之教也。中國則泥。軒車不可以適越。冠冕不可以之胡。古之道也。楊素謂子曰。甚矣古之爲衣冠裳履。何樸而非便也。子曰。先王法服。不其深乎。爲冠所以莊其首也。爲履所以重其足也。衣裳襜如。劍珮鏘如。皆所以防其躁也。故曰。儼然人望而畏之。以此防民。猶有疾驅於道者。今捨之。曰不便。是投魚於淵。寘猿於木也。天下庸得不馳騁而狂。乎引之者非其道也。

問易

魏徵曰。聖人有憂乎。子曰。天下皆憂。吾獨得不憂乎。問疑。子曰。天下皆疑。吾獨得不疑乎。徵退。子謂董常曰。樂天知命。吾何憂。窮理盡性。吾何疑。常曰。非告徵也。子亦二言乎。子曰。徵所問者迹也。吾告汝者心也。心迹之判久矣。吾獨得不二言乎。常曰。心迹固殊乎。子曰。自汝觀之則殊也。而適造者不知其殊也。各云當而已矣。則夫二未違一也。李播聞而歎曰。大哉乎一也。天下皆歸焉。而不覺也。賈瓊問何以息謗。子曰。無辯。曰。何以止怨。曰。無爭。

禮樂

賈瓊問羣居之道。子曰。同不害正。異不傷物。曰。可終身而行乎。子曰。烏乎而不可也。古之有道者。內不失眞。而外不殊俗。夫如此。故全也。或曰。君子仁而已矣。何用禮爲。子曰。不可行也。或曰。禮豈爲我輩設哉。子不答。既而謂薛收曰。斯人也。旁行而不流矣。安知敎意哉。有若謂先王之道斯爲美也。程元問六經之致。子曰。吾續書以存漢晉之實。續詩以辯六代之俗。修元經以斷南北之疑。讚易道以申先師之旨。正禮樂以旌後王之失。如斯而已矣。程元曰。作者之謂聖。述者之謂明。夫子何處乎。子曰。吾於道屢伸而已。其好而能樂。勤而不厭者乎。聖與明。吾安敢處。子曰。君子可招而不可誘。可棄而不可慢。輕譽苟毀。好憎尙怒。小人哉。子曰。

以勢交者。勢傾則絕。以利交者。利窮則散。故君子不與也。或問長生神仙之道。子曰仁義不修。孝悌不立。奚爲長生。甚矣人之無厭也。

述史

溫大雅問如之何可使爲政。子曰。仁以行之。寬以居之。深識禮樂之情。敢問其次。子曰言必忠。行必恕。鼓之以利害不動。又問其次。子曰謹而固。廉而慮。齪齪焉自保。不足以發也。子曰降此則穿窬之人爾。何足及政。抑可使備員矣。賈瓊請絕人事。子曰。不可。瓊曰然則奚若。子曰莊以待之。信以從之。去者不追。來者不拒。泛如也斯可矣。

魏相

文中子曰。聞謗而怒者。讒之由也。見譽而喜者。佞之媒也。絕由去媒。讒佞遠矣。房玄齡問正主庇民之道。子曰。先遺其身。曰請究其說。子曰。夫能遺其身。然後能無私。無私然後能至公。至公。然後以天下爲心矣。道可行矣。玄齡曰。如主何。子曰。通也不可。究其說。蕭張其猶病諸。噫。非子所及。姑守爾恭。執爾慎。庶可以事人也。子曰。早婚少聘。教人以偸。妾媵無數。教人以亂。且貴賤有等。一夫一婦。庶人之職也。子曰。吾不仕。故成業。不動。故無悔。不廣求。故得。不雜學。故明。

立命

子曰。治亂運也。有乘之者。有革之者。窮達時也。有行之者。有遇之者。吉凶命也。有作之者。有偶之者。一來一往。各以數至。豈徒云哉。賈瓊問富而教之何謂也。子曰。仁生於歉。義生於豐。故富而教之。斯易也。古者聖王在上。田里相距。雞犬相聞。人至老死不相往來。蓋自足也。是以至治之代。五典潛。五禮措。五服不章。人知飲食。不知蓋藏。人知羣居。不知愛敬。上如標枝。下如野鹿。何哉。蓋上無爲。下自足故也。賈瓊曰。淳灕樸散。其可歸乎。子曰。人能弘道。苟得其行。如反掌爾。昔舜禹繼軌而天下樸。夏桀承之而天下詐。成湯放桀而天下平。殷紂承之而天下陂。文武治而幽厲散。文景寧而桓靈失。斯則治亂相易。澆淳有由。興衰資乎人。得失在乎教。其曰太古不可復。是未知先王之有化也。詩書禮樂。復何爲哉。董常聞之。謂賈瓊曰。孔孟云亡。夫子之道行。則所謂綏之斯來。動之斯和。乎孰云淳樸不可歸哉。

關朗

子曰。罪莫大於好進。禍莫大於多言。痛莫大於不聞過。辱莫大於不知恥。文中子曰。仲尼之述。廣大悉備。歷千載而不用。悲夫。仇璋進曰。然夫子今何勤勤於述也。子曰。先師之職也。不敢廢焉。知後之不能用也。是藨是蓘。則有豐年。門人竇威賈瓊姚義受禮。溫彥博杜如晦陳叔達受樂。杜淹房喬魏徵受書。李靖薛方士裴晞王珪受詩。叔恬受元經。董常仇璋薛收程元備聞六經之義。

右儒書四種　儒之本義。許君解爲術士。周官有聯師儒之文。禮記有儒行之篇。皆可以得其梗概。後世所謂儒者。則僅祖述仲尼之言者耳。漢志儒家首列晏子。清四庫改隸史部傳記類。（其說曰書中所述。皆遺事實。魏徵諫錄。李絳論事集之類。與著書立說者迥別。）改之誠是也。又有曾子書。其文多見今大戴記。孟子書亦列入經部。故皆不錄。於周錄荀卿氏爲首。於漢錄董揚二子。賈生新書。篇章割裂。已非原本。其議論亦不純爲儒家言。王氏中說。雖未免後世擬僭模倣之病。而其立說之精至。實自有其不可磨滅者。故今取以爲殿焉。

諸子治要卷一

諸子十七種

老子

老子　一名道德經。周李耳撰。耳楚苦縣人。字聃。或曰一字老。或曰姓老氏。李故名其書曰老子。（舊說以其年老。又說李耳生而皓首。故曰老子。）爲道家之始祖。近人復有言百家之學。皆出自道家者。則老子一書。又不啻爲諸子學說之根源矣。書凡五千餘言。舊分上下二篇。八十一章。其文辭簡質。多偶句而時協韻。最便諷讀。故全錄焉。（案老子注本甚多。各家分章亦不一。此編蓋據華亭張氏之王注原本。錄其全經正文。惟於每章之下。皆附題河上公注本之章名。以資考覽。）

一章　體道

道可道。非常道。名可名。非常名。無名天地之始。有名萬物之母。故常無欲。以觀其妙。常有欲。以觀其徼。此兩者同出而異名。同謂之元。元之又元。衆妙之門。

二章　養身

天下皆知美之爲美。斯惡已。皆知善之爲善。斯不善已。故有無相生。難易相成。長短相較。高下相傾。音聲相和。前後相隨。是以聖人處無爲之事。行不言之教。萬物作焉而不辭。生而不有。爲而不恃。功成而弗居。夫唯弗居。是以不去。

三章　安民

不尙賢。使民不爭。不貴難得之貨。使民不爲盜。不見可欲。使民心不亂。是以聖人之治。虛其心。實其腹。弱其志。强其骨。常使民無知無欲。使夫智者不敢爲也。爲無爲。則無不治。

四章　無源

道沖而用之。或不盈。淵兮似萬物之宗。挫其銳。解其紛。和其光。同其塵。湛兮似或存。吾不知誰之子。象帝之先。

五章　虛用

天地不仁。以萬物爲芻狗。聖人不仁。以百姓爲芻狗。天地之間。其猶橐籥乎。虛而不屈。動而愈出。多言數窮。不如守中。

六章　成象

谷神不死。是謂元牝。元牝之門。是謂天地根。緜緜若存。用之不勤。

七章　韜光

天長地久。天地所以能長且久者。以其不自生。故能長生。是以聖人後其身而身先。外其身而身存。非以其無私耶。故能成其私。

八章　易性

上善若水。水善利萬物而不爭。處衆人之所惡。故幾於道。居善地。心善淵。與善仁。言善信。正善治。事善能。動善時。夫唯不爭。故無尤。

九章　運夷

持而盈之。不如其已。揣而梲之。不可長保。金玉滿堂。莫之能守。富貴而驕。自遺其咎。功遂身退。天之道。

十章　能爲

載營魄抱一。能無離乎。專氣致柔。能嬰兒乎。滌除元覽。能無疵乎。愛民治國。能無知乎。天門開闔。能無雌乎。明白四達。能無爲乎。生之。畜之。生而不有。爲而不恃。長而不宰。是謂元德

十一章　無用

三十輻共一轂。當其無。有車之用。埏埴以爲器。當其無。有器之用。鑿戶牖以爲室。當其無。有室之用。故有之以爲利。無之以爲用。

十二章　檢欲

五色令人目盲。五音令人耳聾。五味令人口爽。馳騁畋獵。令人心發狂。難得之貨。令人行妨。是以聖人爲腹不爲目。故去彼取此。

十三章　厭恥

寵辱若驚。貴大患若身。何謂寵辱若驚。寵爲下。得之若驚。失之若驚。是謂寵辱若驚。何謂貴大患若身。吾所以有大患者。爲吾有身。及吾無身。吾有何患。故貴以身爲天下。若可寄天下。愛以身爲天下。若可託天下。

十四章　贊元

視之不見名曰夷。聽之不聞名曰希。搏之不得名曰微。此三者不可致詰。故混而爲一。其上不皦。其下不昧。繩繩不可名。復歸於無物。是謂無狀之狀。無物之象。是謂惚恍。迎之不見其首。隨之不見其後。執古之道。以御今之有。能知古始。是謂道紀。

十五章　顯德

古之善爲士者。微妙元通。深不可識。夫唯不可識。故强爲之容。豫焉若冬涉川。猶兮若畏四鄰。儼兮其若容。渙兮若冰之將釋。敦兮其若樸。曠兮其若谷。混兮其若濁。孰能濁以靜之徐清。孰能安以久動之徐生。保此道者不欲盈。夫唯不盈。故能蔽不新成。

十六章　歸根

致虚極。守靜篤。萬物並作。吾以觀復。夫物芸芸。各復歸其根。歸根曰靜。是謂復命。復命曰常。知常曰明。不知常。妄作凶。知常容。容乃公。公乃王。王乃天。天乃道。道乃久。沒身不殆。

十七章　淳風

太上。下知有之。其次。親而譽之。其次。畏之。其次。侮之。信不足焉。有不信焉。悠兮其貴言。功成事遂。百姓皆謂我自然。

十八章　俗薄

大道廢。有仁義。慧智出。有大僞。六親不和。有孝慈。國家昏亂。有忠臣。

十九章　還淳

絕聖棄智。民利百倍。絕仁棄義。民復孝慈。絕巧棄利。盜賊無有。此三者以爲文不足。故令有所屬。見素抱樸。少私寡欲。

二十章　異俗

絕學無憂。唯之與阿。相去幾何。善之與惡。相去若何。人之所畏。不可不畏。荒兮其未央哉。衆人熙熙。如享太牢。如春登臺。我獨泊兮其未兆。如嬰兒之未孩。儽儽兮若無所歸。衆人皆有餘。而我獨若遺。我愚人之心也哉。沌沌兮。俗人昭昭。我獨昏昏。俗人察察。我獨悶悶。澹兮其若海。飂兮若無止。衆人皆有以。而我獨頑似鄙。我獨異於人。而貴食母。

二十一章　虛心

孔德之容。惟道是從。道之爲物。惟恍惟惚。惚兮恍兮。其中有象。恍兮惚兮。其中有物。窈兮冥兮。其中有精。其精甚眞。其中有信。自古及今。其名不去。以閱衆甫。吾何以知衆甫之狀哉。以此。

二十二章　益謙

曲則全。枉則直。窪則盈。敝則新。少則得。多則惑。是以聖人抱一爲天下式。不自見故明。不自是故彰。不自伐故有功。不自矜故長。夫唯不爭。故天下莫能與之爭。古之所謂曲則全者。豈虛言哉。誠全而歸之。

二十三章　虛無

希言自然。故飄風不終朝。驟雨不終日。孰爲此者。天地。天地尙不能久。而況於人乎。故從事於道者。道者同於道。德者同於德。失者同於失。同於道者。道亦樂得之。同於德者。德亦樂得之。同於失者。失亦樂得之。信不足焉。有不信焉。

二十四章　苦恩

企者不立。跨者不行。自見者不明。自是者不彰。自伐者無功。自矜者不長。其在道也。曰餘食贅行。物或惡之。故有道者不處。

二十五章　象元

有物混成。先天地生。寂兮寥兮。獨立不改。周行而不殆。可以爲天下母。吾不知其名。字之曰道。强爲之名曰大。大曰逝。逝曰遠。遠曰反。故道大。天大。地大。王亦大。域中有四大。而王居其一焉。人法地。地法天。天法道。道法自然。

二十六章　重德

重爲輕根。靜爲躁君。是以聖人終日行。不離輜重。雖有榮觀。燕處超然。奈何萬乘之主。而以身輕天下。輕則失本。躁則失君。

二十七章　巧用

善行無轍迹。善言無瑕讁。善數不用籌策。善閉無關楗。而不可開。善結無繩約。而不可解。是以聖人常善救人。故無棄人。常善救物。故無棄物。是謂襲明。故善人者。不善人之師。不善人者。善人之資。不貴其師。不愛其資。雖智大迷。是謂要妙。

二十八章　反樸

知其雄。守其雌。爲天下谿。爲天下谿。常德不離。復歸於嬰兒。知其白。守其黑。爲天下式。爲天下式。常德不忒。復歸於無極。知其榮。守其辱。爲天下谷。爲天下谷。常德乃足。復歸於樸。樸散則爲器。聖人用之。則爲官長。故大制不割。

二十九章　無爲

將欲取天下而爲之。吾見其不得已。天下神器。不可爲也。爲者敗之。執者失之。故物或行或隨。或歔或吹。或强或羸。或挫或隳。是以聖人去甚。去奢。去泰。

三十章　儉武

以道佐人主者。不以兵强天下。其事好還。師之所處。荆棘生焉。大軍之後。必有凶年。善有果而已。不敢以取强。果而勿矜。果而勿伐。果而勿驕。果而不得已。果而勿强。物壯則老。是謂不道。不道早已。

三十一章　偃武

夫佳兵者。不祥之器。物或惡之。故有道者不處。君子居則貴左。用兵則貴右。兵者不祥之器。非君子之器。不得已而用之。恬淡爲上。勝而不美。而美之者。是樂殺人。夫樂殺人者。則不可以得志於天下矣。吉事尚左。凶事尚右。偏將軍居左。上將軍居右。言以喪禮處之。殺人之衆。以哀悲泣之。戰勝以喪禮處之。

三十二章　聖德

道常無名。樸雖小。天下莫能臣也。侯王若能守之。萬物將自賓。天地相合。以降甘露。民莫之令而自均。始制有名。名亦既有。夫亦將知止。知止可以不殆。譬道之在天下。猶川谷之於江海。

三十三章　辨德

知人者智。自知者明。勝人者有力。自勝者强。知足者富。强行者有志。不失其所者久。死而不亡者壽。

三十四章　任成

大道氾兮其可左右。萬物恃之而生而不辭。功成不名有。衣養萬物而不爲主。常無欲。可名於小。萬物歸焉而不爲主。可名爲大。以其終不自爲大。故能成其大。

三十五章　仁德

執大象。天下往。往而不害。安平太。樂與餌。過客止。道之出口。淡乎其無味。視之不足見。聽之不足聞。用之不足既。

三十六章　微明

將欲歙之。必固張之。將欲弱之。必固強之。將欲廢之。必固興之。將欲奪之。必固與之。是謂微明。柔弱勝剛強。魚不可脫於淵。國之利器。不可以示人。

三十七章　爲政

道常無爲而無不爲。侯王若能守之。萬物將自化。化而欲作。吾將鎮之以無名之樸。無名之樸。夫亦將無欲。不欲以靜。天下將自定。

以上上篇

三十八章　論德

上德不德。是以有德。下德不失德。是以無德。上德無爲而無以爲。下德爲之而有以爲。上仁爲之而無以爲。上義爲之而有以爲。上禮爲之而莫之應。則攘臂而扔之。故失道而後德。失德而後仁。失仁而後義。失義而後禮。夫禮者。忠信之薄。而亂之首。前識者。道之華。而愚之始。是以大丈夫處其厚。不居其薄。處其實。不居其華。故去彼取此。

三十九章　法本

昔之得一者。天得一以清。地得一以寧。神得一以靈。谷得一以盈。萬物得一以生。侯王得一以爲天下貞。其致之。天無以清將恐裂。地無以寧將恐發。神無以靈將恐歇。谷無以盈將恐竭。萬物無以生將恐滅。侯王無以貴高將恐蹶。故貴以賤爲本。高以下爲基。是以侯王自謂孤寡不穀。此非以賤爲本耶。非乎。故致數輿無輿。不欲琭琭如玉。珞珞如石。

四十章　去用

反者道之動。弱者道之用。天下萬物生於有。有生於無。

四十一章　同異

上士聞道。勤而行之。中士聞道。若存若亡。下士聞道。大笑之。不笑不足以爲道。故建言有之。明道若昧。進道若退。夷道若纇。上德若谷。大白若辱。廣德若不足。建德若偸。質眞若渝。大方無隅。大器晚成。大音希聲。大象無形。道隱無名。夫唯道善貸且成。

四十二章　道化

道生一。一生二。二生三。三生萬物。萬物負陰而抱陽。沖氣以爲和。人之所惡。唯孤寡不穀。而王公以爲稱。故物或損之而益。或益之而損。人之所教。我亦教之。强梁者不得其死。吾將以爲教父。

四十三章　偏用

天下之至柔。馳騁天下之至堅。無有入無閒。吾是以知無爲之有益。不言之教。無爲之益。天下希及之。

四十四章　立戒

名與身孰親。身與貨孰多。得與亡孰病。是故甚愛必大費。多藏必厚亡。知足不辱。知止不殆。可以長久。

四十五章　洪德

大成若缺。其用不弊。大盈若沖。其用不窮。大直若屈。大巧若拙。大辯若訥。躁勝寒。靜勝熱。清靜爲天下正。

四十六章　儉欲

天下有道。卻走馬以糞。天下無道。戎馬生於郊。禍莫大於不知足。咎莫大於欲得。故知足之足。常足矣。

四十七章　鑒遠

不出戶。知天下。不闚牖。見天道。其出彌遠。其知彌少。是以聖人不行而知。不見而名。不爲而成。

四十八章　忘知

爲學日益。爲道日損。損之又損。以至於無爲。無爲而無不爲。取天下。常以無事。及其有事。不足以取天下。

四十九章　任德

聖人無常心。以百姓心爲心。善者吾善之。不善者吾亦善之。德善。信者吾信之。不信者吾亦信之。德信。聖人在天下歙歙。爲天下渾其心。百姓皆注其耳目。聖人皆孩之。

五十章　貴生

出生入死。生之徒十有三。死之徒十有三。人之生。動之死地。亦十有三。夫何故。以其生生之厚。蓋聞善攝生者。陸行不遇兕虎。入軍不被甲兵。兕無所投其角。虎無所措其爪。兵無所容其刃。夫何故。以其無死地。

五十一章　養德

道生之。德畜之。物形之。勢成之。是以萬物莫不尊道而貴德。道之尊。德之貴。夫莫之命而常自然。故道生之。德畜之。長之育之。亭之毒之。養之覆之。生而不有。爲而不恃。長而不宰。是爲元德。

五十二章　歸元

天下有始。以爲天下母。既得其母。以知其子。既知其子。復守其母。沒身不殆。塞其兌。閉其門。終身不勤。開其兌。濟其事。終身不救。見小曰明。守柔曰強。用其光。復歸其明。無遺身殃。是爲習常。

五十三章　益證

使我介然有知。行於大道。唯施是畏。大道甚夷。而民好徑。朝甚除。田甚蕪。倉甚虛。服文綵。帶利劍。厭飲食。財貨有餘。是謂盜夸。非道也哉。

五十四章　修觀

善建者不拔。善抱者不脫。子孫以祭祀不輟。修之於身。其德乃眞。修之於家。其德乃餘。修之於鄉。其德乃長。修之於國。其德乃豐。修之於天下。其德乃普。故以身觀身。以家觀家。以鄉觀鄉。以國觀國。以天下觀天下。吾何以知天下然哉。以此。

五十五章　元符

含德之厚。比於赤子。蜂蠆虺蛇不螫。猛獸不據。攫鳥不搏。骨弱筋柔而握固。未知牝牡之合而全作。精之至也。終日號而不嗄。和之至也。知和曰常。知常曰明。益生曰祥。心使氣曰強。物壯則老。謂之不道。不道早已。

五十六章　元德

知者不言。言者不知。塞其兌。閉其門。挫其銳。解其分。和其光。同其塵。是謂元同。故不可得而親。不可得而疏。不可得而利。不可得而害。不可得而貴。不可得而賤。故爲天下貴。

五十七章　淳風

以正治國。以奇用兵。以無事取天下。吾何以知其然哉。以此。天下多忌諱而民彌貧。民多利器。國家滋昏。人多伎巧。奇物滋起。法令滋彰。盜賊多有。故聖人云。我無爲而民自化。我好靜而民自正。我無事而民自富。我無欲而民自樸。

五十八章　順化

其政悶悶。其民淳淳。其政察察。其民缺缺。禍兮福之所倚。福兮禍之所伏。孰知其極。其無正。正復爲奇。善復爲妖。人之迷。其日固久。是以聖人方而不割。廉而不劌。直而不肆。光而不燿。

五十九章　守道

治人事天。莫若嗇。夫唯嗇。是謂早服。早服謂之重積德。重積德則無不克。無不克則莫知其極。莫知其極。可以有國。有國之母。可以長久。是謂深根固柢。長生久視之道。

六十章　居位

治大國若烹小鮮。以道莅天下。其鬼不神。非其鬼不神。其神不傷人。非其神不傷人。聖人亦不傷人。夫兩不相傷。故德交歸焉。

六十一章　謙德

大國者下流。天下之交。天下之牝。牝常以靜勝牡。以靜爲下。故大國以下小國。則取小國。小國以下大國。則取大國。故或下以取。或下而取。大國不過欲兼畜人。小國不過欲入事人。夫兩者各得其所欲。大者宜爲下。

六十二章　爲道

道者。萬物之奧。善人之寶。不善人之所保。美言可以市。尊行可以加人。人之不善。何棄之有。故立天子。置三公。雖有拱璧以先駟馬。不如坐進此道。古之所以貴此道者何。不曰以求得有罪以免耶。故爲天下貴。

六十三章　恩始

爲無爲。事無事。味無味。大小多少。報怨以德。圖難於其易。爲大於其細。天下難事。必作於易。天下大事。必作於細。是以聖人終不爲大。故能成其大。夫輕諾必寡信。多易必多難。是以聖人猶難之。故終無難矣。

六十四章　守微

其安易持。其未兆易謀。其脆易泮。其微易散。爲之於未有。治之於未亂。合抱之木。生於毫末。九層之臺。起於累土。千里之行。始於足下。爲者敗之。執者失之。是以聖人無爲故無敗。無執故無失。民之從事。常於幾成而敗之。愼終如始。則無敗事。是以聖人欲不欲。不貴難得之貨。學不學。復衆人之所過。以輔萬物之自然而不敢爲。

六十五章　淳德

古之善爲道者。非以明民。將以愚之。民之難治。以其智多。故以智治國。國之賊。不以智治國。國之福。知此兩者。亦稽式。常知稽式。是謂元德。元德深矣。遠矣。與物反矣。然後乃至大順。

六十六章　後己

江海所以能爲百谷王者。以其善下之。故能爲百谷王。是以欲上民。必以言下之。欲先民。必以身後之。是以聖人處上而民不重。處前而民不害。是以天下樂推而不厭。以其不爭。故天下莫能與之爭。

六十七章　三寶

天下皆謂我道大。似不肖。夫惟大。故似不肖。若肖。久矣其細也夫。我有三寶。持而保之。一曰慈。二曰儉。三曰不敢爲天下先。慈故能勇。儉故能廣。不敢爲天下先故能成器長。今舍慈且勇。舍儉且廣。舍後且先。死矣。夫慈以戰則勝。以守則固。天將救之。以慈衛之。

六十八章　配天

善爲士者不武。善戰者不怒。善勝敵者不與。善用人者爲之下。是謂不爭之德。是謂用人之力。是謂配天古之極。

六十九章　元用

用兵有言。吾不敢爲主而爲客。不敢進寸而退尺。是謂行無行。攘無臂。扔無敵。執無兵。禍莫大於輕敵。輕敵幾喪吾寶。故抗兵相加。哀者勝矣。

七十章　知難

吾言甚易知。甚易行。天下莫能知。莫能行。言有宗。事有君。夫唯無知。是以不我知。知我者希。則我者貴。是以聖人被褐懷玉。

七十一章　知病

知不知上。不知知病。夫唯病病。是以不病。聖人不病。以其病病。是以不病。

七十二章　愛己

民不畏威。則大威至。無狎其所居。無厭其所生。夫唯不厭。是以不厭。是以聖人自知不自見。

自愛不自貴。故去彼取此。

七十三章　任爲

勇於敢則殺。勇於不敢則活。此兩者或利或害。天之所惡。孰知其故。是以聖人猶難之。天之道。不爭而善勝。不言而善應。不召而自來。繟然而善謀。天網恢恢。疏而不失。

七十四章　制惑

民不畏死。奈何以死懼之。若使民常畏死。而爲奇者。吾得執而殺之。孰敢。常有司殺者殺。夫代司殺者殺。是謂代大匠斲。夫代大匠斲者。希有不傷其手矣。

七十五章　貪損

民之飢。以其上食稅之多。是以飢。民之難治。以其上之有爲。是以難治。民之輕死。以其上求生之厚。是以輕死。夫唯無以生爲者。是賢於貴生。

七十六章　戒强

人之生也柔弱。其死也堅强。萬物草木之生也柔脆。其死也枯槁。故堅强者死之徒。柔弱者生之徒。是以兵强則不勝。木强則兵。强大處下。柔弱處上。

七十七章　天道

天之道。其猶張弓與。高者抑之。下者舉之。有餘者損之。不足者補之。天之道。損有餘而補不

足人之道則不然損不足以奉有餘孰能有餘以奉天下唯有道者是以聖人為而不恃功成而不處其不欲見賢

七十八章　任信

天下莫柔弱於水而攻堅强者莫之能勝以其無以易之弱之勝强柔之勝剛天下莫不知莫能行是以聖人云受國之垢是謂社稷主受國不祥是為天下王正言若反

七十九章　任契

和大怨必有餘怨安可以為善是以聖人執左契而不責於人有德司契無德司徹天道無親常與善人

八十章　獨立

小國寡民使有什伯之器而不用使民重死而不遠徙雖有舟輿無所乘之雖有甲兵無所陳之使人復結繩而用之甘其食美其服安其居樂其俗鄰國相望雞犬之聲相聞民至老死不相往來

八十一章　顯質

信言不美美言不信善者不辯辯者不善知者不博博者不知聖人不積既以為人已愈有既以與人已愈多天之道利而不害聖人之道為而不爭

以上下篇

諸子治要卷一

諸子十七種

列子

一名沖虛至德經。舊本題周列禦寇撰。禦寇鄭人。先莊子。書中多稱子列子曰。必爲傳其學者所追記。或曰列子原本久亡。此本蓋魏晉間王弼張湛之徒所僞作。而書中楊朱一篇。或本爲楊朱之書。而爲後人所誤收入列子書者。自是卽不復分出。然考諸子之學術者。固當別白而觀之。庶不致汗漫無紀。而失各家之眞面目耳。

天瑞　節錄　以下各篇並同

子列子曰。昔者聖人因陰陽以統天地。夫有形者生於無形。則天地安從生。故曰。有太易。有太初。有太始。有太素。太易者。未見氣也。太初者。氣之始也。太始者。形之始也。太素者。質之始也。氣形質具而未相離。故曰渾淪。渾淪者。言萬物相渾淪而未相離也。視之不見。聽之不聞。循之不得。故曰易也。易無形埒。易變而爲一。一變而爲七。七變而爲九。九變者。究也。乃復變而爲一。一者。形變之始也。清輕者上爲天。重濁者下爲地。沖和氣者爲人。故天地含精。萬物化生。子列子曰。天地無全功。聖人無全能。萬物無全用。故天職生覆。地職形載。聖職教化。物職所宜。然則天有所短。地有所長。聖有所否。物有所通。何則。生覆者不能形載。形載者不能教化。教化者不能違所宜。宜定者不出所位。故天地之道。非陰則陽。聖人之教。非仁則義。萬物之宜。非柔則剛。此皆隨所宜而不能出所位者也。故有生者。有生生者。有形者。有形形者。有聲者。有聲聲者。有色者。有色色者。有味者。有味味者。生之所生者死矣。而生生者未嘗終。形之所形者實矣。而形形者未嘗有。聲之所聲者聞矣。而聲聲者未嘗發。色之所色者彰矣。而色色者未嘗顯。味之所味者嘗矣。而味味者未嘗呈。皆無爲之職也。能陰能陽。能柔能剛。能短能長。能圓能方。能生能死。能暑能涼。能浮能沈。能宮能商。能出能沒。能玄能黃。能甘能苦。能羶能香。無知也。無能也。而無不知也。而無不能也。

子列子適衞。食於道。從者見百歲髑髏。攓蓬而指顧。謂弟子百豐曰。唯予與彼知而未嘗生未嘗死也。此過養乎。此過歡乎。種有幾。若䵷爲鶉。得水爲㡭。得水土之際。則爲䵷蠙之衣。生於陵屯。則爲陵舄。陵舄得鬱栖。則爲烏足。烏足之根爲蠐螬。其葉爲胡蝶。胡蝶胥也。化而爲蟲。生竈下。其狀若脫。其名曰鴝掇。鴝掇千日。化而爲鳥。其名曰乾餘骨。乾餘骨之沫爲斯彌。斯彌爲食醯頤輅。食醯頤輅生乎食醯黃軦。食醯黃軦生乎九猷。九猷生乎瞀芮。瞀芮生乎腐蠸。羊肝化爲地皐。馬血之爲轉燐也。人血之爲野火也。鷂之爲鸇。鸇之爲布穀。布穀久復爲鷂也。燕之爲蛤也。田鼠之爲鶉也。朽瓜之爲魚也。老韭之爲莧也。老羭之爲猨也。魚卵之爲蟲。亶爰之獸。自孕而生。曰類。河澤之鳥。視而生。曰鶂。純雌其名大腰。純雄其名穉蜂。思士不妻而感。思女不夫而孕。后稷生乎巨跡。伊尹生乎空桑。厥昭生乎溼。醯雞生乎酒。羊奚比乎不箰久竹生青寧。青寧生程。程生馬。馬生人。人久入於機。萬物皆出於機。皆入於機。莊子至樂篇末一節。與此節大同小異。今附錄於此。其文曰。列子行食於道。從見百歲髑髏。攓蓬而指之曰。唯予與女知而未嘗死。未嘗生也。若果養乎。予果歡乎。種有幾。得水則爲醫。得水土之際。則爲鼃蠙之衣。生於陵屯。則爲陵舄。陵舄得鬱棲。則爲烏足。烏足之根爲蠐螬。其葉爲胡蝶。胡蝶胥也化而爲蟲。生於竈下。其狀若脫。其名爲鴝掇。鴝掇千日爲鳥。其名爲乾餘骨。乾餘骨之沫爲斯彌。斯彌爲食醯。頤輅生乎食醯。黃軦生乎九猷。瞀芮生乎腐蠸。羊奚比乎不箰久竹。生青寧。青寧生程。程生馬。馬生人。人又反入於機。萬物皆出於機。皆入於機。

杞國有人。憂天地崩墜。身亡所寄。廢寢食者。又有憂彼之所憂者。因往曉之曰。天積氣耳。亡處亡氣。若屈伸呼吸。終日在天中行止。奈何憂崩墜乎。其人曰。天果積氣。日月星宿。不當墜邪。曉之者曰。日月星宿。亦積氣中之有光耀者。只使墜。亦不能有所中傷。其人曰。奈地壞何。曉者曰。地積塊耳。充塞四虛。亡處亡塊。若躇步跐蹈。終日在地上行止。奈何憂其壞。其人舍然大喜。曉之者亦舍然大喜。長廬子聞而笑之曰。虹霓也。雲霧也。風雨也。四時也。此積氣之成乎天者也。山嶽也。河海也。金石也。火木也。此積形之成乎地者也。知積氣也。知積塊也。奚謂不壞。夫天地。空中之一細物。有中之最巨者。難終難窮。此固然矣。難測難識。此固然矣。憂其壞者。誠爲大遠。言其不壞者。亦爲未是。天地不得不壞。則會歸於壞。遇其壞時。奚爲不憂哉。子列子聞而笑曰。言天地壞者亦謬。言天地不壞者亦謬。壞與不壞。吾所未能知也。雖然彼一也。此一也。故生不知死。死不知生。來不知去。去不知來。壞與不壞。吾何容心哉。

黃帝

黃帝卽位十有五年。喜天下戴己。養正命。娛耳目。供鼻口。燋然肌色皯黣。昏然五情爽惑。又十有五年。憂天下之不治。竭聰明。進智力。營百姓。焦然肌色皯黣。昏然五情爽惑。黃帝乃喟然讚曰。朕之過淫矣。養一己其患如此。治萬物其患如此。於是放萬機。舍宮寢。去直侍。徹鐘懸。減廚膳。退而閒居大庭之館。齋心服形。三月不親政事。晝寢而夢。遊於華胥氏之國。華胥氏之國。在弇州之西。台州之北。不知斯齊國幾千萬里。蓋非舟車足力之所及。神遊而已。其國無帥長。自然而已。其民無嗜慾。自然而已。不知樂生。不知惡死。故無夭殤。不知親己。不知疏物。故無愛憎。不知背逆。不知向順。故無利害。都無所愛惜。都無所畏忌。入水不溺。入火不熱。斫撻無傷痛。指擿無痟癢。乘空如履實。寢虛若處牀。雲霧不硋其視。雷霆不亂其聽。美惡不滑其心。山谷不躓其步。神行而已。黃帝旣寤。怡然自得。召天老力牧太山稽。告之曰。朕閒居三月。齋心服形。思有以養身治物之道。弗獲其術。疲而睡。所夢若此。今知至道不可以情求矣。朕知之矣。朕得之矣。而不能以告若矣。又二十有八年。天下大治。幾若華胥氏之國。而帝登假。百姓號之。二百餘年不輟。

列子師老商氏。友伯高子。進二子之道。乘風而歸。尹生聞之。從列子居。數月不省舍。因閒請蘄其術者。十反而十不告。尹生懟而請辭。列子又不命。尹生退。數月。意不已。又往從之。列子曰。汝何去來之頻。尹生曰。曩章戴有請於子。子不我告。固有憾於子。今復脫然。是以又來。列子曰。曩吾以汝為達。今汝之鄙至此乎。姬將告汝所學於夫子者矣。自吾之事夫子友若人也。三年之後。心不敢念是非。口不敢言利害。始得夫子一眄而已。五年之後。心庚念是非。口庚言利害。夫子始一解顏而笑。七年之後。從心之所念。庚無是非。從口之所言。庚無利害。夫子始一引吾並席而坐。九年之後。橫心之所念。橫口之所言。亦不知我之是非利害歟。亦不知彼之是非利害歟。亦不知夫子之為我師。若人之為我友。內外進矣。而後眼如耳。耳如鼻。鼻如口。無不同也。心凝形釋。骨肉都融。不覺形之所倚。足之所履。隨風東西。猶木葉幹殼。竟不知風乘我邪。我乘風乎。今女居先生之門。曾未浹時。而懟憾者再三。汝之片體將氣所不受。汝之一節將地所不載。履虛乘風。其可幾乎。尹生甚怍。屏息良久。不敢復言。

列子問關尹曰。至人潛行不空。蹈火不熱。行乎萬物之上而不慄。請問何以至於此。關尹曰。是純氣之守也。非智巧果敢之列。姬魚語女。凡有貌像聲色者。皆物也。物與物何以相遠也。夫奚足以至乎先。是色而已。則物之造乎不形。而止乎無所化。夫得是而窮之者。焉得為正焉。彼將處乎不深之度。而藏乎無端之紀。游乎萬物之所終始。壹其性。養其氣。含其德。以通乎物之所造。夫若是者。其天守全。其神無郤。物奚自入焉。夫醉者之墜於車也。雖疾不死。骨節與人同。而犯害與人異。其神全也。乘亦弗知也。墜亦弗知也。死生驚懼不入其胸。是故逆物而不慴。彼得全於酒而猶若是。而況得全於天乎。聖人藏於天。故物莫之能傷也。

力命

力謂命曰。若之功奚若我哉。命曰。汝奚功於物而欲比朕。力曰。壽夭窮達貴賤貧富。我力之所能也。命曰。彭祖之智不出堯舜之上。而壽八百。顏淵之才不出衆人之下。而壽四八。仲尼之德不出諸侯之下。而困於陳蔡。殷紂之行不出三仁之上。而居君位。季札無爵於吳。田恆專有齊國。夷齊餓於首陽。季氏富於展禽。若是汝力之所能。奈何壽彼而夭此。窮聖而達逆。賤賢而貴愚。貧善而富惡邪。力曰。若如是言。我固無功於物。而物若此邪。此則若之所制邪。命曰。既謂之命。奈何有制之者邪。朕直而推之。曲而任之。自壽自夭。自窮自達。自貴自賤。自富自貧。朕豈能識之哉。朕豈能識之哉。

北宮子謂西門子曰。朕與子並世也。而人子達。並族也。而人子敬。並貌也。而人子愛。並言也。而人子庸。並行也。而人子誠。並仕也。而人子貴。並農也。而人子富。並商也。而人子利。朕衣則裋褐。食則粢糲。居則蓬室。出則徒行。子衣則文錦。食則粱肉。居則連欐。出則結駟。在家熙然有棄朕之心。在朝諤然有敖朕之色。請謁不相及。遨遊不同行。固有年矣。子自以德過朕邪。西門子曰。予無以知其實。汝造事而窮。予造事而達。此厚薄之驗歟。而皆謂與予並。汝之顏厚矣。北宮子無以應。自失而歸。中途遇東郭先生。先生曰。汝奚往而反。偊偊而步。有深愧之色邪。北宮子言其狀。東郭先生曰。吾將舍汝之愧。與汝更之西門氏而問之。曰。汝奚辱北宮子之深乎。固且言之。西門子曰。北宮子言世族年貌言行與予並。而賤貴貧富與予異。予語之曰。予無以知其實。汝造事而窮。予造事而達。此將厚薄之驗歟。而皆謂與予並。汝之顏厚矣。東郭先生曰。汝之言厚薄不過言才德之差。吾之言厚薄。異於是矣。夫北宮子厚於德。薄於命。汝厚於命。薄於德。汝之達。非智得也。北宮子之窮。非愚失也。皆天也。非人也。而汝以命厚自矜。北宮子以德厚自愧。皆不識夫固然之理矣。西門子曰。先生止矣。予不敢復言。北宮子既歸。衣其裋褐。有狐貉之溫。進其茙菽。有稻粱之味。庇其蓬室。若廣廈之蔭。乘其蓽輅。若文軒之飾。終身逌然。不知榮辱之在彼也。在我也。東郭先生聞之曰。北宮子之寐久矣。一言而能寤。易怛也哉。

楊朱

楊朱曰。百年壽之大齊。得百年者。千無一焉。設有一者。孩抱以逮昏老。幾居其半矣。夜眠之所弭。晝覺之所遺。又幾居其半矣。痛疾哀苦。亡失憂懼。又幾居其半矣。量十數年之中。逌然而自得。亡介焉之慮者。亦亡一時之中爾。則人之生也奚爲哉。奚樂哉。爲美厚爾。爲聲色爾。而美厚復不可常厭足。聲色不可常翫聞。乃復爲刑賞之所禁勸。名法之所進退。遑遑爾競一時之虛譽。規死後之餘榮。偊偊爾慎耳目之觀聽。惜身意之是非。徒失當年之至樂。不能自肆於一時。重囚纍梏。何以異哉。太古之人。知生之暫來。知死之暫往。故從心而動。不違自然所好。當身之娛非所去也。故不爲名所勸。從性而遊。不逆萬物所好。死後之名。非所取也。故不爲刑所及。名譽先後。年命多少。非所量也。楊朱曰。萬物所異者生也。所同者死也。生則有賢愚貴賤。是所異也。死則有臭腐消滅。是所同也。雖然。賢愚貴賤。非所能也。臭腐消滅。亦非所能也。故生非所生。死非所死。賢非所賢。愚非所愚。貴非所貴。賤非所賤。然而萬物齊生齊死。齊賢齊愚。齊貴齊賤。十年亦死。百年亦死。仁聖亦死。凶愚亦死。生則堯舜。死則腐骨。生則桀紂。死則腐骨。腐骨一矣。孰知其異。且趣當生。奚遑死後。

楊朱曰。伯夷非亡欲。矜清之郵。以放餓死。展季非亡情。矜貞之郵。以放寡宗。清貞之誤善之若此。

楊朱曰。原憲窶於魯。子貢殖於衞。原憲之窶損生。子貢之殖累身。然則窶亦不可。殖亦不可。其可焉在。曰可在樂生。可在逸身。故善樂生者不窶。善逸身者不殖。

楊朱曰。古語有之。生相憐。死相捐。此語至矣。相憐之道。非唯情也。勤能使逸。餓能使飽。寒能使溫。窮能使達也。相捐之道。非不相哀也。不含珠玉。不服文錦。不陳犧牲。不設明器也。

孟孫陽問楊子曰。有人於此。貴生愛身。以蘄不死。可乎。曰。理無不死。以蘄久生。可乎。曰。理無久生。生非貴之所能存。身非愛之所能厚。且久生奚爲。五情好惡。古猶今也。四體安危。古猶今也。世事苦樂。古猶今也。變易治亂。古猶今也。既聞之矣。既見之矣。既更之矣。百年猶厭其多。況久生之苦也乎。孟孫陽曰。若然。速亡愈於久生。則踐鋒刃。入湯火。得所志矣。楊子曰。不然。既生則廢而任之。究其所欲以俟於死。將死則廢而任之。究其所之以放於盡。無不廢。無不任。何遽遲速於其間乎。

楊朱曰。伯成子高不以一毫利物。舍國而隱耕。大禹不以一身自利。一體偏枯。古之人損一毫利天下不與也。悉天下奉一身不取也。人人不損一毫。人人不利天下。天下治矣。禽子問楊朱曰。去子體之一毛以濟一世。汝為之乎。楊子曰。世固非一毛之所濟。禽子曰。假濟。為之乎。楊子弗應。禽子出語孟孫陽。孟孫陽曰。子不達夫子之心。吾請言之。有侵若肌膚獲萬金者。若為之乎。曰。為之。孟孫陽曰。有斷若一節得一國。子為之乎。禽子默然有間。孟孫陽曰。一毛微於肌膚。肌膚微於一節。省矣。然則積一毛以成肌膚。積肌膚以成一節。一毛固一體萬分中之一物。奈何輕之乎。禽子曰。吾不能所以答子。然則以子之言問老聃關尹。則子言當矣。以吾言問大禹墨翟。則吾言當矣。孟孫陽因顧與其徒說他事。

楊朱曰。天下之美。歸之舜禹周孔。天下之惡。歸之桀紂。然而舜耕於河陽。陶於雷澤。四體不得蹔安。口腹不得美厚。父母之所不愛。弟妹之所不親。行年三十。不告而娶。及受堯之禪。年已長。智已衰。商鈞不才。禪位於禹。戚戚然以至於死。此天人之窮毒者也。鯀治水土。績用不就。殛諸羽山。禹纂業事讎。惟荒土功。子產不字。過門不入。身體偏枯。手足胼胝。及受舜禪。卑宮室。美紱冕。戚戚然以至於死。此天人之憂苦者也。武王既終。成王幼弱。周公攝天子之政。召公不悅。四國流言。居東三年。誅兄放弟。僅免其身。戚戚然以至於死。此天人之危懼者也。孔子明帝王之道。應時君之聘。伐樹於宋。削迹於衞。窮於商周。圍於陳蔡。受屈於季氏。見辱於陽虎。戚戚然以至於死。此天民之遑遽者也。凡彼四聖者。生無一日之歡。死有萬世之名。名者固非實之所取也。雖稱之弗知。雖賞之弗知。與株塊無以異矣。桀藉累世之資。居南面之尊。智足以距羣下。威足以震海內。恣耳目之所娛。窮意慮之所爲。熙熙然以至於死。此天民之逸蕩者也。紂亦藉累世之資。居南面之尊。威無不行。志無不從。肆情於傾宮。縱欲於長夜。不以禮義自苦。熙熙然以至於誅。此天民之放縱者也。彼二凶也。生有從欲之歡。死被愚暴之名。實者固非名之所與也。雖毀之不知。雖稱之弗知。此與株塊奚以異矣。彼四聖雖美之所歸。苦以至終。同歸於死矣。彼二凶雖惡之所歸。樂以至終。亦同歸於死矣。

楊朱曰。太古之事滅矣。孰誌之哉。三皇之事。若存若亡。五帝之事。若覺若夢。三王之事。或隱或顯。億不識一。當身之事。或聞或見。萬不識一。目前之事。或存或廢。千不識一。太古至於今日。年數固不可勝紀。伏羲已來。三十餘萬歲。賢愚好醜。成敗是非。無不消滅。但遲速之間爾。矜一時之毀譽。以焦苦其神形。要死後數百年中餘名。豈足潤枯骨。何生之樂哉。

楊朱曰。人肖天地之類。懷五帝之性。有生之最靈者人也。人者爪牙不足以供守衞。肌膚不足以自捍禦。趨走不足以逃利害。無毛羽以禦寒暑。必將資物以爲養性。任智而不恃力。故智之所貴。存我爲貴。力之所賤。侵物爲賤。然身非我有也。既生不得不全之。物非我有也。既有不得而去之。身固生之主。物亦養之主。雖全生身。不可有其身。雖不去物。不可有其物。有其物。有其身。是橫私天下之身。橫私天下之物。其唯聖人乎。公天下之身。公天下之物。其唯至人矣。此之謂至至者也。

楊朱曰。生民之不得休息。爲四事故。一爲壽。二爲名。三爲位。四爲貨。有此四者。畏鬼。畏人。畏威。畏刑。此之謂遁人也。可殺可活。制命在外。不逆命。何羨壽。不矜貴。何羨名。不要勢。何羨位。不貪富。何羨貨。此之謂順民也。天下無對。制命在內。故語有之曰。人不婚宦。情欲失半。人不衣食。君臣道息。周諺曰。田父可坐殺。晨出夜入。自以性之恆。啜菽茹藿。自以味之極。肌肉粗厚。筋節𡾋急。一朝處以柔毛綈幕。薦以粱肉蘭橘。心痟體煩。內熱生病矣。商魯之君與田父侔地。則亦不盈一時而憊矣。故野人之所安。野人之所美。謂天下無過者。昔者宋國有田夫。常衣縕黂。僅以過冬。暨春東作。自曝於日。不知天下之有廣廈隩室。綿纊狐貉。顧謂其妻曰。負日之暄。人莫知者。以獻吾君。將有重賞。里之富室告之曰。昔人有美戎菽。甘枲莖芹萍子者。對鄉豪稱之。鄉豪取而嘗之。蜇於口。慘於腹。衆哂而怨之。其人大慙。子此類也。

楊朱曰。豐屋美服。厚味姣色。有此四者。何求於外。有此而求外者。無厭之性。無厭之性。陰陽之盡也。忠不足以安君。適足以危身。義不足以利物。適足以害生。安上不由於忠。而忠名滅焉。利物不由於義。而義名絕焉。君臣皆安。物我兼利。古之道也。鬻子曰。去名者無憂。老子曰。名者實之賓。而悠悠者趨名不已。名固不可去。名固不可賓邪。今有名則尊榮。亡名則卑辱。尊榮則逸樂。卑辱則憂苦。憂苦犯性者也。逸樂順性者也。斯實之所係矣。名胡可去。名胡可賓。但惡夫守名而累實。守名而累實。將恤危亡之不救。豈徒逸樂憂苦之間哉。

說符

宋人有爲其君以玉爲楮葉者。三年而成。鋒殺莖柯。毫芒繁澤。亂之楮葉中而不可別也。此人遂以巧食宋國。子列子聞之曰。使天地之生物。三年而成一葉。則物之有葉者寡矣。故聖人恃道化而不恃智巧。

楊子之鄰人亡羊。既率其黨。又請楊子之豎追之。楊子曰。嘻。亡一羊何追者之衆。鄰人曰。多歧路。既反。問。獲羊乎。曰。亡之矣。曰。奚亡之。曰。歧路之中又有歧焉。吾不知所之。所以反也。楊子戚然變容。不言者移時。不笑者竟日。門人怪之。請曰。羊賤畜。又非夫子之有。而損言笑者何哉。楊子不答。門人不獲所命。弟子孟孫陽出以告心都子。心都子他日與孟孫陽偕入而問曰。昔有昆弟三人。遊齊魯之間。同師而學。進仁義之道而歸。其父曰。仁義之道若何。伯曰。仁義使我愛身而後名。仲曰。仁義使我殺身以成名。叔曰。仁義使我身名並全。彼三術相反而同出於儒。孰是孰非邪。楊子曰。人有濱河而居者。習於水。勇於泅。操舟鬻渡。利供百口。裹糧就學者成徒。而溺死者幾半。本學泅。不學溺。而利害如此。若以爲孰是孰非。心都子默然而出。孟孫陽讓之曰。何吾子問之迂。夫子答之僻。吾惑愈甚。心都子曰。大道以多歧亡羊。學者以多方喪生。學非本不同。非本不一。而末異若是。唯歸同反一。爲亡得喪。子長先生之門習先生之道。而不達先生之況也。哀哉。

齊田氏祖於庭。食客千人。中坐有獻魚雁者。田氏視之。乃歎曰。天之於民厚矣。殖五穀。生魚鳥。以爲之用。衆客和之如響。鮑氏之子年十二。預於次。進曰。不如君言。天地萬物。與我並生類也。類無貴賤。徒以小大智力而相制。迭相食。非相爲而生之。人取可食者而食之。豈天本爲人生之。且蚊蚋噆膚。虎狼食肉。豈天本爲蚊蚋生人。虎狼生肉者哉。

諸子治要卷一

國學治要三

諸子十七種

莊子　一名南華經。周莊周撰。周楚蒙人。是書分內篇外篇雜篇。今存者共三十三篇。其學出於老子。而獨好爲無端崖之辭。不屑與世俗處。蓋道家之有莊子。猶儒家之有孟子。雖皆祖述孔老。孔老之學。得是而益光大。然其議論之博辨。文辭之豪放。實有不爲孔老所束縛者。書末天下篇。歷述諸子學說源流。粲然在目。尤可以知其所自處矣。

逍遙遊

北冥有魚。其名爲鯤。鯤之大。不知其幾千里也。化而爲鳥。其名爲鵬。鵬之背。不知其幾千里也。怒而飛。其翼若垂天之雲。是鳥也。海運則將徙於南冥。南冥者。天池也。齊諧者。志怪者也。諧之言曰。鵬之徙於南冥也。水擊三千里。摶扶搖而上者九萬里。去以六月息者也。野馬也。塵埃也。生物之以息相吹也。天之蒼蒼。其正色邪。其遠而無所至極邪。其視下也。亦若是則已矣。且夫水之積也不厚。則負大舟也無力。覆杯水於坳堂之上。則芥爲之舟。置杯焉則膠。水淺而舟大也。風之積也不厚。則其負大翼也無力。故九萬里。則風斯在下矣。而後乃今培風。背負青天。而莫之夭閼者。而後乃今將圖南。蜩與學鳩笑之曰。我決起而飛。槍榆枋。時則不至而控於地而已矣。奚以之九萬里而南爲。適莽蒼者三湌而反。腹猶果然。適百里者宿舂糧。適千里者三月聚糧。之二蟲又何知。小知不及大知。小年不及大年。奚以知其然也。朝菌不知晦朔。蟪蛄不知春秋。此小年也。楚之南有冥靈者。以五百歲爲春。五百歲爲秋。上古有大椿者。以八千歲爲春。八千歲爲秋。而彭祖乃今以久特聞。衆人匹之。不亦悲乎。湯之問棘也是已。窮髮之北。有冥海者。天池也。有魚焉。其廣數千里。未有知其脩者。其名爲鯤。有鳥焉。其名爲鵬。背若泰山。翼若垂天之雲。摶扶搖羊角而上者九萬里。絕雲氣。負青天。然後圖南。且適南冥也。斥鴳笑之曰。彼且奚適也。我騰躍而上。不過數仞而下。翺翔蓬蒿之閒。此亦飛之至也。而彼且奚適也。此小大之辯也。故夫知效一官。行比一鄉。德合一君。而徵一國者。其自視也亦若此矣。而宋榮子猶然笑之。且舉世而譽之而不加勸。舉世而非之而不加沮。定乎內外之分。辯乎榮辱之竟。斯已矣。彼其於世。未數數然也。雖然。猶有未樹也。夫列子御風而行。泠然善也。旬有五日而後反。彼於致福者。未數數然也。此雖免乎行。猶有所待者也。若夫乘天地之正。而御六氣之辯。以遊無窮者。彼且惡乎待哉。故曰至人無己。神人無功。聖人無名。堯讓天下於許由。曰。日月出矣。而爝火不息。其於光也。不亦難乎。時雨降矣。而猶浸灌。其於澤也。不亦勞乎。夫子立而天下治。而我猶尸之。吾自視缺然。請致天下。許由曰。子治天下。天下既已治也。而我猶代子。吾將爲名乎。名者實之賓也。吾將爲賓乎。鷦鷯巢於深林。

不過一枝。偃鼠飲河。不過滿腹。歸休乎君。予無所用天下爲。庖人雖不治庖。尸祝不越樽俎而代之矣。肩吾問於連叔曰。吾聞言於接輿。大而無當。往而不反。吾驚怖其言。猶河漢而無極也。大有逕庭。不近人情焉。連叔曰。其言謂何哉。曰。藐姑射之山。有神人居焉。肌膚若冰雪。淖約若處子。不食五穀。吸風飲露。乘雲氣。御飛龍。而游乎四海之外。其神凝。使物不疵癘。而年穀熟。吾以是狂而不信也。連叔曰。然。瞽者無以與乎文章之觀。聾者無以與乎鐘鼓之聲。豈唯形骸有聾盲哉。夫知亦有之。是其言也。猶時女也。之人也。之德也。將旁礴萬物以爲一。世蘄乎亂。孰弊弊焉以天下爲事。之人也。物莫之傷。大浸稽天而不溺。大旱金石流。土山焦而不熱。是其塵垢粃糠。將猶陶鑄堯舜者也。孰肯以物爲事。宋人資章甫而適諸越。越人斷髮文身。無所用之。堯治天下之民。平海內之政。往見四子藐姑射之山。汾水之陽。窅然喪其天下焉。惠子謂莊子曰。魏王貽我大瓠之種。我樹之成。而實五石。以盛水漿。其堅不能自舉也。剖之以爲瓢。則瓠落無所容。非不呺然大也。吾爲其無用而掊之。莊子曰。夫子固拙於用大矣。宋人有善爲不龜手之藥者。世世以洴澼絖爲事。客聞之。請買其方百金。聚族而謀曰。我世世爲洴澼絖。不過數金。今一朝而鬻技百金。請與之。客得之。以說吳王。越有難。吳王使之將。冬與越人水戰。大敗越人。裂地而封之。能不龜手一也。或以封。或不免於洴澼絖。則所用之異也。今子有五石之瓠。何不慮以爲大樽而浮乎江湖。而憂其瓠落無所容。則夫子猶有蓬之心也夫。惠子謂莊子曰。吾有大樹。人謂之樗。其大本擁腫而不中繩墨。其小枝卷曲而不中規矩。立之塗。匠者不顧。今子之言。大而無用。衆所同去也。莊子曰。子獨不見狸狌乎。卑身而伏。以候敖者。東西跳梁。不避高下。中於機辟。死於罔罟。今夫斄牛。其大若垂天之雲。此能爲大矣。而不能執鼠。今子有大樹。患其無用。何不樹之於無何有之鄉。廣莫之野。彷徨乎無爲其側。逍遙乎寢臥其下。不夭斤斧。物無害者。無所可用。安所困苦哉。

齊物論　節錄

南郭子綦隱机而坐。仰天而噓。嗒焉似喪其耦。顏成子游立侍乎前。曰。何居乎。形固可使如槁木。而心固可使如死灰乎。今之隱机者。非昔之隱机者也。子綦曰。偃。不亦善乎。而問之也。今者吾喪我。汝知之乎。女聞人籟。而未聞地籟。女聞地籟。而未聞天籟夫。子游曰。敢問其方。子綦曰。夫大塊噫氣。其名爲風。是唯無作。作則萬竅怒呺。而獨不聞之翏翏乎。山林之畏佳。大木百圍之竅穴。似鼻。似口。似耳。似枅。似圈。似臼。似洼者。似污者。激者。謞者。叱者。吸者。叫者。譹者。宎者。咬者。前者唱于。而隨者唱喁。泠風則小和。飄風則大和。厲風濟。則衆竅爲虛。而獨不見之調調之刁刁乎。子游曰。地籟則衆竅是已。人籟則比竹是已。敢問天籟。子綦曰。夫吹萬不同。而使其自己也。咸其自取。怒者其誰邪。大知閑閑。小知閒閒。大言炎炎。小言詹詹。其寐也魂交。其覺也形開。與接爲構。日以心鬭。縵者。窖者。密者。小恐惴惴。大恐縵縵。其發若機栝。其司是非之謂也。其留如詛盟。其守勝之謂也。其殺如秋冬。以言其日消也。其溺之所爲之。不可使復之也。其厭也如緘。以言其老洫也。近死之心。莫使復陽也。喜怒哀樂慮嘆變慹姚佚啓態。樂出虛。蒸成菌。日夜相代乎前。而莫知其所萌。已乎已乎。旦暮得此。其所由以生乎。非彼無我。非我無所取。是亦近矣。而不知其所爲使。若有眞宰。而特不得其眹。可行已信。而不見其形。有情而無形。百骸九竅六藏。賅而存焉。吾誰與爲親。汝皆說之乎。其有私焉。如是皆有爲臣妾乎。其臣妾不足以相治也。其遞相爲君臣乎。其有眞君存焉。如求得其情與不得。無益損乎其眞。一受其成形。不亡以待盡。與物相刃相靡。其行盡如馳。而莫之能止。不亦悲乎。終身役役。而不見其成功。薾然疲役。而不知其所歸。可不哀邪。人謂之不死。奚益。其形化。其心與之然。可不謂大哀乎。人之生也。固若是芒乎。其我獨芒。而人亦有不芒者乎。夫隨其成心而師之。誰獨且無師乎。奚必知代而心自取者有之。愚者與有焉。未成乎心而有是非。是今日適越而昔至也。是以無有爲有。無有爲有。雖有神禹。且不能知。吾獨且奈何哉。

齧缺問乎王倪曰。子知物之所同是乎。曰。吾惡乎知之。子知子之所不知邪。曰。吾惡乎知之。然則物無知邪。曰。吾惡乎知之。雖然。嘗試言之。庸詎知吾所謂知之非不知邪。庸詎知吾所謂不知之非知邪。且吾嘗試問乎女。民溼寢則腰疾偏死。鰌然乎哉。木處則惴慄恂懼。猨猴然乎哉。三者孰知正處。民食芻豢。麋鹿食薦。蝍且甘帶。鴟鴉耆鼠。四者孰知正味。猨猵狙以為雌。麋與鹿交。鰌與魚游。毛嬙麗姬。人之所美也。魚見之深入。鳥見之高飛。麋鹿見之決驟。四者孰知天下之正色哉。自我觀之。仁義之端。是非之塗。樊然殽亂。吾惡能知其辯。齧缺曰。子不知利害。則至人固不知利害乎。王倪曰。至人神矣。大澤焚而不能熱。河漢沍而不能寒。疾雷破山風振海而不能驚。若然者。乘雲氣。騎日月。而遊乎四海之外。死生無變於己。而況利害之端乎。

瞿鵲子問乎長梧子曰。吾聞諸夫子。聖人不從事於務。不就利。不違害。不喜求。不緣道。無謂有謂。有謂無謂。而遊乎塵垢之外。夫子以為孟浪之言。而我以為妙道之行也。吾子以為奚若。長梧子曰。是黃帝之所聽熒也。而丘也何足以知之。且女亦大早計。見卵而求時夜。見彈而求鴞炙。予嘗為女妄言之。女以妄聽之。奚旁日月。挾宇宙。為其脗合。置其滑涽。以隸相尊。衆人役役。聖人愚芚。參萬歲而一成純。萬物盡然。而以是相蘊。予惡乎知說生之非惑邪。予惡乎知惡死之非弱喪而不知歸者邪。麗之姬。艾封人之子也。晉國之始得之也。涕泣沾襟。及其至於王所。與王同筐牀。食芻豢。而後悔其泣也。予惡乎知夫死者不悔其始之蘄生乎。夢飲酒者。旦而哭泣。夢哭泣者。旦而田獵。方其夢也。不知其夢也。夢之中又占其夢焉。覺而後知其夢也。且有大覺而後知此其大夢也。而愚者自以為覺。竊竊然知之。君乎。牧乎。固哉。丘也與女皆夢也。予謂女夢亦夢也。是其言也。其名為弔詭。萬世之後而一遇大聖知其解者。是旦暮遇之也。昔者莊周夢爲胡蝶。栩栩然胡蝶也。自喻適志與。不知周也。俄然覺。則蘧蘧然周也。不知周之夢爲胡蝶與。胡蝶之夢爲周與。周與胡蝶。則必有分矣。此之謂物化。

養生主

吾生也有涯。而知也無涯。以有涯隨無涯。殆已。已而爲知者。殆而已矣。爲善無近名。爲惡無近刑。緣督以爲經。可以保身。可以全生。可以養親。可以盡年。庖丁爲文惠君解牛。手之所觸。肩之所倚。足之所履。膝之所踦。砉然嚮然。奏刀騞然。莫不中音。合於桑林之舞。乃中經首之會。文惠君曰。譆。善哉。技蓋至此乎。庖丁釋刀對曰。臣之所好者道也。進乎技矣。始臣之解牛之時。所見無非牛者。三年之後。未嘗見全牛也。方今之時。臣以神遇。而不以目視。官知止而神欲行。依乎天理。批大郤。導大窾。因其固然。技經肯綮之未嘗。而況大軱乎。良庖歲更刀。割也。族庖月更刀。折也。今臣之刀十九年矣。所解數千牛矣。而刀刃若新發於硎。彼節者有間。而刀刃者無厚。以無厚入有間。恢恢乎其於游刃。必有餘地矣。是以十九年而刀刃若新發於硎。雖然。每至於族。吾見其難爲。怵然爲戒。視爲止。行爲遲。動刀甚微。謋然已解。如土委地。提刀而立。爲之四顧。爲之躊躇滿志。善刀而藏之。文惠君曰。善哉。吾聞庖丁之言。得養生焉。公文軒見右師而驚曰。是何人也。惡乎介也。天與。其人與。曰。天也。非人也。天之生是使獨也。人之貌有與也。以是知其天也。非人也。澤雉十步一啄。百步一飲。不蘄畜乎樊中。神雖王。不善也。老聃死。秦失弔之。三號而出。弟子曰。非夫子之友邪。曰。然。然則弔焉若此可乎。曰。然。始也。吾以為其人也而今非也。向吾入而弔焉。有老者哭之。如哭其子。少者哭之。如哭其母。彼其所以會之。必有不蘄言而言。不蘄哭而哭者。是遁天倍情。忘其所受。古者謂之遁天之刑。適來。夫子時也。適去。夫子順也。安時而處順。哀樂不能入也。古者謂是帝之縣解。指窮於為薪。火傳也。不知其盡也。

大宗師 節錄

子祀子輿子犁子來四人相與語曰。孰能以無為首。以生為脊。以死為尻。孰知死生存亡之一體者。吾與之友矣。四人相視而笑。莫逆於心。遂相與為友。俄而子輿有病。子祀往問之。曰。偉哉。夫造物者。將以予為此拘拘也。曲僂發背。上有五管。頤隱於齊。肩高於頂。句贅指天。陰陽之氣有沴。其心閒而無事。跰𨇤而鑑于井。曰。嗟乎。夫造物者。又將以予為此拘拘也。子祀曰。女惡之乎。曰。亡。予何惡。浸假而化予之左臂以為雞。予因以求時夜。浸假而化予之右臂以為彈。予因以求鴞炙。浸假而化予之尻以為輪。以神為馬。予因而乘之。豈更駕哉。且夫得者時也。失者順也。安時而處順。哀樂不能入也。此古之所謂縣解也。而不能自解者。物有結之。且夫物不勝天久矣。吾又何惡焉。俄而子來有病。喘喘然將死。其妻子環而泣之。子犁往問之。曰。叱。避。無怛化。倚其戶與之語曰。偉哉造化。又將奚以汝為。將奚以汝適。以汝為鼠肝乎。以汝爲蟲臂乎。子來曰。父母於子。東西南北。唯命之從。陰陽於人。不翅於父母。彼近吾死。而我不聽。我則悍矣。彼何罪焉。夫大塊載我以形。勞我以生。佚我以老。息我以死。故善吾生者。乃所以善吾死也。今大冶鑄金。金踴躍曰。我且必爲鏌鋣。大冶必以爲不祥之金。今一犯人之形。而曰人耳人耳。夫造化者。必以爲不祥之人。今一以天地爲大鑪。以造化爲大冶。惡乎往而不可哉。成然寐。蘧然覺。

子桑戶孟子反子琴張三人相與友。曰。孰能相與於無相與。相爲於無相爲。孰能登天遊霧。撓挑無極。相忘以生。無所終窮。三人相視而笑。莫逆於心。遂相與友。莫然有間而子桑戶死。未葬。孔子聞之。使子貢往待事焉。或編曲。或鼓琴。相和而歌曰。嗟來桑戶乎。嗟來桑戶乎。而已反其眞。而我猶爲人猗。子貢趨而進曰。敢問臨尸而歌。禮乎。二人相視而笑曰。是惡知禮意。子貢反以告孔子曰。彼何人者邪。脩行無有。而外其形骸。臨尸而歌。顏色不變。無以命之。彼何人者邪。孔子曰。彼遊方之外者也。而丘遊方之內者也。外內不相及。而丘使女往弔之。丘則陋矣。彼方且與造物者爲人。而遊乎天地之一氣。彼以生爲附贅縣疣。以死爲決𤴯潰癰。夫若然者。又惡知死生先後之所在。假於異物。託於同體。忘其肝膽。遺其耳目。反覆終始。不知端倪。芒然彷徨乎塵垢之外。逍遙乎無爲之業。彼又惡能憒憒然爲世俗之禮。以觀衆人之耳目哉。子貢曰。然則夫子何方之依。曰。丘天之戮民也。雖然。吾與汝共之。子貢曰。敢問其方。孔子曰。魚相造乎水。人相造乎道。相造乎水者。穿池而養給。相造乎道者。無事而生定。故曰。魚相忘乎江湖。人相忘乎道術。

馬蹄

馬蹄可以踐霜雪。毛可以禦風寒。齕草飲水。翹足而陸。此馬之眞性也。雖有義臺路寢。無所用之。及至伯樂。曰我善治馬。燒之。剔之。刻之。雒之。連之以羈馽。編之以皁棧。馬之死者十二三矣。飢之渴之。馳之驟之。整之齊之。前有橛飾之患。而後有鞭筴之威。而馬之死者已過半矣。陶者曰。我善治埴。圓者中規。方者中矩。匠人曰。我善治木。曲者中鉤。直者應繩。夫埴木之性。豈欲中規矩鉤繩哉。然且世世稱之曰。伯樂善治馬。而陶匠善治埴木。此亦治天下者之過也。吾意善治天下者不然。彼民有常性。織而衣。耕而食。是謂同德。一而不黨。命曰天放。故至德之世。其行塡塡。其視顚顚。當是時也。山無蹊隧。澤無舟梁。萬物羣生。連屬其鄉。禽獸成羣。草木遂長。是故禽獸可係羈而遊。鳥鵲之巢。可攀援而闚。夫至德之世。同與禽獸居。族與萬物並。惡乎知君子小人哉。同乎無知。其德不離。同乎無欲。是謂素樸。素樸而民性得矣。及至聖人。蹩躠爲仁。踶跂爲義。而天下始疑矣。澶漫爲樂。摘僻爲禮。而天下始分矣。故純樸不殘。孰爲犧樽。白玉不毀。孰爲珪璋。道德不廢。安取仁義。性情不離。安用禮樂。五色不亂。孰爲文采。五聲不亂。孰應六律。夫殘樸以爲器。工匠之罪也。毀道德以爲仁義。聖人之過也。夫馬陸居則食草飲水。喜則交頸相靡。怒則分背相踶。馬知已此矣。夫加之以衡扼。齊之以月題。而馬知介倪闉扼鷙曼詭銜竊轡。故馬之知而能至盜者。伯樂之罪也。夫赫胥氏之時。民居不知所為。行不知所之。含哺而熙。鼓腹而遊。民能已此矣。及至聖人。屈折禮樂以匡天下之形。縣跂仁義以慰天下之心。而民乃始踶跂好知。爭歸於利。不可止也。此亦聖人之過也。

胠篋

將為胠篋探囊發匱之盜而為守備。則必攝緘縢。固扃鐍。此世俗之所謂知也。然而巨盜至。則負匱揭篋擔囊而趨。唯恐緘縢扃鐍之不固也。然則鄉之所謂知者。不乃為大盜積者也。故嘗試論之。世俗所謂知者。有不為大盜積者乎。所謂聖者。有不為大盜守者乎。何以知其然邪。昔者齊國鄰邑相望。雞狗之音相聞。罔罟之所布。耒耨之所刺。方二千餘里。闔四竟之內。所以立宗廟社稷。治邑屋州閭鄉曲者。曷嘗不法聖人哉。然而田成子一旦殺齊君而盜其國。所盜者豈獨其國邪。并與其聖知之法而盜之。故田成子有乎盜賊之名。而身處堯舜之安。小國不敢非。大國不敢誅。十二世有齊國。則是不乃竊齊國。并與其聖知之法以守其盜賊之身乎。嘗試論之。世俗之所謂至知者。有不為大盜積者乎。所謂至聖者。有不為大盜守者乎。何以知其然邪。昔者龍逢斬。比干剖。萇弘胣。子胥靡。故四子之賢。而身不免乎戮。故跖之徒問於跖曰。盜亦有道乎。跖曰。何適而無有道邪。夫妄意室中之藏。聖也。入先。勇也。出後。義也。知可否。知也。分均。仁也。五者不備而能成大盜者。天下未之有也。由是觀之。善人不得聖人之道不立。跖不得聖人之道不行。天下之善人少而不善人多。則聖人之利天下也少。而害天下也多。故曰脣竭則齒寒。魯酒薄而邯鄲圍。聖人生而大盜起。掊擊聖人。縱舍盜賊。而天下始治矣。夫川竭而谷虛。丘夷而淵實。聖人已死。則大盜不起。天下平而無故矣。聖人不死。大盜不止。雖重聖人而治天下。則是重利盜跖也。爲之斗斛以量之。則并與斗斛而竊之。爲之權衡以稱之。則并與權衡而竊之。爲之符璽以信之。則并與符璽而竊之。爲之仁義以矯之。則并與仁義而竊之。何以知其然邪。彼竊鉤者誅。竊國者爲諸侯。諸侯之門而仁義存焉。則是非竊仁義聖知邪。故逐於大盜。揭諸侯。竊仁義并斗斛權衡符璽之利者。雖有軒冕之賞弗能勸。斧鉞之威弗能禁。此重利盜跖而使不可禁者。是乃聖人之過也。故曰魚不可脫於淵。國之利器。不可以示人。彼聖知者。天下之利器也。非所以明天下也。故絕聖棄知。大盜乃止。擿玉毀珠。小盜不起。焚符破璽。而民樸鄙。掊斗折衡。而民不爭。殫殘天下之聖法。而民始可與論議。擢亂六律。鑠絕竽瑟。塞瞽曠之耳。而天下始人含其聰矣。滅文章。散五采。膠離朱之目。而天下始人含其明矣。毀絕鉤繩而棄規矩。攦工倕之指。而天下始人有其巧矣。故曰大巧若拙。削曾史之行。鉗楊墨之口。攘棄仁義。而天下之德始玄同矣。彼人含其明。則天下不鑠矣。人含其聰。則天下不累矣。人含其知。則天下不惑矣。人含其德。則天下不僻矣。彼曾史楊墨師曠工倕離朱者。皆外立其德而以爚亂天下者也。法之所無用也。子獨不知至德之世乎。昔者容成氏。大庭氏。伯皇氏。中央氏。栗陸氏。驪畜氏。軒轅氏。赫胥氏。尊盧氏。祝融氏。伏戲氏。神農氏。當是時也。民結繩而用之。甘其食。美其服。樂其俗。安其居。鄰國相望。雞狗之音相聞。民至老死而不相往來。若此之時。則至治已。今遂至使民延頸舉踵曰。某所有賢者。贏糧而趣之。則內棄其親。而外去其主之事。足迹接乎諸侯之境。車軌結乎千里之外。則是上好知之過也。上誠好知而無道。則天下大亂矣。何以知其然邪。夫弓弩畢弋機變之知多。則鳥亂於上矣。鉤餌網罟罾笱之知多。則魚亂於水矣。削格羅落罝罘之知多。則獸亂於澤矣。知詐漸毒頡滑堅白解垢同異之變多。則俗惑於辯矣。故天下每每大亂。罪在於好知。故天下皆知求其所不知。而莫知求其所已知者。皆知非其所不善。而莫知非其所已善者。是以大亂。故上悖日月之明。下爍山川之精。中墮四時之施。惴耎之蟲。肖翹之物。莫不失其性。甚矣夫好知之亂天下也。自三代以下者是已。舍夫種種之民。而悅夫役役之佞。釋夫恬淡無爲。而悅夫哼哼之意。哼哼已亂天下矣。

秋水

秋水時至。百川灌河。涇流之大。兩涘渚崖之間。不辨牛馬。於是焉河伯欣然自喜。以天下之美爲盡在己。順流而東行。至於北海。東面而視。不見水端。於是焉河伯始旋其面目。望洋向若而歎曰。野語有之曰。聞道百。以爲莫己若者。我之謂也。且夫我嘗聞少仲尼之聞。而輕伯夷之義者。始吾弗信。今我睹子之難窮也。吾非至於子之門。則殆矣。吾長見笑於大方之家。北海若曰。井鼃不可以語於海者。拘於虛也。夏蟲不可以語於冰者。篤於時也。曲士不可以語於道者。束於教也。今爾出於崖涘。觀於大海。乃知爾醜。爾將可與語大理矣。天下之水。莫大於海。萬川歸之。不知何時止而不盈。尾閭泄之。不知何時已而不虛。春秋不變。水旱不知。此其過江河之流。不可爲量數。而吾未嘗以此自多者。自以此形於天地。而受氣於陰陽。吾在於天地之間。猶小石小木之在大山也。方存乎見少。又奚以自多。計四海之在天地之間也。不似礨空之在大澤乎。計中國之在海內。不似稊米之在太倉乎。號物之數謂之萬。人處一焉。人卒九州。穀食之所生。舟車之所通。人處一焉。此其比萬物也。不似豪末之在於馬體乎。五帝之所連。三王之所爭。仁人之所憂。任士之所勞。盡此矣。伯夷辭之以爲名。仲尼語之以爲博。此其自多也。不似爾向之自多於水乎。河伯曰。然則吾大天地而小豪末可乎。北海若曰。否。夫物量無窮。時無止。分無常。終始無故。是故大知觀於遠近。故小而不寡。大而不多。知量無窮。證曏今故。故遙而不悶。掇而不跂。知時無止。察乎盈虛。故得而不喜。失而不憂。知分之無常也。明乎坦塗。故生而不說。死而不禍。知終始之不可故也。計人之所知。不若其所不知。其生之時。不若未生之時。以其至小。求窮其至天之域。是故迷亂而不能自得也。由此觀之。又何以知豪末之足以定至細之倪。又何以知天地之足以窮至大之域。河伯曰世之議者。皆曰至精無形。至大不可圍。是信情乎。北海若曰夫自細視大者不盡。自大視細者不明。夫精。小之微也。垺。大之殷也。故異便。此勢之有也。夫精麤者。期於有形者也。無形者。數之所不能分也。不可圍者。數之所不能窮也。可以言論者。物之麤也。可以意致者。物之精也。言之所不能論。意之所不能察致者。不期精麤焉。是故大人之行。不出乎害人。不多仁恩。動不爲利。不賤門隸。貨財弗爭。不多辭讓。事焉不借人。不多食乎力。不賤貪汙。行殊乎俗。不多辟異。爲在從衆。不賤佞諂。世之爵祿不足以爲勸。戮恥不足以爲辱。知是非之不可爲分。細大之不可爲倪。聞曰道人不聞。至德不得。大人無己。約分之至也。河伯曰若物之外。若物之內。惡至而倪貴賤。惡至而倪小大。北海若曰以道觀之。物無貴賤。以物觀之。自貴而相賤。以俗觀之。貴賤不在己。以差觀之。因其所大而大之。則萬物莫不大。因其所小而小之。則萬物莫不小。知天地之爲稊米也。知豪末之爲邱山也。則差數覩矣。以功觀之。因其所有而有之。則萬物莫不有。因其所無而無之。則萬物莫不無。知東西之相反而不可以相無。則功分定矣。以趣觀之。因其所然而然之。則萬物莫不然。因其所非而非之。則萬物莫不非。知堯桀之自然而相非。則趣操覩矣。昔者堯舜讓而帝。之噲讓而絕。湯武爭而王。白公爭而滅。由此觀之。爭讓之禮。堯桀之行。貴賤有時。未可以爲常也。梁麗可以衝城。而不可以窒穴。言殊器也。騏驥騄騮。一日而馳千里。捕鼠不如狸狌。言殊技也。鴟鵂夜撮蚤察毫末。晝出瞋目而不見邱山。言殊性也。故曰蓋師是而無非。師治而無亂乎。是未明天地之理。萬物之情者也。是猶師天而無地。師陰而無陽。其不可行明矣。然且語而不舍。非愚則誣也。帝王殊禪。三代殊繼。差其時逆其俗者。謂之簒夫。當其時順其俗者。謂之義之徒。默默乎河伯。女惡知貴賤之門。小大之家。河伯曰。然則我何爲乎。何不爲乎。吾辭受趣舍。吾終奈何。北海若曰。以道觀之。何貴何賤。是謂反衍。無拘而志。與道大蹇。何少何多。是謂謝施。無一而行。與道參差。嚴乎若國之有君。其無私德。繇繇乎若祭之有社。其無私福。泛泛乎若四方之無窮。其無所畛域。兼懷萬物。其孰承翼。是謂無方。萬物一齊。孰短孰長。道無終始。物有死生。不恃其成。一虛一滿。不位乎其形。年不可舉。時不可止。消息盈虛。終則有始。是所以語大義之方。論萬物之理也。物之生也。若驟若馳。無動而不變。無時而不移。何爲乎。何不爲乎。夫固將自化。河伯曰。然則何貴於道邪。北海若曰。知道者必達於理。達於理者。必明於權。明於權者。不以物害己。至德者。火弗能熱。水弗能溺。寒暑弗能害。禽獸弗能賊。非謂其薄之也。言察乎安危。寧於禍福。謹於去就。莫之能害也。故曰。天在內。人在外。德在乎天。知天人之行。本乎天。位乎得。蹢躅而屈伸。反要而語極。曰何謂天。何謂人。北海若曰。牛馬四足。是謂天。落馬首。穿牛鼻。是謂人。故曰。無以人滅天。無以故滅命。無以得殉名。謹守而勿失。是謂反其眞。夔憐蚿。蚿憐蛇。蛇憐風。風憐目。

目憐心。夔謂蚿曰。吾以一足趻踔而行。予無如矣。今子之使萬足。獨奈何。蚿曰。不然。子不見夫唾者乎。噴則大者如珠。小者如霧。雜而下者不可勝數也。今予動吾天機。而不知其所以然。蚿謂蛇曰。吾以衆足行。而不及子之無足。何也。蛇曰。夫天機之所動。何可易邪。吾安用足哉。蛇謂風曰。予動吾脊脅而行。則有似也。今子蓬蓬然起於北海。蓬蓬然入於南海。而似無有。何也。風曰。然。予蓬蓬然起於北海而入於南海也。然而指我則勝我。鰌我亦勝我。雖然。夫折大木。蜚大屋者。唯我能也。故以衆小不勝為大勝也。為大勝者。唯聖人能之。孔子遊於匡。宋人圍之數帀。而弦歌不輟。子路入見曰。何夫子之娛也。孔子曰。來。吾語女。我諱窮久矣而不免。命也。求通久矣而不得。時也。當堯舜而天下無窮人。非知得也。當桀紂而天下無通人。非知失也。時勢適然。夫水行不避蛟龍者。漁父之勇也。陸行不避兕虎者。獵夫之勇也。白刃交於前。視死若生者。烈士之勇也。知窮之有命。知通之有時。臨大難而不懼者。聖人之勇也。由處矣。吾命有所制矣。無幾何。將甲者進。辭曰。以為陽虎也。故圍之。今非也。請辭而退。公孫龍問於魏牟曰。龍少學先王之道。長而明仁義之行。合同異。離堅白。然不然。可不可。困百家之知。窮衆口之辯。吾自以為至達已。今吾聞莊子之言。汒焉異之。不知論之不及與。知之弗若與。今吾無所開吾喙。敢問其方。公子牟隱机大息。仰天而笑曰。子獨不聞夫埳井之鼃乎。謂東海之鼈曰。吾樂與吾跳梁乎井幹之上。入休乎缺甃之崖。赴水則接腋持頤。蹶泥則沒

足滅跗。還虷蟹與科斗。莫吾能若也。且夫擅一壑之水。而跨跱埳井之樂。此亦至矣。夫子奚
不時來入觀乎。東海之鼈。左足未入。而右膝已縶矣。於是逡巡而卻。告之海曰。夫千里之遠。
不足以舉其大。千仞之高。不足以極其深。禹之時。十年九潦。而水弗爲加益。湯之時。八年七
旱。而崖不爲加損。夫不爲頃久推移。不以多少進退者。此亦東海之大樂也。於是埳井之鼃
聞之。適適然驚。規規然自失也。且夫知不知是非之竟。而猶欲觀於莊子之言。是猶使蚊負
山。商蚷馳河也。必不勝任矣。且夫知不知論極妙之言。而自適一時之利者。是非埳井之鼃
與。且彼方跐黃泉而登大皇。無南無北。奭然四解。淪於不測。無東無西。始於玄冥。反於大通。
子乃規規然而求之以察。索之以辯。是直用管闚天。用錐指地也。不亦小乎。子往矣。且子獨
不聞夫壽陵餘子之學行於邯鄲與。未得國能。又失其故行矣。直匍匐而歸耳。今子不去。將
忘子之故。失子之業。公孫龍口呿而不合。舌舉而不下。乃逸而走。莊子釣於濮水。楚王使大
夫二人往先焉。曰。願以竟內累矣。莊子持竿不顧。曰。吾聞楚有神龜。死已三千歲矣。王巾笥
而藏之廟堂之上。此龜者。寧其死爲留骨而貴乎。寧其生而曳尾於塗中乎。二大夫曰。寧生
而曳尾塗中。莊子曰。往矣。吾將曳尾於塗中。惠子相梁。莊子往見之。或謂惠子曰。莊子來。欲
代子相。於是惠子恐。搜於國中三日三夜。莊子往見之。曰。南方有鳥。其名鵷鶵。子知之乎。夫
鵷鶵發於南海。而飛於北海。非梧桐不止。非練實不食。非醴泉不飲。於是鴟得腐鼠。鵷鶵過

之仰而視之曰。嚇。今子欲以子之梁國而嚇我邪。莊子與惠子遊於濠梁之上。莊子曰。鯈魚出遊從容。是魚樂也。惠子曰。子非魚。安知魚之樂。莊子曰。子非我。安知我不知魚之樂。惠子曰。我非子。固不知子矣。子固非魚也。子之不知魚之樂全矣。莊子曰。請循其本。子曰。女安知魚樂云者。既已知吾知之而問我。我知之濠上也。

天下

天下之治方術者多矣。皆以其有爲不可加矣。古之所謂道術者。果惡乎在。曰。无乎不在。曰。神何由降。明何由出。聖有所生。王有所成。皆原於一。不離於宗。謂之天人。不離於精。謂之神人。不離於眞。謂之至人。以天爲宗。以德爲本。以道爲門。兆於變化。謂之聖人。以仁爲恩。以義爲理。以禮爲行。以樂爲和。薰然慈仁。謂之君子。以法爲分。以名爲表。以操爲驗。以稽爲決。其數一二三四是也。百官以此相齒。以事爲常。以衣食爲主。蕃息畜藏。老弱孤寡爲意。皆有以養民之理也。古之人其備乎。配神明。醇天地。育萬物。和天下。澤及百姓。明於本數。係於末度。六通四闢。小大精粗。其運无乎不在。其明而在數度者。舊法世傳之史。尚多有之。其在於詩書禮樂者。鄒魯之士。搢紳先生。多能明之。詩以道志。書以道事。禮以道行。樂以道和。易以道陰陽。春秋以道名分。其數散於天下而設於中國者。百家之學。時或稱而道之。天下大亂。賢聖不明。道德不一。天下多得一察焉以自好。譬如耳目鼻口。皆有所明。不能相通。猶百家衆技也。皆有所長。時有所用。雖然。不該不徧。一曲之士也。判天地之美。析萬物之理。察古人之全。寡能備於天地之美。稱神明之容。是故內聖外王之道。闇而不明。鬱而不發。天下之人。各爲其所欲焉。以自爲方。悲夫。百家往而不反。必不合矣。後世之學者。不幸不見天地之純。古人之大體。道術將爲天下裂。不侈於後世。不靡於萬物。不暉於數度。以繩墨自矯。而備世之急。古之道術。有在於是者。墨翟禽滑釐聞其風而悅之。爲之大過。已之大循。作爲非樂。命之曰節用。生不歌。死无服。墨子氾愛兼利而非鬬。其道不怒。又好學而博。不異。不與先王同。毀古之禮樂。黃帝有咸池。堯有大章。舜有大韶。禹有大夏。湯有大濩。文王有辟雍之樂。武王周公作武。古之喪禮。貴賤有儀。上下有等。天子棺槨七重。諸侯五重。大夫三重。士再重。今墨子獨生不歌。死不服。桐棺三寸而无槨。以爲法式。以此敎人。恐不愛人。以此自行。固不愛己。未敗墨子道。雖然。歌而非歌。哭而非哭。樂而非樂。是果類乎。其生也勤。其死也薄。其道大觳。使人憂。使人悲。其行難爲也。恐其不可以爲聖人之道。反天下之心。天下不堪。墨子雖獨能任。奈天下何。離於天下。其去王也遠矣。墨子稱道曰。昔者禹之湮洪水。決江河而通四夷九州也。名川三百。支川三千。小者无數。禹親自操橐耜而九雜天下之川。腓无胈。脛无毛。沐甚雨。櫛疾風。置萬國。禹大聖也。而形勞天下也如此。使後世之墨者。多以裘褐爲衣。以跂蹻爲服。日夜不休。以自苦爲極。曰。不能如此。非禹之道也。不足謂墨。相里勤之弟子。五侯之徒。南方

之墨者。苦獲已齒鄧陵子之屬。俱誦墨經。而倍譎不同。相謂別墨。以堅白同異之辯相訾。以
觭偶。不仵之辭相應以巨子爲聖人皆願爲之尸。冀得爲其後世。至今不決。墨翟禽滑釐之
意則是其行則非也。將使後世之墨者。必自苦。以腓无胈。脛无毛相進而已矣。亂之上也。治
之下也。雖然。墨子眞天下之好也。將求之不得也。雖枯槁不舍也才士也夫不累於俗不飾
於物。不苟於人。不忮於衆願天下之安寧。以活民命。人我之養。畢足而止。以此白心古之道
術。有在於是者。宋鈃尹文聞其風而悅之。作爲華山之冠以自表接萬物以別宥爲始語心
之容。命之曰心之行。以聏合驩。以調海內。請欲置之以爲主。見侮不辱。救民之鬬禁攻寢兵。
救世之戰。以此周行天下。上說下敎。雖天下不取。强聒而不舍者也。故曰上下見厭而强見
也。雖然。其爲人太多。其自爲太少。曰請欲固置五升之飯足矣。先生恐不得飽。弟子雖飢。不
忘天下。日夜不休。曰我必得活哉圖傲乎救世之士哉。曰君子不爲苛察。不以身假物。以爲
无益於天下者。明之不如已也。以禁攻寢兵爲外。以情欲寡淺爲內。其小大精粗。其行適至
是而止。公而不黨。易而无私。決然无主。趣物而不兩。不顧於慮。不謀於知。於物無擇。與之俱
往。古之道術。有在於是者。彭蒙田駢愼到聞其風而悅之。齊萬物以爲首。曰天能覆之而不
能載之。地能載之而不能覆之。大道能包之而不能辯之。知萬物皆有所可。有所不可。故曰
選則不徧。敎則不至。道則无遺者矣。是故愼到棄知去己。而緣不得已。冷汰於物。以爲道理。

曰。知不知。將薄知而後鄰傷之者也。謑髁无任。而笑天下之尙賢也。縱脫无行。而非天下之大聖。椎拍輐斷。與物宛轉。舍是與非。苟可以免。不師知慮。不知前後。魏然而已矣。推而後行。曳而後往。若飄風之還。若羽之旋。若磨石之隧。全而无非。動靜无過。未嘗有罪。是何故。夫无知之物。无建己之患。无用知之累。動靜不離於理。是以終身无譽。故曰至於若无知之物而已。无用賢聖。夫塊不失道。豪桀相與笑之曰。愼到之道。非生人之行。而至死人之理。適得怪焉。田駢亦然。學於彭蒙。得不教焉。彭蒙之師曰。古之道人。至於莫之是莫之非而已矣。其風窢然。惡可而言。常反人。不見觀。而不免於魭斷。其所謂道非道。而所言之韙。不免於非。彭蒙田駢愼到不知道。雖然。概乎皆嘗有聞者也。以本爲精。以物爲粗。以有積爲不足。澹然獨與神明居。古之道術有在於是者。關尹老聃聞其風而悅之。建之以常无有。主之以太一。以濡弱謙下爲表。以空虛不毀萬物爲實。關尹曰。在己无居。形物自著。其動若水。其靜若鏡。其應若響。芴乎若亡。寂乎若清。同焉者和。得焉者失。未嘗先人而常隨人。老聃曰。知其雄。守其雌。爲天下谿。知其白。守其辱。爲天下谷。人皆取先。己獨取後。曰受天下之垢。人皆取實。己獨取虛。无藏也故有餘。巋然而有餘。其行身也。徐而不費。无爲也而笑巧。人皆求福。己獨曲全。曰苟免於咎。以深爲根。以約爲紀。曰堅則毀矣。銳則挫矣。常寬容於物。不削於人。可謂至極。關尹老聃乎。古之博大眞人哉。芴漠无形。變化无常。死與生與。天地並與。神明往與。芒乎何之。

忽乎何適。萬物畢羅。莫足以歸。古之道術。有在於是者。莊周聞其風而悅之。以謬悠之說。荒
唐之言。无端崖之辭。時恣縱而不儻。不以觭見之也。以天下爲沈濁。不可與莊語。以巵言爲
曼衍。以重言爲眞。以寓言爲廣。獨與天地精神往來。而不敖倪於萬物。不譴是非。以與世俗
處。其書雖瓌瑋。而連犿无傷也。其辭雖參差。而諔詭可觀。彼其充實。不可以已。上與造物者
遊。而下與外死生无終始者爲友。其於本也。弘大而闢。深閎而肆。其於宗也。可謂稠適而上
遂矣。雖然。其應於化而解於物也。其理不竭。其來不蛻。芒乎昧乎。未之盡者。惠施多方。其書
五車。其道舛駁。其言也不中。歷物之意。曰至大无外。謂之大一。至小无內。謂之小一。无厚不
可積也。其大千里。天與地卑。山與澤平。日方中方睨。物方生方死。大同而與小同異。此之謂
小同異。萬物畢同畢異。此之謂大同異。南方无窮而有窮。今日適越而昔來。連環可解也。我
知天下之中央。燕之北。越之南是也。氾愛萬物。天地一體也。惠施以此爲大觀於天下而曉
辯者。天下之辯者相與樂之。卵有毛。雞三足。郢有天下。犬可以爲羊。馬有卵。丁子有尾。火不
熱。山出口。輪不蹍地。目不見。指不至。至不絕。龜長於蛇。矩不方。規不可以爲圓。鑿不圍枘。飛
鳥之景未嘗動也。鏃矢之疾。而有不行不止之時。狗非犬。黃馬驪牛三。白狗黑。孤駒未嘗有
母。一尺之棰。日取其半。萬世不竭。辯者以此與惠施相應。終身无窮。桓團公孫龍辯者之徒。
飾人之心。易人之意。能勝人之口。不能服人之心。辯者之囿也。惠施日以其知與人之辯。特

與天下之辯者爲怪。此其柢也。然惠施之口談。自以爲最賢。曰天地其壯乎。施存雄而无術。南方有倚人焉。曰黃繚。問天地所以不墜不陷。風雨雷霆之故。惠施不辭而應。不慮而對。徧爲萬物說。說而不休。多而无已。猶以爲寡。益之以怪。以反人爲實。而欲以勝人爲名。是以與衆不適也。弱於德。強於物。其塗隩矣。由天地之道。觀惠施之能。其猶一蚉一虻之勞者也。其於物也何庸。夫充一尚可。曰愈貴道幾矣。惠施不能以此自寧。散於萬物而不厭。卒以善辯爲名。惜乎惠施之才。駘蕩而不得。逐萬物而不反。是窮響以聲。形與影競走也。悲夫。

右道家書三種　爲道家之學者。多稱黃老。黃帝之爲依託。固不待說。卽漢志所列伊尹太公辛甲鬻子之書。今殘亡無幾。案以事實。皆難憑信。惟老莊二子。允爲道家不祧之宗。關尹子鶡冠子等書。大率後人僞撰。其言甚淺鄙。列子八篇。近人斷爲魏晉人依託。然其書頗有名理。猶僞書之有古文。本爲歷代講學者所不能廢。故仍與老莊之書並錄。藉資考論也。（後世神怪之迹。修煉之術。多附於道家。而實非老莊之本旨。其書雖多。無當於學術。今一切從略。）

諸子治要卷一

諸子十七種

管子

舊本題周管仲撰。仲潁上人。字夷吾。相齊桓公成霸業。是書標題有經言外言內言短言區言雜篇管子解管子輕重諸名。今傳本凡七十六篇。書中多言仲身後事。又間有儒家道家之說。大抵爲傳其學者所附益。諸子中此類甚多。故謂全書爲仲所作者不可。謂其書盡出依託。非管子之學。亦不可也。

牧民

凡有地牧民者。務在四時。守在倉廩。國多財則遠者來。地辟舉則民留處。倉廩實則知禮節。衣食足則知榮辱。上服度則六親固。四維張則軍令行。故省刑之要在禁文巧。守國之度在飾四維。順民之經在明鬼神。祇山川。敬宗廟。恭祖舊。不務天時則財不生。不務地利則倉廩不盈。野蕪曠則民乃菅。上無量則民乃妄。文巧不禁則民乃淫。不璋兩原則刑乃繁。不明鬼神則陋民不悟。不祇山川則威令不聞。不敬宗廟則民乃上校。不恭祖舊則孝悌不備。四維不張。國乃滅亡。國頌

國有四維。一維絕則傾。二維絕則危。三維絕則覆。四維絕則滅。傾可正也。危可安也。覆可起也。滅不可復錯也。何謂四維。一曰禮。二曰義。三曰廉。四曰恥。禮不踰節。義不自進。廉不蔽惡

恥不從枉。故不踰節則上位安。不自進則民無巧詐。不蔽惡則行自全。不從枉則邪事不生。四維

政之所興。在順民心。政之所廢。在逆民心。民惡憂勞。我佚樂之。民惡貧賤。我富貴之。民惡危墜。我存安之。民惡滅絕。我生育之。能佚樂之。則民為之憂勞。能富貴之。則民為之貧賤。能存安之。則民為之危墜。能生育之。則民為之滅絕。故刑罰不足以畏其意。殺戮不足以服其心。故刑罰繁而意不恐。則令不行矣。殺戮衆而心不服。則上位危矣。故從其四欲。則遠者自親。行其四惡。則近者叛之。故知予之為取者。政之寶也。四順

錯國於不傾之地。積於不涸之倉。藏於不竭之府。下令於流水之原。使民於不爭之官。明必死之路。開必得之門。不為不可成。不求不可得。不處不可久。不行不可復。錯國於不傾之地者。授有德也。積於不涸之倉者。務五穀也。藏於不竭之府者。養桑麻育六畜也。下令於流水之原者。令順民心也。使民於不爭之官者。使各為其所長也。明必死之路者。嚴刑罰也。開必得之門者。信慶賞也。不為不可成者。量民力也。不求不可得者。不彊民以其所惡也。不處不可久者。不偷取一世也。不行不可復者。不欺其民也。故授有德。則國安。務五穀。則食足。養桑麻育六畜。則民富。令順民心。則威令行。使民各為其所長。則用備。嚴刑罰。則民遠邪。信慶賞則民輕難。量民力。則事無不成。不彊民以其所惡。則詐偽不生。不偷取一世。則民無怨心。不

欺其民則下親其上。士經
以家爲鄉。鄉不可爲也。以鄉爲國。國不可爲也。以國爲天下。天下不可爲也。以家爲家。以鄉爲鄉。以國爲國。以天下爲天下。毋曰不同生。遠者不聽。毋曰不同鄉。遠者不行。毋曰不同國。遠者不從。如地如天。何私何親。如月如日。唯君之節。御民之轡。在上之所貴。道民之門。在上之所先。召民之路。在上之所好惡。故君求之則臣得之。君嗜之則臣食之。君好之則臣服之。君惡之則臣匿之。毋蔽汝惡。毋異汝度。賢者將不汝助。言室滿室。言堂滿堂。是謂聖王。城郭溝渠。不足以固守。兵甲彊力。不足以應敵。博地多財。不足以有衆。惟有道者。能備患於未形也。故禍不萌。天下不患無臣。患無君以使之。天下不患無財。患無人以分之。故知時者可立以爲長。無私者可置以爲政。審於時而察於用。而能備官者。可奉以爲君也。緩者後於事。吝於財者失所親。信小人者失士。六親五法

權修

萬乘之國。兵不可以無主。土地博大。野不可以無吏。百姓殷衆。官不可以無長。操民之命。朝不可以無政。地博而國貧者。野不辟也。民衆而兵弱者。民無取也。故末產不禁。則野不辟。賞罰不信。則民無取。野不辟。民無取。外不可以應敵。內不可以固守。故曰。有萬乘之號。而無千乘之用。而求權之無輕。不可得也。地辟而國貧者。舟輿飾。臺榭廣也。賞罰信而兵弱者。輕用

衆。使民勞也。舟輿飾臺榭廣。則賦斂厚矣。輕用衆。使民勞。則民力竭矣。賦斂厚。則下怨上矣。民力竭。則令不行矣。下怨上。令不行。而求敵之勿謀己。不可得也。欲爲天下者。必重用其國。欲爲其國者。必重用其民。欲爲其民者。必重盡其民力。無以畜之。則往而不可止也。無以牧之。則處而不可使也。遠人至而不去。則有以畜之也。民衆而可一。則有以牧之也。見其可也。喜之有徵。見其不可也。惡之有刑。賞罰信於其所見。雖其所不見。其敢爲之乎。見其可也。喜之無徵。見其不可也。惡之無刑。賞罰不信於其所見。而求其所不見之爲之化。不可得也。厚愛利足以親之。明智禮足以敎之。上身服以先之。審度量以閑之。鄉置師以說道之。然後申之以憲令。勸之以慶賞。振之以刑罰。故百姓皆說爲善。則暴亂之行無由至矣。地之生財有時。民之用力有倦。而人君之欲無窮。以有時與有倦養無窮之君。而度量不生於其間。則上下相疾也。是以臣有殺其君。子有殺其父者矣。故取於民有度。用之有止。國雖小必安。取於民無度。用之不止。國雖大必危。地之不辟者。非吾地也。民之不牧者。非吾民也。凡牧民者。以其所積者食之。不可不審也。其積多者其食多。其積寡者其食寡。無積者不食。或有積而不食者。則民離上。有積多而食寡者。則民不力。有積寡而食多者。則民多詐。有無積而徒食者。則民偸幸。故離上不力。多詐偸幸。舉事不成。應敵不用。故曰。察能授官。班祿賜予。使民之機也。野與市爭民。家與府爭貨。金與粟爭貴。鄉與朝爭治。故野不積草。農事先也。府不積貨。藏於民也。市不成肆。家用足也。朝不合衆。鄉分治也。故野不積草。府不積貨。市不成肆。朝不合衆。治之至也。人情不二。故民情可得而御也。審其所好惡。則其長短可知也。觀其交遊。則其賢不肖可察也。二者不失。則民能可得而官也。

版法

凡將立事。正彼天植。風雨無違。遠近高下。各得其嗣。三經既飭。君乃有國。喜無以賞。怒無以殺。喜以賞。怒以殺。怨乃起。令乃廢。驟令不行。民心乃外。外之有徒。禍乃始牙。衆之所忿。置不能圖。舉所美。必觀其所終。廢所惡。必計其所窮。慶勉敦敬以顯之。富祿有功以勸之。爵貴有名以休之。兼愛無遺。是謂君心。必先順教。萬民鄉風。旦暮利之。衆乃勝任。取人以己。成事以質。審用財。慎施報。察稱量。故用財不可以嗇。用力不可以苦。用財嗇則費。用力苦則勞。民不足。令乃辱。民苦殃。令不行。施報不得。禍乃始昌。禍昌不寤。民乃自圖。正法直度。罪殺不赦。殺僇必信。民畏而懼。武威既明。令不再行。頓卒怠倦以辱之。罰罪宥過以懲之。殺僇犯禁以振之。植固不動。倚邪乃恐。倚革邪化。令往民移。法天合德。象法無親。參於日月。佐於四時。悅在施有衆。在廢私。召遠在修近。閉禍在除怨。修長在乎任賢。高安在乎同利。以上三篇舊題為經言

法禁

法制不議。則民不相私。刑殺無赦。則民不偷於為善。爵祿無假。則下不亂其上。三者藏於官

則爲法施於國則成俗。其餘不彊而治矣。君壹置其儀。則百官守其法。上明陳其制。則下皆會其度矣。君之置其儀也不一。則下之倍法而立私理者必多矣。是以人用其私。廢上之制而道其所聞。故下與官列法。而上與君分威。國家之危。必自此始矣。昔者聖王之治其民也不然。廢上之法制者。必負以恥。財厚博惠以私親於民者。正經而自正矣。亂國之道。易國之常。賜賞恣於已者。聖王之禁也。聖王既沒。受之者衺。君人而不能知立君之道。以爲國本。則大臣之贅下而射人心者必多矣。君不能審立其法。以爲下制。則百姓之立私理而徑於利者必衆矣。昔者聖王之治人也。不貴其人博學也。欲其人之和同以聽令也。泰誓曰。紂有臣億萬人。亦有億萬之心。武王有臣三千而一心。故紂以億萬之心亡。武王以一心存。故有國之君。苟不能同人心。一國威。齊士義。通上之治。以爲下法。則雖有廣地衆民。猶不能以爲安也。君失其道。則大臣比權重以相舉於國。小臣必循利以相就也。故舉國之士以爲亡黨。行公道以爲私惠。進則相推於君。退則相譽於民。各便其身而忘社稷。以廣其居。聚徒威羣。上以蔽君。下以索民。此皆弱君亂國之道也。故國之危也。擅國權以深索於民者。聖王之禁也。其身毋任於上者。聖王之禁也。進則受祿於君。退則藏祿於室。毋事治職。但力事屬。私王官私君事。去非其人而人私行者。聖王之禁也。修行則不以親爲本。治事則不以官爲主。舉毋能。進毋功者。聖王之禁也。交人則以爲己賜。舉人則以爲己勞。仕人則與分其祿者。聖王之禁也。交於利通。而獲於貧窮。輕取於其民。而重致於其君。削上以附下。枉法以求於民者。聖王之禁也。用不稱其人。家富於其列。其祿甚寡。而貲財甚多者。聖王之禁也。拂世以爲行。非上以爲名。常反上之法制。以成羣於國者。聖王之禁也。飾於貧窮。而發於勤勞。權於貧賤。身無職事。家無常姓。列上下之間。議言爲民者。聖王之禁也。壺士以爲亡資。修田以爲亡本。則生之養私不死。然後失矯以深與上爲市者。聖王之禁也。審飾小節以示民。時言大事以動上。遠交以踰羣。假爵以臨朝者。聖王之禁也。卑身雜處。隱行辟倚。側入迎遠。遁上而遁民者。聖王之禁也。詭俗異禮。大言法行。難其所爲。而高自錯者。聖王之禁也。守委閒居。博分以致衆。勤身遂行。說人以貨財。濟人以買譽。其身甚靜。而使人求者。聖王之禁也。行辟而堅。言詭而辯。術非而博。順惡而澤者。聖王之禁也。以朋黨爲友。以蔽惡爲仁。以數變爲智。以重斂爲忠。以遂忿爲勇者。聖王之禁也。固國之本。其身務往於上。深附於諸侯者。聖王之禁也。聖王之身。治世之時。德行必有所是。道義必有所明。故士莫敢詭俗異禮。以自見於國。莫敢布惠緩行。修上下之交。以和親於民。故莫敢超等踰官。漁利蘇功。以取順其君。聖王之治民也。進則使無由得其所利。退則使無由避其所害。必使反乎安其位。樂其羣。務其職。榮其名。而後止矣。故踰其官而離其羣者。必使有害。不能其事而失其職者。必使有恥。是故聖王之教民也。以仁錯之。以恥使之。修其能。致其所成而止。故曰。絕而定。靜而治。安而尊。舉錯而不變者。

聖王之道也。

法法 節錄

不法法則事毋常。法不法則令不行。令而不行則令不法也。法而不行則修令者不審也。審而不行則賞罰輕也。重而不行則賞罰不信也。信而不行則不以身先之也。故曰禁勝於身則令行於民矣。聞賢而不舉殆。聞善而不索殆。見能而不使殆。親人而不固殆。同謀而離殆。危人而不能殆。廢人而復起殆。可而不爲殆。足而不施殆。幾而不密殆。人主不周密則正言直行之士危。正言直行之士危則人主孤而毋內。人主孤而無內則人臣黨而成羣。使人主孤而無內。人臣黨而成羣者此非人臣之罪也。人主之過也。民毋重罪。過不大也。民無大過。上毋赦也。上赦小過則民多重罪。積之所生也。故曰赦出則民不敬。惠行則過日益。惠赦加於民而囹圄雖實殺戮雖繁。姦不勝矣。故曰邪莫如蚤禁之。赦過遺善則民不勵。有過不赦。有善不遺。勵民之道。於此乎用之矣。故曰明君者事斷者也。君有三欲於民。三欲不節則上位危。三欲者何也。一曰求。二曰禁。三曰令。求必欲得。禁必欲止。令必欲行。求多者其得寡。禁多者其止寡。令多者其行寡。求而不得則威日損。禁而不止則刑罰侮。令而不行則下淩上。故未有能多求而多得者也。未有能多禁而多止者也。未有能多令而多行者也。故曰上苛則下不聽。下不聽而彊以刑罰。則爲人上者衆謀矣。爲人上而衆謀之。雖欲毋危。不可得也。

號令已出又易之。禮義已行又止之。度量已制又遷之。刑法已錯又移之。如是則慶賞雖重。民不勸也。殺戮雖繁。民不畏也。故曰上無固植。下有疑心。國無常經。民力必竭。數也。明君在上位。民毋敢立私議自貴者。國毋怪嚴。毋雜俗。毋異禮。士毋私議。倨傲易令。錯儀畫制。作議者盡誅。故彊者折。銳者挫。堅者破。引之以繩墨。繩之以誅僇。故萬民之心皆服而從上。推之而往。引之而來。彼下有立其私議自貴。分爭而退者。則令自此不行矣。故曰私議立則主道卑矣。況主倨傲易令。錯儀畫制。變易風俗。詭服殊說猶立。上不行君令。下不合於鄉里。變更自爲易國之成俗者。命之曰不牧之民。不牧之民。繩之外也。繩之外誅。使賢者食於能。鬬士食於功。賢者食於能。則上尊而民從。鬬士食於功。則卒輕患而傲敵。上尊而民從。卒輕患而傲敵。二者設於國。則天下治而主安矣。以上二篇舊題爲外言

任法 節錄

聖君任法而不任智。任數而不任說。任公而不任私。任大道而不任小物。然後身佚而天下治。失君則不然。舍法而任智。故民舍事而好譽。舍數而任說。故民舍實而好言。舍公而好私。故民離法而妄行。舍大道而任小物。故上勞煩。百姓迷惑。而國家不治。聖君則不然。守道要。處佚樂。馳騁弋獵。鐘鼓竽瑟。宮中之樂。無禁圉也。不思不慮。不憂不圖。利身體。便形軀。養壽命。垂拱而天下治。是故人主有能用其道者。不事心。不勞意。不動力。而土地自辟。囷倉自實。

蓄積自多。甲兵自强。羣臣無詐僞。百官無姦邪。奇術技藝之人。莫敢高言孟行。以過其情。以遇其主矣。昔者堯之治天下也。猶埴之在埏也。唯陶之所以爲。猶金之在鑪。恣冶之所以鑄。其民引之而來。推之而往。使之而成。禁之而止。故堯之治也。善明法禁之令而已矣。黃帝之治天下也。其民不引而來。不推而往。不使而成。不禁而止。故黃帝之治也。置法而不變。使民安其法者也。所謂仁義禮樂者。皆出於法。此先聖之所以一民者也。

明法 節錄

所謂治國者。主道明也。所謂亂國者。臣術勝也。夫尊君卑臣。非計親也。以執勝也。百官識非惠也。刑罰必也。故君臣共道則亂。專授則失。夫國有四亡。令求不出。謂之滅。出而道留。謂之擁。下情求不上通。謂之塞。下情上而道止。謂之侵。故夫滅侵塞擁之所生。從法之不立也。是故先王之治國也。不淫意於法之外。不爲惠於法之內也。動無非法者。所以禁過而外私也。威不兩錯。政不二門。以法治國。則舉錯而已。是故有法度之制者。不可巧以詐僞。有權衡之稱者。不可欺以輕重。有尋丈之數者。不可差以長短。今主釋法以譽進能。則臣離上而下比周矣。以黨舉官。則民務交而不求用矣。是故官之失其治也。是主以譽爲賞。以毀爲罰也。然則喜賞惡罰之人。離公道而行私術矣。比周以相爲匿。是忘主死交。以進其譽。故交衆者譽多。外內朋黨。雖有大姦。其蔽主多矣。是以忠臣死於非罪。而邪臣起於非功。所死者非罪。所起者非功也。然則爲人臣者。重私而輕公矣。

治國

凡治國之道。必先富民。民富則易治也。民貧則難治也。奚以知其然也。民富則安鄉重家。安鄉重家。則敬上畏罪。敬上畏罪。則易治也。民貧則危鄉輕家。危鄉輕家。則敢陵上犯禁。陵上犯禁則難治也。故治國常富。而亂國常貧。是以善爲國者。必先富民。然後治之。昔者七十九代之君。法制不一。號令不同。然俱王天下者何也。必國富而粟多也。夫富國多粟生於農。故先王貴之。凡爲國之急者。必先禁末作文巧。末作文巧禁。則民無所游食。民無所游食。則必農。民事農則田墾。田墾則粟多。粟多則國富。國富者兵強。兵強者戰勝。戰勝者地廣。是以先王知衆民強兵廣地富國之必生於粟也。故禁末作。止奇巧。而利農事。今爲末作奇巧者。一日作而五日食。農夫終歲之作。不足以自食也。然民舍本事而事末作。舍本事而事末作。則田荒而國貧矣。凡農者月不足而歲有餘者也。而上徵暴急無時。則民倍貸以給上之徵矣。耕耨者有時。而澤不必足。則民倍貸以取庸矣。秋糴以五。春糶以束。是又倍貸也。故以上之徵而倍取於民者四。關市之租。府庫之徵。粟什一。廝輿之事。此四時亦當一倍貸矣。夫以一民養四主。故逃徙者刑。而上不能止者。粟少而民無積也。常山之東。河汝之間。蚤生而晚殺。五穀之所蕃熟也。四種而五穫。中年畝二石。一夫爲粟二百石。今也倉廩虛而民無積。農夫以粥子者上無術以均之也。故先王使農士商工四民交能易作。終歲之利無道相過也。是以民作一而得均。民作一則田墾。姦巧不生。田墾則粟多。粟多則國富。姦巧不生則民治。富而治。此王之道也。不生粟之國亡。粟生而死者霸。粟生而不死者王。粟也者。民之所歸也。粟也者。財之所歸也。粟也者。地之所歸也。粟多則天下之物盡至矣。故舜一徙成邑。二徙成都。參徙成國。舜非嚴刑罰重禁令而民歸之矣。去者必害。從者必利也。先王者善爲民除害興利。故天下之民歸之。所謂興利者。利農事也。所謂除害者。禁害農事也。農事勝則入粟多。入粟多則國富。國富則安鄉重家。安鄉重家。則雖變俗易習。敺衆移民。至於殺之。而民不惡也。此務粟之功也。上不利農則粟少。粟少則人貧。人貧則輕家。輕家則易去。易去則上令不能必行。上令不能必行。則禁不能必止。禁不能必止。則戰不必勝。守不必固矣。夫令不必行。禁不必止。戰不必勝。守不必固。命之曰寄生之君。此由不利農少粟之害也。粟者王之本事也。人主之大務。有人之塗。治國之道也。以上三篇舊題爲區言

立政九敗解 此篇舊題爲管子解

人君唯毋聽寢兵。則羣臣賓客莫敢言兵。然則內之不知國之治亂。外之不知諸侯强弱。如是。則城郭毀壞莫之築補。甲弊兵彫莫之修繕。如是則守圉之備毀矣。遼遠之地謀邊竟之士修。百姓無圉敵之心。故曰寢兵之說勝。則險阻不守。

人君唯毋聽兼愛之說。則觀天下之民如其民。視國如吾國。如是則無并兼攘奪之心。無覆軍敗將之事。然則射御勇力之士不厚祿。覆軍殺將之臣不貴爵。如是則射御勇力之士出在外矣。我能毋攻人可也。不能令人毋攻我。彼求地而予之。非吾所欲也。不予而與戰。必不勝也。彼以教士。我以敺衆。彼以良將。我以無能。其敗必覆軍殺將。故曰兼愛之說勝則士卒不戰。

人君唯無好全生。則羣臣皆全其生。而生又養。生養何也。曰滋味也。聲色也。然後爲養生。然則從欲妄行。男女無別。反於禽獸。然則禮義廉恥不立。人君無以自守也。故曰全生之說勝。則廉恥不立。

人君唯無聽私議自貴。則民退靜隱伏。窟穴就山。非世間上。輕爵祿而賤有司。然則令不行。禁不止。故曰私議自貴之說勝。則上令不行。

人君唯無好金玉貨財。必欲得其所好。然則必有以易之。所以易之者何也。大官尊位。不然。則尊爵重祿也。如是則不肖者在上位矣。然則賢者不爲下。智者不爲謀。信者不爲約。勇者不爲死。如是則敺國而捐之也。故曰金玉貨財之說勝。則爵服下流。

人君唯毋聽羣徒比周。則羣臣朋黨。蔽美揚惡。然則國之情僞不見於上。如是則朋黨者處前。寡黨者處後。夫朋黨者處前。賢不肖不分。則爭奪之亂起。而君在危殆之中矣。故曰羣徒比周之說勝。則賢不肖不分。

人君唯毋聽觀樂玩好。則敗。凡觀樂者。宮室臺池。珠玉聲樂也。此皆費財盡力。傷國之道也。而以此事君者。皆姦人也。而人君聽之。焉得毋敗。然則府倉虛。蓄積竭。且姦人在上。則壅遏賢者而不進也。然則國適有患。則優倡侏儒起而議國事矣。是敺國而捐之也。故曰觀樂玩好之說勝。則姦人在上位。

人君唯毋聽請謁任譽。則羣臣皆相爲請。然則請謁得於上。黨與成於鄉。如是則貨財行於國。法制毀於官。羣臣務佼而求用。然則無爵而貴。無祿而富。故曰請謁任譽之說勝。則繩墨不正。

人君唯無聽諂諛飾過之言。則敗。奚以知其然也。夫諂臣者。常使其主不悔其過。不更其失者也。故主惑而不自知也。如是則謀臣死而諂臣尊矣。故曰諂讒飾過之說勝。則巧佞者用。

諸子治要卷一

諸子十七種

商子

一名商君書。舊本題周商鞅撰。鞅衛人。相秦孝公。變法圖強。是書通考引周氏涉筆。以爲附會後事。非鞅自著。惟其詞峻厲深刻。必其徒傳述。非秦以後人所能爲也。

農戰 節錄

凡人主之所以勸民者。官爵也。國之所以興者。農戰也。今民求官爵。皆不以農戰。而以巧言虛道。此謂勞民。勞民者。其國必無力。無力者。其國必削。善爲國家者。其教民也。皆作壹而得官爵。是故不官無爵。國去言則民樸。民樸則不淫。民見上利之從壹空出也。則作壹。作壹則民不偸營。民不偸營則多力。多力則國強。今境內之民。皆曰農戰可避。而官爵可得也。是故豪傑皆可變業。務學詩書。隨從外權。上可以得顯。下可以求官爵。要靡事商賈。爲技藝。皆以避農戰。具備。國之危也。民以此爲教者。其國必削。善爲國者。倉廩雖滿。不偸於農。國大民衆。不淫於言。則民樸壹。民樸壹。則官爵不可巧而取也。不可巧取。則姦不生。姦不生。則主不惑。今境內之民。及處官爵者。見朝廷之可以巧言辯說取官爵也。故官爵不可得而常也。是故進則曲主。退則慮私。所以實其私。然則下賣權矣。夫曲主慮私。非國利也。而爲之者。以其爵祿也。下賣權非忠臣也。而爲之者。以末貨也。然則下官之冀遷者。皆曰多貨則上官可得而欲也。曰我不以貨事上而求遷者。則如以狸餌鼠爾。必不冀矣。若以情事上而求遷者。則如引諸絕繩而求乘枉木也。愈不冀之矣。二者不可以得遷。則我焉得無下動衆取貨以事上而以求遷乎。百姓曰我疾農。先實公倉。收餘以食親。爲上忘生而戰。以尊主安國也。倉虛主卑。家貧。然則不如索官。親戚交遊合。則更慮矣。豪傑務學詩書。隨從外權。要靡事商賈。爲技藝。皆以避農戰。民以此爲教。則粟焉得無少。而兵焉得無弱也。善爲國者。官法明。故不任智慮。上作壹。故民不榮。則國力博。國力博者强。國好言談者削。故曰農戰之民千人。而有詩書辯慧者一人焉。千人者皆怠於農戰矣。農戰之民百人。而有技藝一人焉。百人者皆怠於農戰矣。國待農戰而安。主待農戰而尊。夫民之不農戰也。上好言而官失常也。常官則國治。一務則國富。國富而治。王之道也。

開塞

天地設而民生之。當此之時也。民知其母而不知其父。其道親親而愛私。親親則別。愛私則險。民衆而以別險爲務。則民亂。當此時也。民務勝而力征。務勝則爭。力征則訟。訟而無正。則莫得其性也。故賢者立中正。設無私。而民說仁。當此時也。親親廢。上賢立矣。凡仁者以愛利爲務。而賢者以相出爲道。民衆而無制。久而相出爲道。則有亂。故聖人承之。作爲土地貨財男女之分。分定而無制不可。故立禁。禁立而莫之司不可。故立官。官設而莫之一不可。故立君。既立君。則上賢廢而貴貴立矣。然則上世親親而愛私。中世上賢而說仁。下世貴貴而尊官。上賢者以道相出也。而立君者使賢無用也。親親者以私爲道也。而中正者使私無行也。此三者非事相反也。民道弊而所重易也。世事變而行道異也。故曰王者有繩。先王道一端。而臣道亦一端。所道則異。而所繩則一也。故曰民愚則智可以王。世智則力可以王。民愚則力有餘而智不足。世智則巧有餘而力不足。民之生不智則學。力盡而服。故神農教耕而王天下。師其知也。湯武致强而征諸侯。服其力也。夫民愚不懷智而問。世智無餘力而服。故以愛王天下者幷刑。力征諸侯者退德。聖人不法古。不修今。法古則後於時。修今則塞於勢。周不法商。夏不法虞。三代異勢。而皆可以王。故興王有道。而持之異理。武王逆取而貴順。爭天下而上讓。其取之以力。持之以義。今世强國事兼幷。弱國務力守。上不及虞夏之時。而下不修湯武。湯武塞。故萬乘莫不戰。千乘莫不守。此道之塞久矣。而世主莫之能廢也。故三代不四。非明主莫有能聽也。今日願啟之以效。古之民樸以厚。今之民巧以僞。故效於古者。先德而治。效於今者。前刑而法。此俗之所惑也。今世之所謂義者。將立民之所好。而廢其所惡。此其所謂不義者。將立民之所惡。而廢其所樂也。二者名貿實易。不可不察也。立民之所樂。則民傷其所惡。立民之所惡。則民安其所樂。何以知其然也。夫民憂則思。思則出度。樂則淫。淫則主佚。故以刑治則民威。民威則無姦。無姦則民安其所樂。以義教則民縱。民縱則亂。亂則民傷其所惡。吾所謂利者。義之本也。而世所謂義者。暴之道也。夫正民者。以其所惡。必終其所好。以其所好。必敗其所惡。治國刑多而賞少。故王者刑九而賞一。削國賞九而刑一。夫過有厚薄。則刑有輕重。善有小大。則賞有多少。此二者世之常用也。刑加於罪所終。則姦不去。賞施於民上義則過不止。刑不能去姦。而賞不能止過者。必亂。故王者刑用於將過。則大邪不生。賞施於告姦。則細過不失。治民能使大邪不生。細過不失。則國治。國治必强。一國行之。境內獨治。二國行之。兵則少寢。天下行之。至德復立。此吾以殺刑之反於德。而義合於暴也。古者民藂生而羣處。亂。故求有上也。然則天下之樂有上也。將以為治也。今有主而無法。其害與無主同。有法不勝其亂。與不法同。天下不安無君。而樂勝其法。則舉世以為惑也。夫利天下之民者。莫大於治。而治莫康於立君。立君之道。莫廣於勝法。勝法之務。莫急於去姦。去姦之本。莫深於嚴刑。故王者以賞禁。以刑勸。求過不求善。藉刑以去刑。

修權

國之所治者三。一曰法。二曰信。三曰權。法者。君臣之所共操也。信者。君臣之所共立也。權者。君之所獨制也。人主失守則危。君臣釋法任私必亂。故立法明分。而不以私害法則治。權制獨斷於君則威。民信其賞則事功。不信其刑則姦無端。唯明主愛權重信。而不以私害法。故多惠言而尅其賞。則下不用。數加嚴令而不致其刑。則民敖死。凡賞者文也。刑者武也。文武者法之約也。故明主任法。明主不蔽之謂明。不欺之謂察。故賞厚而利。刑重而必。不失疏遠。不違親近。故臣不蔽主。而下不欺上。世之爲治者。多釋法而任私議。此國之所以亂也。先王縣權衡。立尺寸。而至今法之。其分明也。夫釋權衡而斷輕重。廢尺寸而意長短。雖察。商賈不用。爲其不必也。夫倍法度而任私議。皆不類者也。不以法論智能賢不肖者。唯堯。而世不盡爲堯。是故先王知自議譽私之不可任也。故立法明分。中程者賞之。毀公者誅之。賞誅之法。不失其議。故民不爭。不以其勞。則忠臣不進。行賞賦祿不稱其功。則戰士不用。凡人臣之事君也。多以主所好事君。君好法。則臣以法事君。君好言。則臣以言事君。君好法。則端直之士在前。君好言。則毀譽之臣在側。公私之分明。則小人不疾賢。而不肖者不妒功。故堯舜之位天下也。非私天下之利也。爲天下位天下也。論賢舉能而傳焉。非疏父子親越人也。明於治亂之道也。故三王以義親。五伯以法正諸侯。皆非私天下之利也。爲天下治天下。是故擅其名而有其功。天下樂其政。而莫之能傷也。今亂世之君臣。區區然皆擅一國之利。而當一官之重。以便其私。此國之所以危也。故公私之交。存亡之本也。夫廢法度而好私議。則姦臣鬻權以約祿。秩官之吏。隱下而漁民。諺曰。蠹衆而木折。隙大而牆壞。故大臣爭於私而不顧其民。則下離上。下離上者。國之隙也。秩官之吏。隱下以漁百姓。此民之蠹也。故有隙蠹而不亡者。天下鮮矣。是故明王任法去私。而國無隙蠹矣。

外內

民之外事。莫難於戰。故輕法不可以使之。奚謂輕法。其賞少而威薄。淫道不塞之謂也。奚謂淫道。爲辯智者貴。遊宦者任。文學私名顯之謂也。三者不塞。則民不戰而事失矣。故其賞少則聽者無利也。威薄則犯者不害也。故開淫道以誘之。而以輕法戰之。是謂設鼠而餌以狸也。亦不幾乎。故欲戰其民者。必以重法。賞則必多。威則必嚴。淫道必塞。爲辯志者不貴。遊宦者不任。文學私名不顯。賞多威嚴。民見戰賞之多則忘死。見不戰之辱則苦生。賞使之忘死而威使之苦生。而淫道又塞。以此遇敵。是以百石之弩射飄葉也。何不陷之有哉。民之內事莫善於農。故輕治不可以使之。奚謂輕治。其農貧而商富。技巧之人利。而游食者衆之謂也。故農之用力最苦。而贏利少。不如商賈技巧之人。苟能令商賈技巧之人無繁。則欲國之無富。不可得也。故曰。欲農富其國者。境內之食必貴。而不農之徵必多。市利之租太重。則民不得無田。田不得不易其食。食貴則田者利。田者利則事者衆。食貴。糴食不利。而又加重徵。則民不得無去其商賈技巧而事地利矣。故民之力盡在於地利矣。故爲國者。邊利盡歸於兵。市利盡歸於農。邊利歸於兵者強。市利歸於農者富。故出戰而強。入休而富者。王也。（富商下一本有故其食賤者錢重。食賤則農貧。錢重則商富。末事不禁。則技巧云。）

定分

公問。於公孫鞅曰。法令以當時立之者。明旦欲使天下之吏民。皆明知而用之。如一而無私。奈何。公孫鞅曰。為法令置官置吏。樸足以知法令之謂者。以為天下正。則奏天子。天子則各主法令之。皆降受命發官。各主法令之民。敢忘行主法令之所謂之名。各以其所忘之法令名罪之。主法令之吏有遷徙物故。輒使學讀法令所謂。為之程式。使日數而知法令之所謂。不中程。為法令以罪之。有敢剟定法令。損益一字以上。罪死不赦。諸官吏及民有問法令之所謂也於主法令之吏。皆各以其故所欲問之法令明告之。各為尺六寸之符。明書年日月時所問法令之名。以告吏民。主法令之吏不告。及之罪。而法令之所謂也。皆以吏民之所問法令之罪。各罪主法令之吏。卽以左券予吏之問法令者。主法令之吏謹藏其右券木柙。以室藏之。封以法令之長印。卽後有物故。以券書從事。法令皆副置。一副天子之殿中。為法令為禁室。有鋌鑰為禁而以封之。內藏法令一副禁室中。封以禁印。有擅發禁室印及入禁室視禁法令及禁剟一字以上。罪皆死不赦。一歲受法令以禁令。天子置三法官。殿中置一法官。御史置一法官及吏。丞相置一法官。諸侯郡縣皆各為置一法官及吏。皆此秦一法官。郡縣諸侯一受寶來之法令。學問并所謂。吏民知法令者。皆問法官。故天下之吏民無不知法者。吏明知民知法令也。故吏不能敢以非理法遇民。民不敢犯法。以有法官也。遇民不修法。則問法官。法官卽以法之罪告之民。卽以法官之言正告之吏。公知其如此。故吏不敢以非法遇民。民又不敢犯法。如此天下之吏雖有賢良辯慧。不能開一言以枉法。雖有千金。不能以用一銖。故智詐賢能者皆作而爲善。皆務自治奉公。曰愚則易治也。此所生於法明白易知而必行。法令者民之命也。爲治之本也。所以備民也。爲治而去法令。猶欲無飢而去食也。欲無寒而去衣也。欲東而西行也。其不幾亦明矣。一兔走百人逐之。非以兔也。夫賣者滿市。而盜不敢取。由名分已定也。故名分未定。堯舜禹湯且皆如物而逐之。名分已定。貧盜不取。今法令不明。其名不定。天下之人得議之。其議人異而無定。人主爲法於上。下民議之於下。是法令不定。以下爲正也。此所謂名分之不定也。夫名分不定。堯舜猶將皆折而姦之。而況衆人乎。此令姦惡大起。人主奪威勢之國。滅社稷之道也。今先聖人爲書而傳之後世。必師受之。乃知所謂之名。不師受之。而人以其心意議之。至死不能知其名與其意。故聖人必爲法令置官也。置吏也。爲天下師。所以定名分也。名分定則大詐貞信。民皆愿愨。而各自治也。故夫名分定。勢治之道也。名分不定。勢亂之道也。故世治者不可亂。世亂者不可治。夫世亂而治之。愈亂。勢治而治之則治。故聖王治治不治亂。夫微妙意志之言。上智之所難也。夫不待法令。繩墨而無不正者。千萬之一也。故聖人以千萬治天下。故夫智者而後能知之。不可以爲法。民不盡智。賢者而後知之。不可以爲法。民不盡賢。故聖人爲法。必使之明白易知。

名正。愚知徧能知之。爲置法官。置主法之吏。以爲天下師。令萬民無陷於險危。故聖人立天下而無刑死者。非不刑殺也。行法令明白易知。爲置法官吏。爲之師以道之。知萬民皆知所避就。避禍就福。而皆以自治也。故明主因治而終治之。故天下大治也。

諸子治要卷一

諸子十七種

韓子

一名韓非子。周韓非撰。非。韓之諸公子。與李斯並師荀卿。斯自以爲不如非。又博涉諸家之說。憫宗國衰弱。不得行其志。乃託憤慨於著作。大旨在五蠹顯學諸篇。爲法家特出之書。惟今本首篇實張儀見秦王之文。而後人誤收入書中。則知其書之他篇。亦或有後人所附益者。特較少耳。

二柄

明主之所導制其臣者。二柄而已矣。二柄者。刑德也。何謂刑德。曰殺戮之謂刑。慶賞之謂德。爲人臣者。畏誅罰而利慶賞。故人主自用其刑德。則羣臣畏其威而歸其利矣。故世之姦臣則不然。所惡則能得之其主而罪之。所愛則能得之其主而賞之。今人主非使賞罰之威利出於己也。聽其臣而行其賞罰。則一國之人。皆畏其臣而易其君。歸其臣而去其君矣。此人主失刑德之患也。夫虎之所以能服狗者。爪牙也。使虎釋其爪牙而使狗用之。則虎反服狗矣。人主者。以刑德制臣者也。今君人者。釋其刑德而使臣用之。則君反制於臣矣。故田常上請爵祿而行之羣臣。下大斗斛而施於百姓。此簡公失德而田常用之也。故簡公見弒。子罕謂宋君曰。夫慶賞賜予者。民之所喜也。君自行之。殺戮刑罰者。民之所惡也。臣請當之。於是宋君失刑而子罕用之。故宋君見劫。田常徒用德而簡公弒。子罕徒用刑而宋君劫。故今世爲人臣者兼刑德而用之。則是世主之危甚於簡公宋君也。故劫殺擁蔽之主。非失刑德而使臣用之而不危亡者。則未嘗有也。

人主將欲禁姦。則審合刑名者。言與事也。爲人臣者陳其言。君以其言授之事。專以其事責其功。功當其事。事當其言。則賞。功不當其事。事不當其言。則罰。故羣臣其言大而功小者則罰。非罰小功也。罰功不當名也。羣臣其言小而功大者亦罰。非不說於大功也。以爲不當名之害甚於有大功。故罰。昔者韓昭侯醉而寢。典冠者見君之寒也。故加衣於君之上。覺寢而說。問左右曰。誰加衣者。左右對曰。典冠。君因兼罪典衣殺典冠。其罪典衣。以爲失其事也。其罪典冠。以爲越其職也。非不惡寒也。以爲侵官之害甚於寒。故明主之畜臣。臣不得越官而有功。不得陳言而不當。越官則死。不當則罪。守業其官。所言者貞也。則羣臣不得朋黨相爲矣。

人主有二患。任賢則臣將乘於賢以劫其君。妄舉則事沮不勝。故人主好賢。則羣臣飾行以要君欲。則是羣臣之情不效。羣臣之情不效。則人主無以異其臣矣。故越王好勇而民多輕死。楚靈王好細腰而國中多餓人。齊桓公妬外而好內。故豎刁自宮以治內。桓公好味。易牙蒸其子首而進之。燕子噲好賢。故子之明不受國。故君見惡則羣臣匿端。君見好則羣臣誣能。人主欲見。則羣臣之情態得其資矣。故子之託於賢以奪其君者也。豎刁易牙因君之欲以侵其君者也。其卒子噲以亂死。桓公蟲流出戶而不葬。此其故何也。人君以情借臣之患也。人臣之情非必能愛其君也。爲重利之故也。今人主不掩其情。不匿其端。而使人臣有緣以侵其主。則羣臣爲子之田常不難矣。故曰去好去惡。羣臣見素。羣臣見素。則大君不蔽矣。

八姦 節錄

凡人臣之所道成姦者有八術。一曰在同牀。何謂同牀。曰。貴夫人。愛孺子。便僻好色。此人主之所惑也。託於燕處之虞。乘醉飽之時。而求其所欲。此必聽之術也。爲人臣者內事之以金玉。使惑其主。此之謂同牀。二曰在旁。何謂在旁。曰。優笑侏儒。左右近習。此人主未命而唯唯。未使而諾諾。先意承旨。觀貌察色。以先主心者也。此皆俱進俱退。皆應皆對。一辭同軌以移主心者也。爲人臣者內事之以金玉玩好。外爲之行不法。使之化其主。此之謂在旁。三曰父兄。何謂父兄。曰。側室公子。人主之所親愛也。大臣廷吏。人主之所與度計也。此皆盡力畢議。人主之所必聽也。爲人臣者事公子側室以音聲子女。收大臣廷吏以辭言。處約言事。事成則進爵益祿。以勸其心。使犯其主。此之謂父兄。四曰養殃。何謂養殃。曰。人主樂美宮室臺池。好飾子女狗馬。以娛其心。此人主之殃也。爲人臣者盡民力以美宮室臺池。重賦斂以飾子女狗馬。以娛其主而亂其心。從其所欲。而樹私利其間。此謂養殃。五曰民萌。何謂民萌。曰。爲人臣者。散公財以說民人。行小惠以取百姓。使朝廷市井皆勸譽己。以塞其主而成其所欲。此之謂民萌。六曰流行。何謂流行。曰人主者固壅其言談。希於聽論議。易移以辯說。爲人臣者。求諸侯之辯士。養國中之能說者。使之以語其私。爲巧文之言。流行之辭。示之以利勢。懼之以患害。施屬虛辭以壞其主。此之謂流行。七曰威强。何謂威强。曰君人者以羣臣百姓爲威强者也。羣臣百姓之所善。則君善之。非羣臣百姓之所善。則君不善之。爲人臣者。聚帶劍之客。養必死之士。以彰其威。明爲己者必利。不爲己者必死。以恐其羣臣百姓。而行其私。此之謂威强。八曰四方。何謂四方。曰君人者國小則事大國。兵弱則畏强兵。大國之所索。小國必聽。强兵之所加。弱兵必服。爲人臣者。重賦斂。盡府庫。虛其國以事大國。而用其威。求誘其君。甚者舉兵以聚邊境。而制斂於內。薄者數內大使。以震其君。使之恐懼。此之謂四方。凡此八者。人臣之所以成姦。世主所以壅劫。失其所有也。不可不察焉。明君之於內也。娛其色而不行其謁。不使私請。其於左右也。使其身必責其言。不使益辭。其於父兄大臣也。聽其言也必以罰任於後。不令妄舉。其於觀樂玩好也。必令之有所出。不使擅進。不使擅退。羣臣虞其意。其於德施也。縱禁財。發墳倉。利於民者。必出於君。不使人臣私其德。其於說議也。稱譽者所善。毀疵者所惡。必實其能。察其過。不使羣臣相爲語。其於勇力之士也。軍旅之功無踰賞。邑鬭之勇無赦罪。不使羣臣行私財。其於諸侯之求索也。法則聽之。不法則距之。

定法

問者曰。申不害。公孫鞅。此二家之言。孰急於國。應之曰。是不可程也。人不食十日則死。大寒之隆。不衣亦死。謂之衣食孰急於人。則是不可一無也。皆養生之具也。今申不害言術而公孫鞅爲法。術者。因任而授官。循名而責實。操殺生之柄。課羣臣之能者也。此人主之所執也。法者。憲令著於官府。刑罰必於民心。賞存乎愼法。而罰加乎姦令者也。此臣之所師也。君無術則弊於上。臣無法則亂於下。此不可一無。皆帝王之具也。

問者曰。徒術而無法。徒法而無術。其不可何哉。對曰。申不害。韓昭侯之佐也。韓者。晉之別國也。晉之故法未息。而韓之新法又生。先君之令未收。而後君之令又下。申不害不擅其法。不一其憲令。則姦多。故利在故法前令則道之。利在新法後令則道之。利在故新相反。前後相悖。則申不害雖十使昭侯用術。而姦臣猶有所譎其辭矣。故託萬乘之勁韓。七十年而不至於霸王者。雖用術於上。法不勤飾於官之患也。公孫鞅之治秦也。設告相坐而責其實。連什伍而同其罪。賞厚而信。刑重而必。是以其民用力勞而不休。逐敵危而不卻。故其國富而兵强。然而無術以知姦。則以其富强也。資人臣而已矣。及孝公商君死。惠王卽位。秦法未敗也。而張儀以秦殉韓魏。惠王死。武王卽位。甘茂以秦殉周。武王死。昭襄王卽位。穰侯越韓魏而東攻齊。五年而秦不益尺土之地。乃城其陶邑之封。應侯攻韓八年。城其汝南之封。自是以來。諸用秦者。皆應穰之類也。故戰勝則大臣尊。益地則私封立。主無術以知姦也。商君雖十飾其法。人臣反用其資。故乘强秦之資。數十年而不至於帝王者。法雖勤飾於官。主無術於上之患也。

問者曰。主用申子之術。而官行商君之法。可乎。對曰。申子未盡於術。商君亦未盡於法也。申子言治不踰官。雖知弗言。治不踰官。謂之守職可也。知而弗言。是謂過也。人主以一國目視。故視莫明焉。以一國耳聽。故聽莫聰焉。今知而弗言。則人主尚安假借矣。商君之法曰。斬一首者爵一級。欲爲官者爲五十石之官。斬二首者爵二級。欲爲官者爲百石之官。官爵之遷。與斬首之功相稱也。今有法曰。斬首者令爲醫匠。則屋不成而病不已。夫匠者手巧也。而醫者齊藥也。而以斬首之功爲之。則不當其能。今治官者。智能也。今斬首者。勇力之所加也。以勇力之所加。而治智能之官。是以斬首之功爲醫匠也。故曰二子之於法術。皆未盡善也。

五蠹

上古之世。人民少而禽獸衆。人民不勝禽獸蟲蛇。有聖人作。構木爲巢。以避羣害。而民悅之。使王天下。號曰有巢氏。民食果蓏蜯蛤。腥臊惡臭。而傷害腹胃。民多疾病。有聖人作。鑽燧取火。以化腥臊。而民悅之。使王天下。號之曰燧人氏。中古之世。天下大水。而鯀禹決瀆。近古之世。桀紂暴亂。而湯武征伐。今有構木鑽燧於夏后氏之世者。必爲鯀禹笑矣。有決瀆於殷周之世者。必爲湯武笑矣。然則今有美堯舜湯武禹之道於當今之世者。必爲新聖笑矣。是以聖人不期修古。不法常可。論世之事。因爲之備。宋人有耕田者。田中有株。兎走觸株。折頸而死。因釋其耒而守株。冀復得兎。兎不可復得。而身爲宋國笑。今欲以先王之政。治當世之民。皆守株之類也。古者丈夫不耕。草木之實足食也。婦女不織。禽獸之皮足衣也。不事力而養足。人民少而財有餘。故民不爭。是以厚賞不行。重罰不用。而民自治。今人有五子不爲多。子又有五子。大父未死而有二十五孫。是以人民衆而貨財寡。事力勞而供養薄。故民爭。雖倍賞累罰而不免於亂。堯之王天下也。茅茨不翦。采椽不斲。糲粢之食。藜藿之羹。冬日麑裘夏日葛衣。雖監門之服養。不虧於此矣。禹之王天下也。身執耒臿以爲民先。股無胈。脛不生毛。雖臣虜之勞不苦於此矣。以是言之。夫古之讓天子者。是去監門之養。而離臣虜之勞也。故傳天下而不足多也。今之縣令。一日身死。子孫累世絜駕。故人重之。是以人之於讓也。輕辭古之天子。難去今之縣令者。薄厚之實異也。夫山居而谷汲者。膢臘而相遺以水。澤居苦水者。買庸而決竇。故饑歲之春。幼弟不饟。穰歲之秋。疏客必食。非疏骨肉愛過客也。多少之心異也。是以古之易財。非仁也。財多也。今之爭奪。非鄙也。財寡也。輕辭天子。非高也。勢薄也。重爭士橐。非下也。權重也。故聖人議多少。論薄厚。爲之政。故罰薄不爲慈。誅嚴不爲戾。稱俗而行也。故事因於世。而備適於事。古者文王處豐鎬之間。地方百里。行仁義而懷西戎。遂王天下。徐偃王處漢東地方五百里。行仁義割地而朝者三十有六國。荆文王恐其害己也。舉兵伐徐。遂滅之。故文王行仁義而王天下。偃王行仁義而喪其國。是仁義用於古不用於今也。故曰。世異則事異。當舜之時。有苗不服。禹將伐之。舜曰不可。上德不厚而行武。非道也。乃修敎三年。執干戚舞。有苗乃服。共工之戰。鐵銛短者及乎敵。鎧甲不堅者傷乎體。是干戚用於古。不用於今也。故曰事異則備變。上古競於道德。中世逐於智謀。當今爭於氣力。齊將攻魯。魯使子貢說之。齊人曰。子言非不辯也。吾所欲者土地也。非斯言所謂也。遂舉兵伐魯。去門十里以爲界。故偃王仁義而徐亡。子貢辯智而魯削。以是言之。夫仁義辯智。非所以持國也。去偃王之仁。息子貢之智。循徐魯之力。使敵萬乘。則齊荆之欲。不得行於二國矣。

夫古今異俗。新故異備。如欲以寬緩之政。治急世之民。猶無轡策而御駻馬。此不知之患也。今儒墨皆稱先王兼愛天下。則視民如父母之愛其子。何以明其然也。曰司寇行刑。君爲之不舉樂。聞死刑之報。君爲流涕。此所舉先王也。夫以君臣爲如父子則必治。推是言之。是無亂父子也。人之情性。莫先於父母。皆見愛而未必治也。雖厚愛矣。奚遽不亂。今先王之愛民不過父母之愛子。子未必不亂也。則民奚遽治哉。且夫以法行刑。而君爲之流涕。此以效仁。非以爲治也。夫垂泣不欲刑者。仁也。然而不可不刑者。法也。先王勝其法。不聽其泣。則仁之不可以爲治亦明矣。且民者固服於勢。寡能懷於義。仲尼。天下聖人也。修行明道。以游海內。

海內說其仁。美其義。而爲服役者七十人。蓋貴仁者寡。能義者難也。故以天下之大。而爲服役者七十人。而仁義者一人。魯哀公。下主也。南面君國。境內之民。莫敢不臣。民者固服於勢。勢誠易以服人。故仲尼反爲臣。而哀公顧爲君。仲尼非懷其義。服其勢也。故以義則仲尼不服於哀公。乘勢則哀公臣仲尼。今學者之說人主也。不乘必勝之勢。而務行仁義。則可以王。是求人主之必及仲尼。而以世之凡民。皆如列徒。此必不得之數也。今有不才之子。父母怒之弗爲改。鄉人譙之弗爲動。師長教之弗爲變。夫以父母之愛。鄉人之行。師長之智。三美加焉。而終不動其脛毛。不改其毫髮。州部之吏。操官兵。推公法。而求索姦人。然後恐懼。變其節。易其行矣。故父母之愛。不足以教子。必待州部之嚴刑者。民固驕於愛。聽於威矣。故十仞之城。樓季弗能踰者。峭也。千仞之山。跛牂易牧者。夷也。故明主峭其法。而嚴其刑也。布帛尋常。庸人不釋。鑠金百鎰。盜跖不掇。不必害。則不釋尋常。必害手。則不掇百鎰。故明主必其誅也。是以賞莫如厚而信。使民利之。罰莫如重而必。使民畏之。法莫如一而固。使民知之。故主施賞不遷。行誅無赦。譽輔其賞。毀隨其罰。則賢不肖俱盡其力矣。今則不然。以其有功也。爵之。而卑其士官也。以其耕作也。賞之。而少其家業也。以其不收也。外之。而高其輕世也。以其犯禁罪之。而多其有勇也。毀譽賞罰之所加者。相與悖繆也。故法禁壞。而民愈亂。今兄弟被侵。必攻者。廉也。知友被辱。隨仇者。貞也。貞廉之行成。而君上之法犯矣。人主尊貞廉之行。而忘犯禁之罪。故民程於勇。而吏不能勝也。不事力而衣食。則謂之能。不戰功而尊。則謂之賢。賢能之行成。而兵弱而地荒矣。人主說賢能之行。而忘兵弱地荒之禍。則私行立而公利滅矣。儒以文亂法。俠以武犯禁。而人主兼禮之。此所以亂也。夫離法者罪。而諸先生以文學取。犯禁者誅。而羣俠以私劍養。故法之所非。君之所取。吏之所誅。上之所養也。法趣上下四方相反也。而無所定。雖有十黃帝不能治也。故行仁義者非所譽。譽之則害功。工文學者非所用。用之則亂法。楚之有直躬。其父竊羊而謁之吏。令尹曰殺之。以爲直於君而曲於父。報而罪之。以是觀之。夫君之直臣。父之暴子也。魯人從君戰。三戰三北。仲尼問其故。對曰吾有老父。身死莫之養也。仲尼以爲孝。舉而上之。以是觀之。夫父之孝子。君之背臣也。故令尹誅而楚姦不上聞。仲尼賞而魯民易降北。上下之利。若是其異也。而人主兼舉匹夫之行。而求致社稷之福。必不幾矣。古者蒼頡之作書也。自環者謂之私。背私謂之公。公私之相背也。乃蒼頡固以知之矣。今以爲同利者。不察之患也。然則爲匹夫計者。莫如修行義而習文學。行義修則見信。見信則受事。文學習則爲明師。爲明師則顯榮。此匹夫之美也。然則無功而受事。無爵而顯榮。爲政如此。則國必亂。主必危矣。故不相容之事。不兩立也。斬敵者受賞。而高慈惠之行。拔城者受爵祿。而信廉愛之說。堅甲厲兵以備難。而美薦紳之飾。富國以農。距敵恃卒。而貴文學之士。廢敬上畏法之民。而養遊俠私劍之屬。舉行如此。治強不可得也。國平養儒俠難至。用介士。所利非所用。所用非所利。是故服事者簡其業。而遊學者日衆。是世之所以亂也。且世之所謂賢者。貞信之行也。所謂智者。微妙之言也。微妙之言。上智之所難知也。今爲衆人法。而以上智之所難知。則民無從識之矣。故糟糠不飽者。不務粱肉。短褐不完者。不待文繡。夫治世之事。急者不得。則緩者非所務也。今所治之政。民間之事。夫婦所明知者不用。而慕上知之論。則其於治反矣。故微妙之言。非民務也。若夫賢良貞信之行者。必待貴不欺之士。貴不欺之士者。亦無不可欺之術也。布衣相與交。無富厚以相利。無威勢以相懼也。故求不欺之士。今人主處制人之勢。有一國之厚。重賞嚴誅。得操其柄。以修明術之所燭。雖有田常子罕之臣。不敢欺也。奚待於不欺之士。今貞信之士。不盈於十。而境內之官以百數。必任貞信之士。則人不足官。人不足官。則治者寡而亂者衆矣。故明主之道。一法而不求智。固術而不慕信。故法不敗。而羣官無姦詐矣。今人主之於言也。說其辯而不求其當焉。其用於行也。美其聲而不責其功焉。是以天下之衆。其談言者。務爲辯而不周於用。故舉先王言仁義者盈廷。而政不免於亂。行身者競於爲高。而不合於功。故智士退處巖穴。歸祿不受。而兵不免於弱。政不免於亂。此其故何也。民之所譽。上之所禮。亂國之術也。今境內之民皆言治。藏商管之法者家有之。而國愈貧。言耕者衆。執耒者寡也。境內皆言兵。藏孫吳之書者家有之。而兵愈弱。言戰者多。被甲者少也。故明主用其力。不聽其言。賞其功。必禁無用。故民盡死力以從其上。夫耕之用力也勞。而民爲之者。曰可得以富也。戰之事也危。而民爲之者。曰。可得以貴也。今修文學。習言談。則無耕之勞而有富之實。無戰之危而有貴之尊。則人孰不爲也。是以百人事智而一人用力。事智者衆則法敗。用力者寡則國貧。此世之所以亂也。故明主之國。無書簡之文。以法爲敎。無先生之語。以吏爲師。無私劍之捍。以斬首爲勇。是境內之民。其言談者必軌於法。動作者歸之於功。爲勇者盡之於軍。是故無事則國富。有事則兵强。此之謂王資。旣畜王資而承敵國之釁。超五帝侔三王者。必此法也。今則不然。士民縱恣於內。言談者爲勢於外。外內稱惡。以待强敵。不亦殆乎。故羣臣之言外事者。非有分於從衡之黨。則有讎仇之忠。而借力於國也。從者合衆弱以攻一强也。而衡者事一强以攻衆弱也。皆非所以持國也。今人臣之言衡者。皆曰不事大則遇敵受禍矣。事大未必有實。則舉圖而委地。效璽而請兵矣。獻圖則地削。效璽則名卑。地削則國削。名卑則政亂矣。事大爲衡。未見其利也。而亡地亂政矣。人臣之言從者。皆曰不救小而伐大則失天下。失天下則國危。國危而主卑。救小未必有實。則起兵而敵大矣。救小未必能存。而交大未必不有疏。有疏則爲强國制矣。出兵則軍敗。退守則城拔。救小爲從。未見其利。而亡地敗軍矣。是故事强則以外權士官於內。救小則以內重求利於外。國利未立。封土厚祿至矣。主上雖卑。人臣尊矣。國地雖削。私家富矣。事成則以權長重。事敗則以富退處。人主之聽說於其臣。事未成則爵祿已尊矣。事敗而弗誅。則遊說之士。孰不爲用矰繳之說。而徼倖其後。故破國亡主。以聽言談者之浮說。此其故何也。是人君不明乎公私之利。不察當否之言。而誅罰不必其後也。皆曰外事大可以王。小可以安。夫王者能攻人者也。而安則不可攻也。强則能攻人者也。治則不可攻也。治强不可責於外。內政之有也。今不行法術於內。而事智於外。則不至於治强矣。鄙諺曰長袖善舞。多錢善賈。此言多資之易爲工也。故治强易爲謀。弱亂難爲計。故用於秦者十變而謀希失。用於燕者。一變而計希得。非用於秦者必智。用於燕者必愚也。蓋治亂之資異也。故周去秦爲從。朞年而舉。衞離魏爲衡。半歲而亡。是周滅於從。衞亡於衡也。使周衞緩其從衡之計。而嚴其境內之治。明其法禁。必其賞罰。盡其地力。以多其積。致其民死。以堅其城守。天下得其地則其利少。攻其國則其傷大。萬乘之國莫敢自頓於堅城之下。而使强敵裁其弊也。此必不亡之術也。舍必不亡之術。而道必滅之事。治國者之過也。智困於外。而政亂於內。則亡不可振也。民之故計。皆就安利。皆辟危窮。今爲之攻戰。進則死於敵。退則死於誅。則危矣。棄私家之事。而必汗馬之勞。家困而上弗論。則窮矣。窮危之所在也。民安得勿避。故事私門而完解舍。解舍完則遠戰。遠戰則安。行貨賂而襲當塗者則求得。求得則私安。私安則利之所在。安得勿就。是以公民少而私人衆矣。夫明王治國之政。使其商工遊食之民少而名卑。以寡趣本務而趨末作。今世近習之請行。則官爵可買。官爵可買。則商工不卑也矣。姦財貨賈得用於市。則商人不少矣。聚斂倍農而致尊過耕戰之士。則耿介之士寡而高價之民多矣。是故亂國之俗。其學者則稱先王之道以籍仁義。盛容服而飾辯說。以疑當世之法而貳人主之心。其言談者。爲設詐稱。借於外力。以成其私。而遺社稷之利。其帶劍者。聚徒屬立節操以顯其名。而犯五官之禁。其患御者。積於私門。盡貨賂而用重人之謁。退汗馬之勞。其商工之民。修治苦窳之器。聚弗靡之財。蓄積待時。而侔農夫之利。此五者。邦之蠹也。人主不除此五蠹之民。不養耿介之士。則海內雖有破亡之國。削滅之朝。亦勿怪矣。

顯學

世之顯學。儒墨也。儒之所至。孔丘也。墨之所至。墨翟也。自孔子之死也。有子張之儒。有子思之儒。有顏氏之儒。有孟氏之儒。有漆雕氏之儒。有仲良氏之儒。有孫氏之儒。有樂正氏之儒。自墨子之死也。有相里氏之墨。有相夫氏之墨。有鄧陵氏之墨。故孔墨之後。儒分爲八。墨離爲三。取舍相反不同。而皆自謂眞孔墨。孔墨不可復生。將誰使定後世之學乎。孔子墨子俱道堯舜。而取舍不同。皆自謂眞堯舜。堯舜不復生。將誰使定儒墨之誠乎。殷周七百餘歲。虞夏二千餘歲。而不能定儒墨之眞。今乃欲審堯舜之道於三千歲之前。意者其不可必乎。無參驗而必之者。愚也。弗能必而據之者。誣也。故明據先王。必定堯舜者。非愚則誣也。愚誣之學。雜反之行。明主弗受也。墨者之葬也。冬日冬服。夏日夏服。桐棺三寸。服喪三月。世以爲儉而禮之。儒者破家而葬。服喪三年。大毀扶杖。世主以爲孝而禮之。夫是墨子之儉。將非孔子之侈也。是孔子之孝。將非墨子之戾也。今孝戾侈儉俱在儒墨。而上兼禮之。漆雕之議。不色撓。不目逃。行曲則違於臧獲。行直則怒於諸侯。世主以爲廉而禮之。宋榮子之議。設不鬭爭。取不隨仇。不羞囹圄。見侮不辱。世主以爲寬而禮之。夫是漆雕之廉。將非宋榮之恕也。是宋榮之寬。將非漆雕之暴也。今寬廉恕暴俱在二子。人主兼而禮之。自愚誣之學。雜反之辭爭。而人主俱聽之。故海內之士。言無定術。行無常議。夫冰炭不同器而久。寒暑不兼時而至。雜反之學不兩立而治。今兼聽雜學繆行同異之辭。安得無亂乎。聽行如此。其於治人又必然矣。今世之學士語治者。多曰。與貧窮地以實無資。今夫與人相若也。無豐年旁入之利而獨以完給者。非力則儉也。與人相若也。無饑饉疾疚禍罪之殃。獨以貧窮者。非侈則惰也。侈而惰者貧。而力而儉者富。今上徵斂於富人。以布施於貧家。是奪力儉而與侈惰也。而欲索民之疾作而節用。不可得也。今有人於此。義不入危城。不處軍旅。不以天下大利易其脛一毛。世主必從而禮之。貴其智而高其行。以爲輕物重生之士也。夫上所以陳良田大宅。設爵祿。所以易民死命也。今上尊貴輕物重生之士。而索民之出死而重殉上事。不可得也。藏書策。習談論。聚徒役。服文學而議說。世主必從而禮之。曰。敬賢士。先王之道也。夫吏之所稅。耕者也。而上之所養。學士也。耕者則重稅。學士則多賞。而索民之疾作而少言談。不可得也。立節參明。執操不侵。怨言過於耳。必隨之以劍。世主必從而禮之。以爲自好之士。夫斬首之勞不賞。而家鬭之勇尊顯。而索民之疾戰距敵而無私鬭。不可得也。國平則養儒俠。難至則用介士。所養者非所用。所用者非所養。此所以亂也。且夫人主之於聽學也。若是其言。宜布之官而用其身。若非其言。宜去其身而息其端。今以爲是也而弗布於官。以爲非也而不息其端。是而不用。非而不息。亂亡之道也。澹臺子羽。君子之容也。仲尼幾而取之。與處久而行不稱其貌。宰予之辭。雅而文也。仲尼幾而取之。與處久而智不充其辯。故孔子曰。以容取人乎。失之子羽。以言取人乎。失之宰予。故以仲尼之智而有失實之聲。今之新辯濫乎宰予。而世主之聽。眩乎仲尼。爲悅其言。因任其身。則焉得無失乎。是以魏任孟卯之辯。而有華下之患。趙任馬服之辯。而有長平之禍。此二者任辯之失也。夫視鍛錫而察靑黃。區冶不能以必劍。水擊鵠雁。陸斷駒馬。則臧獲不疑鈍利。發齒吻形容。伯樂不能以必馬。授車就駕。而觀其末塗。則臧獲不疑駑良。觀容服。聽辭言。仲尼不能以必士。試之官職。課其功伐。則庸人不疑於愚智。故明主之吏。宰相必起於州部。猛將必發於卒伍。夫有功者必賞。則爵祿厚而愈勸。遷官襲級。則官職大而愈治。夫爵祿大而官職治。王之道也。磐石千里。不可謂富。象人百萬。不可謂强。石非不大。數非不衆也。而不可謂富强者。磐石不生粟。象人不可使距敵也。今商官技藝之士。亦不墾而食。是地不墾。與磐石一貫也。儒俠毋軍勞而顯榮者。則民不使。與象人同事也。夫知禍磐石象人。而不知禍商官儒俠。爲不墾之地。不使之民。不知事類者也。故敵國之君王雖說吾義。吾弗入貢而臣。關內之侯雖非吾行。吾必使執禽而朝。是故力多則人朝。力寡則朝於人。故明君務力。夫嚴家無悍虜。而慈母有敗子。吾以此知威勢之可以禁暴。而德厚之不足以止亂也。夫聖人之治國。不恃人之爲吾善也。而用其不得爲非也。恃人之爲吾善也。境內不什數。用人不得爲非。一國可使齊。爲治者用衆而舍寡。故不務德而務法。夫必恃自直之箭。百世無矢。恃自圜之木。千世無輪矣。自直之箭。自圜之木。百世無有一。然而世皆乘車射禽者何也。隱括之道用也。雖有不恃隱括而有自直之箭。自圜之木。良工弗貴也。何則。乘者非一人。射者非一發也。不恃賞罰而恃自善之民。明主弗貴也。何則。國法不可失。而所治非一人也。故有術之君。不隨適然之善。而行必然之道。今或謂人曰。使子必智而壽。則世必以爲狂。夫智性也。壽命也。性命者。非所學於人也。而以人之所不能爲說人。此世之所以謂之爲狂也。謂之不能然。則是諭也。夫諭性也。以仁義教人。是以智與壽說人也。有度之主弗受也。故善毛嬙西施之美。無益吾面。用脂澤粉黛。則倍其初。言先王之仁義。無益於治。明吾法度。必吾賞罰者。亦國之脂澤粉黛也。故明主急其助而緩其頌。故不道仁義。今巫祝之祝人曰。使若千秋萬歲。千秋萬歲之聲聒耳。而一日之壽無徵於人。此人所以簡巫祝也。今世儒者之說人主。不言今之所以爲治。而語已治之功。不審官法之事。不察姦邪之情。而皆道上古之傳譽。先王之成功。儒者飾辭曰。聽吾言則可以霸王。此說者之巫祝。有度之主不受也。故明主舉實事。去無用。不道仁義。故不聽學者之言。今不知治者必曰得民之心。欲得民之心而可以為治。則是伊尹管仲無所用也。將聽民而已矣。民智之不可用。猶嬰兒之心也。夫嬰兒不剔首則復痛。不揊痤則寖益。剔首揊痤。必一人抱之。慈母治之。然猶啼呼不止。嬰兒子不知犯其所小苦。致其所大利也。今上急耕田墾草。以厚民產也。而以上為酷。修刑重罰。以為禁邪也。而以上為嚴。徵賦錢粟。以實倉庫。且以救饑饉。備軍旅也。而以上為貪。境內教戰陣。閱士卒。并力疾鬬。所以禽虜也。而以上為暴。此四者所以治安也。而民不知悅也。夫求聖通之士者。為民智之不足師用。昔禹決江濬河。而民聚瓦石。子產開畝樹桑。鄭人謗訾。禹利天下。子產存鄭。皆以受謗。夫民智之不足用亦明矣。故舉士而求賢智。為政而期適民。皆亂之端。未可與為治也。

右法家書三種　吾國古代法家之說。言法理法治之意者居半。言行政經邦之事者亦居半。近人或據其後半。以為屬於政治。遂創言古無法家。不亦誣乎。管商二子。事業本顯。說亦彪炳。書中間有言及身後事者。大抵為後學所追錄附益。不能即斷其全書為依託也。韓非述二子之志。兼涉儒道之學。著書自見。其持論綜核。博辨過於二子。其書亦少依託。乃法家之大宗。不僅李斯自以為弗如也。

諸子治要卷一

諸子十七種

公孫龍子

周公孫龍撰。龍趙人。爲平原君客。好爲堅白同異之辨。所著漢志載十四篇。今存六篇。大旨與墨子小取諸篇相發明。而詼詭其說。務以求勝。孔穿斥爲詞勝於理者。然其議論縱橫。窮極至微。可喜可觀者。亦時有之。是在學者之自擇耳。

跡府

公孫龍。六國時辯士也。疾名實之散亂。因資材之所長。爲守白之論。假物取譬。以守白辯。謂白馬爲非馬也。白馬爲非馬者。言白所以名色。言馬所以名形也。色非形。形非色也。夫言色則形不當與。言形則色不宜從。今合以爲物。非也。如求白馬於廄中。無有。而有驪色之馬。然不可以應有白馬也。不可以應有白馬。則所求之馬亡矣。亡則白馬竟非馬。欲推是辯。以正名實而化天下焉。龍與孔穿會趙平原君家。穿曰。素聞先生高誼。願爲弟子久。但不取先生以白馬爲非馬耳。請去此術。則穿請爲弟子。龍曰。先生之言悖。龍之所以爲名者。乃以白馬之論爾。今使龍去之。則無以教焉。且欲師之者。以智與學不如也。今使龍去之。此先教而後師之也。先教而後師之者悖。且白馬非馬。乃仲尼之所取。龍聞楚王張繁弱之弓。載忘歸之矣。以射蛟兕於雲夢之圃。而喪其弓。左右請求之。王曰。止。楚王遺弓。楚人得之。又何求乎。仲尼聞之曰。楚王仁義而未遂也。亦曰人亡弓人得之而已。何必楚。若此。仲尼異楚人於所謂人。夫是仲尼異楚人於所謂人。而非龍異白馬於所謂馬。悖。先生修儒術而非仲尼之所取。欲學而使龍去所敎。則雖百龍。固不能當前矣。孔穿無以應焉。公孫龍趙平原君之客也。孔穿孔子之葉也。穿與龍會。穿謂龍曰。臣居魯。側聞下風。高先生之智。說先生之行。願受業之日久矣。乃今得見。然所不取先生者。獨不取先生之以白馬爲非馬耳。請去白馬非馬之學。穿請爲弟子。公孫龍曰。先生之言悖。龍之學以白馬爲非馬者也。使龍去之。則龍無以敎。無以敎而乃學於龍也者。悖。且夫欲學於龍者。以智與學焉爲不逮也。今敎龍去白馬非馬。是先敎而後師之也。先敎而後師之。不可。先生之所以敎龍者。似齊王之謂尹文也。齊王之謂尹文曰。寡人甚好士。以齊國無士。何也。尹文曰。願聞大王之所謂士者。齊王無以應。尹文曰。今有人於此。事君則忠。事親則孝。交友則信。處鄉則順。有此四行。可謂士乎。齊王曰。善。此眞吾所謂士也。尹文曰。王得此人。肯以爲臣乎。王曰。所願而不可得也。是時齊王好勇。於是尹文曰。使此人廣庭大衆之中。見侵侮而終不敢鬬。王將以爲臣乎。王曰。鉅士也。見侮而不鬬。辱也。辱則寡人不以爲臣矣。尹文曰。唯見侮而不鬬。未失其四行也。是人未失其四行。其所以爲士也。然而王一以爲臣。一不以爲臣。則向之所謂士者。乃非士乎。齊王無以應。尹文曰。

今有人君將理其國。人有非則非之。無非則亦非之。有功則賞之。無功則亦賞之而怨人之不理也。可乎。齊王曰。不可。尹文曰。臣竊觀下吏之理齊。其方若此矣。王曰。寡人理國信若先生之言。人雖不理。寡人不敢怨也。意未至然與。尹文曰。言之敢無說乎。王之令曰。殺人者死。傷人者刑。人有畏王之令者。見侮而終不敢鬬。是全王之令也。而王曰。見侮而不鬬者。辱也。謂之辱。非之也。無非而王辱之。故因除其籍。不以爲臣也。不以爲臣者。罰之也。此無罪而王罰之也。且王辱不敢鬬者。必榮敢鬬者也。榮敢鬬者。是。而王是之。必以爲臣矣。必以爲臣者。賞之也。彼無功而王賞之。王之所賞。吏之所誅也。上之所是。而法之所非也。賞罰是非。相與四謬。雖十黃帝。不能理也。齊王無以應焉。故龍以子之言有似齊王。子知難白馬之非馬。不知所以難之說。以此猶知好士之名。而不知察士之類。

白馬論

白馬非馬。可乎。曰。可。曰。何哉。曰。馬者。所以命形也。白者。所以命色也。命色者。非命形也。故曰白馬非馬。曰。有白馬。不可謂無馬也。不可謂無馬者。非馬也。有白馬爲有白馬之非馬。何也。曰。求馬。黃黑馬皆可致。求白馬。黃黑馬不可致。使白馬乃馬也。是所求一也。所求一者。白者不異馬也。所求不異。如黃黑馬有可有不可。何也。可與不可。其相非明。故黃黑馬一也。而可以應有馬。而不可以應有白馬。是白馬之非馬。審矣。曰。以馬之有色爲非馬。天下非有無色之馬也。天下無馬。可乎。曰。馬固有色。故有白馬。使馬無色。有馬而已耳。安取白馬。故白者非馬也。白馬者。馬與白也。馬與白馬也。故曰白馬非馬也。曰。馬未與白為馬。白未與馬為白。合馬與白。復名白馬。是相與以不相與為名。未可。故曰白馬非馬未可。曰。以有白馬為有馬。謂有白馬為有黃馬可乎。曰。未可。曰。以有馬為異有黃馬。是異黃馬於馬也。異黃馬於馬。是以黃馬為非馬。以黃馬為非馬。而以白馬為有馬。此飛者入池而棺槨異處。此天下之悖言亂辭也。曰。有白馬不可謂無馬者。離白之謂也。是離者有白馬不可謂有馬也。故所以為有馬者。獨以馬為有馬耳。非以白馬為有馬。故其為有馬也。不可以謂馬馬也。曰。白者不定所白。忘之而可也。白馬者。言白定所白也。定所白者。非白也。馬者。無去取於色。故黃黑皆所以應。白馬者。有去取於色。黃黑馬皆所以色去。故唯白馬獨可以應耳。無去者非有去也。故曰白馬非馬。

堅白論

堅白石三。可乎。曰。不可。曰。二可乎。曰。可。曰。何哉。曰。無堅得白。其舉也二。無白得堅。其舉也二。曰。得其所白。不可謂無白。得其所堅。不可謂無堅。而之石也之於然也。非三也。曰。視不得其所堅。而得其所白者。無堅也。拊不得其所白。而得其所堅。得其堅也。無白也。曰。天下無白。不可以視石。天下無堅。不可以謂石。堅白石不相外。藏三可乎。曰。有自藏也。非藏而藏也。曰。其白也。其堅也。而石必得以相盛盈。其自藏奈何。曰。得其白。得其堅。見與不見離。不見離。一一不相盈。故離。離也者。藏也。曰。石之白。石之堅。見與不見。二與三。若廣修而相盈也。其非舉乎。曰。物白焉。不定其所白。物堅焉。不定其所堅。不定者兼。惡乎其石也。曰。循石。非彼無石。非石無所取乎白石。不相離者。固乎然。其無已。曰。於石一也。堅白二也。而在於石。故有知焉。有不知焉。有見焉。有不見焉。故知與不知相與離。見與不見相與藏。藏故。孰謂之不離。曰。目不能堅。手不能白。不可謂無堅。不可謂無白。其異任也。其無以代也。堅白域於石。惡乎離。曰。堅未與石爲堅。而物兼。未與爲堅。而堅必堅。其不堅石物而堅。天下未有若堅。而堅藏。白固不能自白。惡能白石物乎。若白者必白。則不白物而白焉。黃黑與之然。石其無有。惡取堅白石乎。故離也。離也者。因是。力與知果。不若因是。且猶白以目。以火見。而火不見。則火與目不見。而神見。神不見。而見離。堅以手。而手以捶。是捶與手知而不知。而神與不知。神乎。是之謂離焉。離也者天下。故獨而正。

右名家書一種　近人謂名者乃諸子治學共有之事。不宜自爲一家。然考莊子天下篇稱述名家淵源。固以惠施桓團公孫龍輩相聚爲言。七略因之而立名家一流。則名家之稱由來已古。非他家所能包容也。第自漢以還。名家之書大半散亡。所餘公孫龍子一卷。較爲完整。而亦不能盡解。今姑錄之。以備一家之說而已。（名家之學。除公孫龍子外。若墨子大小取經經說上下諸篇。荀子正名篇及莊子天下篇等。其書雖不隸於名家。然或爲名家之遺說。或爲關於名學之論著。本編已多采錄。分見各家原著之中。學者試取而合參之。其精邃處蓋不少有過於龍賓者。)

諸子治要卷一

諸子十七種

墨子

舊本題周墨翟撰。翟宋人。一說魯人。書中多稱子墨子曰。當爲其門人所記。其書大略可分爲三類。第一類爲兼愛節用貴義公孟等篇。乃墨家學說宗旨。第二類爲大取小取經上下經說上下數篇。乃名家議論。或謂卽莊子天下篇所稱別墨所作。第三類爲備城門以下諸篇。皆兵家言。蓋史言墨子善守。故相傳以爲墨家遺說。本編所錄。以第一類爲主。第三類不錄。第二類僅選小取一篇。若經與經說上下。雖富有名理。惜多殘缺。近人始有爲之校釋者。可取以參閱。今難備錄。

法儀

子墨子曰。天下從事者。不可以無法儀。無法儀而其事能成者。無有也。雖至士之爲將相者皆有法。雖至百工從事者。亦皆有法。百工爲方以矩。爲圓以規。直以繩。正以縣。無巧工不巧工。皆以此五者爲法。巧者能中之。不巧者雖不能中。放依以從事。猶逾己。故百工從事。皆有法所度。今大者治天下。其次治大國。而無法所度。此不若百工辯也。然則奚以爲治法而可。當皆法其父母奚若。天下之爲父母者衆。而仁者寡。若皆法其父母。此法不仁也。法不仁。不可以爲法。當皆法其學奚若。天下之爲學者衆。而仁者寡。若皆法其學。此法不仁也。法不仁。

不可以爲法當皆法其君奚若天下之爲君者衆而仁者寡若皆法其君此法不仁也法不仁不可以爲法故父母學君三者莫可以爲治法然則奚以爲治法而可故曰莫若法天天之行廣而無私其施厚而不德其明久而不衰故聖王法之既以天爲法動作有爲必度於天天之所欲則爲之天所不欲則止然而天何欲何惡者也天必欲人之相愛相利而不欲人之相惡相賊也奚以知天之欲人之相愛相利而不欲人之相惡相賊也以其兼而愛之兼而利之也奚以知天兼而愛之兼而利之也以其兼而有之兼而食之也今天下無大小國皆天之邑也人無幼長貴賤皆天之臣也以此莫不芻牛羊豢犬豬絜爲酒醴粢盛以敬事天此不爲兼而有之兼而食之邪天苟兼而有食之夫奚說以不欲人之相愛相利也故曰愛人利人者天必福之惡人賊人者天必禍之曰殺不辜者得不祥焉夫奚說人爲其相殺而天與禍乎是以知天欲人相愛相利而不欲人相惡相賊也昔之聖王禹湯文武兼愛天下之百姓率以尊天事鬼其利人多故天福之使立爲天子天下諸侯皆賓事之暴王桀紂幽厲兼惡天下之百姓率以詬天侮鬼其賊人多故天禍之使遂失其國家身死爲僇於天下後世子孫毀之至今不息故爲不善以得禍者桀紂幽厲是也愛人利人以得福者禹湯文武是也愛人利人以得福者有矣惡人賊人以得禍者亦有矣

辭過

子墨子曰。古之民未知爲宮室時。就陵阜而居。穴而處。下潤溼傷民。故聖王作爲宮室。爲宮室之法。曰室高足以辟潤溼。邊足以圉風寒。上足以待雪霜雨露。宮牆之高。足以別男女之禮。謹此則止。凡費財勞力。不加利者。不爲也。以其常役。脩其城郭。則民勞而不傷。以其常正收其租稅。則民費而不病。民所苦者非此也。苦於厚作斂於百姓。是故聖王作爲宮室。便於生。不以爲觀樂也。作爲衣服帶履。便於身。不以爲辟怪也。故節於身。誨於民。是以天下之民可得而治。財用可得而足。當今之主。其爲宮室。則與此異矣。必厚作斂於百姓。暴奪民衣食之財。以爲宮室臺榭曲直之望。青黃刻鏤之飾。爲宮室若此。故左右皆法象之。是以其財不足以待凶饑。振孤寡。故國貧而民難治也。君實欲天下之治。而惡其亂也。當爲宮室不可不節。古之民未知爲衣服時。衣皮帶茭。冬則不輕而溫。夏則不輕而凊。聖王以爲不中人之情。故作誨婦人治絲麻梱布絹。以爲民衣。爲衣服之法。冬則練帛之中。足以爲輕且煖。夏則絺綌之中。足以爲輕且凊。謹此則止。故聖人之爲衣服。適身體和肌膚而足矣。非榮耳目而觀愚民也。當是之時。堅車良馬不知貴也。刻鏤文采不知喜也。何則。其所道之然。故民衣食之財。家足以待旱水凶饑者。何也。得其所以自養之情。而不感於外也。是以其民儉而易治。其君用財節而易贍也。府庫實滿。足以待不然。兵革不頓。士民不勞。足以征不服。故霸王之業可行於天下矣。當今之主。其爲衣服。則與此異矣。冬則輕煗。夏則輕凊。皆已具矣。必厚作斂於百姓。暴奪民衣食之財。以爲錦繡文采靡曼之衣。鑄金以爲鉤。珠玉以爲佩。女工作文采。男工作刻鏤。以爲身服。此非云益煖之情也。單財勞力。畢歸之於無用也。以此觀之。其爲衣服。非爲身體。皆爲觀好。是以其民淫僻而難治。其君奢侈而難諫也。夫以奢侈之君。御淫僻之民。欲國無亂。不可得也。君實欲天下之治而惡其亂。當爲衣服不可不節。古之民未知爲飲食時。素食而分處。故聖人作。誨男耕稼樹藝。以爲民食。其爲食也。足以增氣充虛。彊體適腹而已矣。故其用財節。其自養儉。民富國治。今則不然。厚作斂於百姓。以爲美食芻豢蒸炙魚鼈。大國累百器。小國累十器。前則方丈。目不能徧視。手不能徧操。口不能徧味。冬則凍冰。夏則飾饐。人君爲飲食如此。故左右象之。是以富貴者奢侈。孤寡者凍餒。雖欲無亂。不可得也。君實欲天下之治而惡其亂。當爲飲食不可不節。古之民未知爲舟車時。重任不移。遠道不至。故聖王作爲舟車。以便民之事。其爲舟車也。完固輕利。可以任重致遠。其爲用財少而爲利多。是以民樂而利之。法令不急而行。民不勞而上足用。故民歸之。當今之主。其爲舟車與此異矣。完固輕利皆已具。必厚作斂於百姓。以飾舟車。飾車以文采。飾舟以刻鏤。女子廢其紡織而脩文采。故民寒。男子離其耕稼而脩刻鏤。故民饑。人君爲舟車若此。故左右象之。是以其民饑寒並至。故爲姦衺。姦衺多則刑罰深。刑罰深則國亂。君實欲天下之治而惡其亂。當爲舟車不可不節。凡回於天地之間。包於四海之內。天壤之情。陰陽之和。莫不有也。雖至聖不能更也。何以知其然。聖人有傳。天地也則曰上下。四時也則曰陰陽。人情也則曰男女。禽獸也則曰牡牝雄雌也。眞天壤之情。雖有先王不能更也。雖上世至聖必蓄私。不以傷行。故民無怨。宮無拘女。故天下無寡夫。內無拘女。外無寡夫。故天下之民衆。當今之君其蓄私也。大國拘女累千。小國累百。是以天下之男多寡無妻。女多拘無夫。男女失時。故民少。君實欲民之衆而惡其寡。當蓄私不可不節。凡此五者。聖人之所儉節也。小人之所淫佚也。儉節則昌。淫佚則亡。此五者不可不節。夫婦節而天地和。風雨節而五穀孰。衣服節而肌膚和。

兼愛上

聖人以治天下爲事者也。必知亂之所自起。焉能治之。不知亂之所自起。則不能治。譬之如醫之攻人之疾者然。必知疾之所自起。焉能攻之。不知疾之所自起。則弗能攻。治亂者何獨不然。必知亂之所自起。焉能治之。不知亂之所自起。則弗能治。聖人以治天下爲事者也。不可不察亂之所自起。當察亂何自起。起不相愛。臣子之不孝君父。所謂亂也。子自愛不愛父。故虧父而自利。弟自愛不愛兄。故虧兄而自利。臣自愛不愛君。故虧君而自利。此所謂亂也。雖父之不慈子。兄之不慈弟。君之不慈臣。此亦天下之所謂亂也。父自愛也不愛子。故虧子而自利。兄自愛也不愛弟。故虧弟而自利。君自愛也不愛臣。故虧臣而自利。是何也。皆起不相愛。雖至天下之爲盜賊者亦然。盜愛其室。不愛異室。故竊異室以利其室。賊愛其身。不愛人身。故賊人身以利其身。此何也。皆起不相愛。雖至大夫之相亂家。諸侯之相攻國者亦然。大夫各愛其家。不愛異家。故亂異家以利其家。諸侯各愛其國。不愛異國。故攻異國以利其國。天下之亂物。具此而已矣。察此何自起。皆起不相愛。若使天下兼相愛。愛人若愛其身。猶有不孝者乎。視父兄與君若其身。惡施不孝。猶有不慈者乎。視子弟與臣若其身。惡施不慈。故不孝不慈亡有。猶有盜賊乎。視人之室若其室。誰竊。視人之身若其身。誰賊。故盜賊亡有。猶有大夫之相亂家。諸侯之相攻國者乎。視人家若其家。誰亂。視人國若其國。誰攻。故大夫之相亂家。諸侯之相攻國者亡有。若使天下兼相愛。國與國不相攻。家與家不相亂。盜賊無有。君臣父子皆能孝慈。若此則天下治。故聖人以治天下爲事者。惡得不禁惡而勸愛。故天下兼相愛則治。交相惡則亂。故子墨子曰。不可以不勸愛人者此也。

非攻上

今有一人。入人園圃。竊其桃李。衆聞則非之。上爲政者得則罰之。此何也。以虧人自利也。至攘人犬豕鷄豚者。其不義又甚入人園圃竊桃李。是何故也。以虧人愈多。苟虧人愈多。其不仁茲甚。罪益厚。至入人欄廄取人馬牛者。其不義又甚攘人犬豕鷄豚。此何故也。以其虧人愈多。苟虧人愈多。其不仁茲甚。罪益厚。至殺不辜人也。扡其衣裘取戈劍者。其不義又甚入人欄廄取人馬牛。此何故也。以其虧人愈多。苟虧人愈多。其不仁茲甚矣。罪益厚。當此天下之君子皆知而非之。謂之不義。今至大爲攻國。則弗知非。從而譽之。謂之義。此可謂知義與不義之別乎。殺一人謂之不義。必有一死罪矣。若以此說往。殺十人。十重不義。必有十死罪矣。殺百人百重不義。必有百死罪矣。當此天下之君子。皆知而非之。謂之不義。今至大爲不義攻國。則弗知非。從而譽之。謂之義。情不知其不義也。故書其言以遺後世。若知其不義也。夫奚說書其不義以遺後世哉。今有人於此。少見黑曰黑。多見黑曰白。則必以此人爲不知白黑之辯矣。少嘗苦曰苦。多嘗苦曰甘。則必以此人爲不知甘苦之辯矣。今小爲非。則知而非之。大爲非攻國。則不知非。從而譽之。謂之義。此可謂知義與不義之辯乎。是以知天下之君子辯義與不義之亂也。

非命上 節錄

子墨子言曰。古者王公大人爲政國家者。皆欲國家之富。人民之衆。刑政之治。然而不得富而得貧。不得衆而得寡。不得治而得亂。則是本失其所欲。得其所惡。是故何也。子墨子言曰。執有命者以雜於民間者衆。執有命者之言曰。命富則富。命貧則貧。命衆則衆。命寡則寡。命治則治。命亂則亂。命壽則壽。命夭則夭。命雖强勁何益哉。上以說王公大人。下以駔百姓之從事。故執有命者不仁。故當執有命者之言。不可不明辨。然則明辨此之說將奈何哉。子墨子曰。言必立儀。言而毋儀。譬猶運鈞之上而立朝夕者也。是非利害之辨。不可得而明知也。

故言必有三表。何謂三表。子墨子言曰。有本之者。有原之者。有用之者。於何本之。上本之於古者聖王之事。於何原之。下原察百姓耳目之實。於何用之。廢以爲刑政。觀其中國家百姓人民之利。此所謂言有三表也。然而今天下之士君子。或以命爲有。蓋嘗尙觀於聖王之事。古者桀之所亂。湯受而治之。紂之所亂。武王受而治之。此世未易民未渝。在於桀紂則天下亂。在於湯武則天下治。豈可謂有命哉。然而今天下之士君子。或以命爲有。蓋嘗尙觀於先王之書。先王之書。所以出國家布施百姓者。憲也。先王之憲。亦嘗有曰福不可請而禍不可諱。敬無益。暴無傷者乎。所以聽獄制罪者。刑也。先王之刑。亦嘗有曰福不可請。禍不可諱。敬無益。暴無傷者乎。所以整設師旅進退師徒者。誓也。先王之誓。亦嘗有曰福不可請。禍不可諱。敬無益。暴無傷者乎。昔上世之窮民。貪於飲食。惰於從事。是以衣食之財不足。而飢寒凍餒之憂至。不知曰我罷不肖。從事不疾。必曰我命固且貧。昔上世暴王。不忍其耳目之淫。心志之辟。不順其親戚。遂以亡失國家。傾覆社稷。不知曰我罷不肖。爲政不善。必曰吾命固失之。於仲虺之告曰。我聞於夏人矯天命。布命於下。帝式是惡。龔喪厥師。此言湯之所以非桀之執有命也。於太誓曰。紂夷處。不肎事上帝鬼神。禍厥先神禔不祀。乃曰吾民有命。無僇其務。天亦縱棄之而弗葆。此言武王所以非紂之執有命也。今用執有命者之言。則上不聽治。下不從事。上不聽治。則刑政亂。下不從事。則財用不足。上無以供粢盛酒醴。祭祀上帝鬼神。

下無以降綏天下賢可之士。外無以應待諸侯之賓客。內無以食飢衣寒。持養老弱。故命上不利於天。中不利於鬼。下不利於人。而强執此者。此特凶言之所自生。而暴人之道也。是故子墨子言曰。今天下之士君子。中實欲天下之富而惡其貧。欲天下之治而惡其亂。執有命者之言。不可不非。此天下之大害也。

小取

夫辯者。將以明是非之分。審治亂之紀。明同異之處。察名實之理。處利害。決嫌疑。焉摹略萬物之然。論求羣言之比。以名舉實。以辭抒意。以說出故。以類取。以類予。有諸己不非諸人。無諸己不求諸人。或也者。不盡也。假者。今不然也。效者。爲之法也。所效者。所以爲之法也。故中效則是也。不中效則非也。此效也。譬也者。舉他物而以明之也。侔也者。比辭而俱行也。援也者曰子然。我奚獨不可以然也。推也者。以其所不取之同於其所取者。予之也。是猶謂他者同也。吾豈謂他者異也。夫物有以同而不率遂同。辭之侔也。有所至而止。其然也。有所以然也。其然也同。其所以然不必同。其取之也。有所以取之。其取之也同。其所以取之不必同。是故譬侔援推之辭。行而異。轉而危。遠而失。流而離本。則不可不審也。不可常用也。故言多方。殊類異故。則不可偏觀也。夫物或乃是而然。或是而不然。或一周而一不周。或一是而一非也。白馬。馬也。乘白馬。乘馬也。驪馬。馬也。乘驪馬。乘馬也。獲。人也。愛獲。愛人也。臧。人也。愛臧。愛人也。此乃是而然者也。獲之親。人也。獲事其親。非事人也。其弟。美人也。愛弟。非愛美人也。車。木也。乘車。非乘木也。船。木也。入船。非入木也。盜人。人也。多盜。非多人也。無盜。非無人也。奚以明之。惡多盜。非惡多人也。欲無盜。非欲無人也。世相與共是之。若若是。則雖盜人。人也。愛盜。非愛人也。不愛盜。非不愛人也。殺盜。非殺人也。無難矣。此與彼同類。世有彼而不自非也。墨者有此而衆非之。無他故焉。所謂內膠外閉。與心毋空乎。內膠而不解也。此乃是而不然者也。夫且讀書。非讀書也。好讀書。好書也。且鬬雞。非鬬雞也。好鬬雞。好雞也。且入井。非入井也。止且入井。止入井也。且出門。非出門也。止且出門。止出門也。世相與共是之。若若是。且夭。非夭也。壽夭。夭也。有命。非命也。非執有命。非命也。無難矣。此與彼同類。世有彼而不自非也。墨者有此而衆非之。無他故焉。所謂內膠外閉。與心毋空乎。內膠而不解也。此乃是而不然者也。愛人。待周愛人。而後爲愛人。不愛人。不待周不愛人。不周愛。因爲不愛人矣。乘馬。不待周乘馬。然後爲乘馬也。有乘於馬。因爲乘馬矣。逮至不乘馬。待周不乘馬。而後爲不乘馬。此一周而一不周者也。居於國。則爲居國。有一宅於國。而不爲有國。桃之實。桃也。棘之實。非棘也。問人之病。問人也。惡人之病。非惡人也。人之鬼。非人也。兄之鬼。兄也。祭人之鬼。非祭人也。祭兄之鬼。乃祭兄也。之馬之目眇。則謂之馬眇。之馬之目大。而不謂之馬大。之牛之毛黃。則謂之牛黃。之牛之毛衆。而不謂之牛衆。一馬。馬也。二馬。馬也。馬四足者。一馬而四足也。非兩馬而四足也。馬或白者。二馬而或白也。非一馬而或白。此乃一是而一非者也。

耕柱 節錄

治徒娛縣子碩問於子墨子曰。爲義孰爲大務。子墨子曰。譬若築牆然。能築者築。能實壤者實壤。能欣者欣。然後牆成也。爲義猶是也。能談辯者談辯。能說書者說書。能從事者從事。然後義事成也。巫馬子謂子墨子曰。子兼愛天下。未云利也。我不愛天下。未云賊也。功皆未至。子何獨自是而非我哉。子墨子曰。今有燎者於此。一人奉水將灌之。一人摻火將益之。功皆未至。子何貴於二人。巫馬子曰。我是彼奉水者之意。而非夫摻火者之意。子墨子曰。吾亦是吾意。而非子之意也。巫馬子謂子墨子曰。子之爲義也。人不見而助。鬼不見而富。而子爲之。有狂疾。子墨子曰。今使子有二臣於此。其一人者。見子從事。不見子則不從事。其一人者。見子亦從事。不見子亦從事。子誰貴於此二人。巫馬子曰。我貴其見我亦從事。不見我亦從事者。子墨子曰。然則是子亦貴有狂疾也。葉公子高問政於仲尼曰。善爲政者若之何。仲尼對曰。善爲政者。遠者近之。而舊者新之。子墨子聞之曰。葉公子高未得其問也。仲尼亦未得其所以對也。葉公子高豈不知善爲政者之遠者近之。而舊者新之哉。問所以爲之若之何也。不以人之所不知告人。以所知告之。故葉公子高未得其問也。仲尼亦未得其所以對也。

貴義 節錄

子墨子曰。萬事莫貴於義。今謂人曰。予子冠履而斷子之手足。子爲之乎。必不爲。何故。則冠履不若手足之貴也。又曰。予子天下而殺子之身。子爲之乎。必不爲。何故。則天下不若身之貴也。爭一言以相殺。是義貴於其身也。故曰。萬事莫貴於義也。子墨子自魯卽齊。過故人。謂子墨子曰。今天下莫爲義。子獨自苦而爲義。子不若已。子墨子曰。今有人於此。有子十人。一人耕而九人處。則耕者不可以不益急矣。何故。則食者衆而耕者寡也。今天下莫爲義。則子如勸我者也。何故止我。子墨子曰。凡言凡動。利於天鬼百姓者爲之。凡言凡動。害於天鬼百姓者舍之。凡言凡動。合於三代聖王堯舜禹湯文武者爲之。凡言凡動。合於三代暴王桀紂幽厲者舍之。子墨子曰。世之君子。使之爲一犬一彘之宰。不能則辭之。使爲一國之相。不能而爲之。豈不悖哉。子墨子曰。今瞽曰。豈者白也。黔者黑也。雖明目者無以易之。兼白黑。使瞽取焉。不能知也。故我曰。瞽不知白黑者。非以其名也。以其取也。今天下之君子之名仁也。雖禹湯無以易之。兼仁與不仁。而使天下之君子取焉。不能知也。故我曰。天下之君子不知仁者。非以其名也。亦以其取也。子墨子曰。古之聖王。欲傳其道於後世。是故書之竹帛。鏤之金石。傳遺後世子孫。欲後世子孫法之也。今聞先王之道而不爲。是廢先王之傳也。子墨子南游使衞。關中載書甚多。弦唐子見而怪之。曰。吾夫子敎公尙過曰。揣曲直而已。今夫子載書甚多。何有也。子墨子曰。昔者周公旦朝讀書百篇。夕見漆十士。故周公旦佐相天子。其脩至於今翟上無君上之事下無耕農之難吾安敢廢此翟聞之同歸之物信有誤者然而民聽不鈞是以書多也今若過之心者數逆於精微同歸之物既已知其要矣是以不敎以書也而子何怪焉

公孟 節錄

公孟子謂子墨子曰實爲善人孰不知譬若良巫處而不出有餘糈譬若美女處而不出人爭求之行而自衒人莫之取也今子偏從人而說之何其勞也子墨子曰今夫世亂求美女者衆美女雖不出人多求之今求善者寡不強說人人莫之知也且有二生於此善筮一行爲人筮者一處而不出者行爲人筮者與處而不出者其糈孰多公孟子曰行爲人筮者其糈多子墨子曰仁義鈞行說人者其功善亦多何故不行說人也公孟子戴章甫搢忽儒服而以見子墨子曰君子服然後行乎其行然後服乎子墨子曰行不在服公孟子曰何以知其然也子墨子曰昔者齊桓公高冠博帶金劍木盾以治其國其國治昔者晉文公大布之衣牂羊之裘韋以帶劍以治其國其國治昔者楚莊王鮮冠組纓絳衣博袍以治其國其國治昔者越王句踐剪髮文身以治其國其國治此四君者其服不同其行猶一也翟以是知行之不在服也公孟子曰善吾聞之曰宿善者不祥請舍忽易章甫復見夫子可乎子墨子曰請因以相見也若必將舍忽易章甫而後相見然則行果在服也公孟子曰君子必古言

服。然後仁。子墨子曰。昔者商王紂。卿士費仲。爲天下之暴人。箕子微子。爲天下之聖人。此同言而或仁不仁也。周公旦爲天下之聖人。關叔爲天下之暴人。此同服或仁或不仁。然則不在古服與古言矣。且子法周而未法夏也。子之古非古也。公孟子曰。貧富壽夭。齰然在天。不可損益。又曰君子必學。子墨子曰。教人學而執有命。是猶命人葆而去亓冠也。公孟子謂子墨子曰。有義不義。有祥不祥。子墨子曰。古聖王皆以鬼神爲神明。而爲禍福。執有祥不祥。是以政治而國安也。自桀紂以下。皆以鬼神爲不神明。不能爲禍福。執無祥不祥。是以政亂而國危也。子墨子謂公孟子曰。喪禮君與父母妻後子死。三年喪服。伯父叔父兄弟期。族人五月。姑姊舅甥。皆有數月之喪。或以不喪之間。誦詩三百。弦詩三百。歌詩三百。舞詩三百。若用子之言。則君子何日以聽治。庶人何日以從事。公孟子曰。無鬼神。又曰君子必學祭祀。子墨子曰。執無鬼而學祭禮。是猶無客而學客禮也。是猶無魚而爲魚罟也。公孟子謂子墨子曰。子以三年之喪爲非。子之三月之喪亦非也。子墨子曰。子以三年之喪非三月之喪。是猶倮謂撅者不恭也。子墨子曰。問於儒者。何故爲樂。曰樂以爲樂也。子墨子曰。子未我應也。今我問曰。何故爲室。曰冬避寒焉。夏避暑焉。室以爲男女之別也。則子告我爲室之故矣。今我問曰。何故爲樂。曰樂以爲樂也。是猶曰何故爲室。曰室以爲室也。子墨子謂程子曰。儒之道足以喪天下者四政焉。儒以天爲不明。以鬼爲不神。天鬼不說。此足以喪天下。又厚葬久喪。重爲棺槨。多爲衣衾。送死若徙。三年哭泣。扶後起。杖後行。耳無聞。目無見。此足以喪天下。又弦歌鼓舞。習爲聲樂。此足以喪天下。又以命爲有。貧富壽夭治亂安危有極矣。不可損益也。爲上者行之。必不聽治矣。爲下者行之。必不從事矣。此足以喪天下。程子曰。甚矣先生之毀儒也。子墨子曰。儒固無此若四政者。而我言之。則是毀也。今儒固有此四政者。而我言之。則非毀也。告聞也。程子無辭而出。子墨子與程子辯。稱於孔子。程子曰。非儒。何故稱於孔子也。子墨子曰。是亓當而不可易者也。今鳥聞熱旱之憂則高。魚聞熱旱之憂則下。當此雖禹湯爲之謀。必不能易矣。鳥魚可謂愚矣。禹湯猶云因焉。今翟曾無稱於孔子乎。有游於子墨子之門者。身體强良。思慮徇通。欲使隨而學。子墨子曰。姑學乎。吾將仕子。勸於善言而學。其年而責仕於子墨子。子墨子曰。不仕子。子亦聞夫魯語乎。魯有昆弟五人者。亓父死。亓長子嗜酒而不葬。亓四弟曰。子與我葬。當爲子沽酒。勸於善言而葬。已葬而責酒於其四弟。四弟曰。吾末予子酒矣。子葬子父。我葬吾父。豈獨吾父哉。子不葬則人將笑子。故勸子葬也。今子爲義。我亦爲義。豈獨我義也哉。子不學則人將笑子。故勸子於學。有游於子墨子之門者。子墨子曰。盍學乎。對曰。吾族人無學者。子墨子曰。不然。夫好美者。豈曰吾族人莫之好。故不好哉。夫欲富貴者。豈曰吾族人莫之欲。故不欲哉。好美欲富貴者。不視人猶强爲之。夫義。天下之大器也。何以視人。必强爲之。子墨子有疾。跌鼻進而問曰。先生以鬼神爲明。能爲禍福。爲善者賞之。爲不善者罰之。今先生聖人也。何故有疾。意者先生之言有不善乎。鬼神不明知乎。子墨子曰。雖使我有病。何遽不明。人之所得於病者多方。有得之寒暑。有得之勞苦。百門而閉一門焉。則盜何遽無從入。

魯問 節錄

子墨子謂魯陽文君曰。攻其鄰國。殺其民人。取其牛馬粟米貨財。則書之於竹帛。鏤之於金石。以爲銘於鐘鼎。傳遺後世子孫。曰莫若我多。今賤人也。亦攻其鄰家。殺其人民。取其狗豕食糧衣裘。亦書之竹帛。以爲銘於席豆。以遺後世子孫。曰莫若我多。亓可乎。魯陽文君曰。然吾以子之言觀之。則天下之所謂可者。未必然也。子墨子謂魯陽文君曰。世俗之君子。皆知小物而不知大物。今有人於此。竊一犬一彘。則謂之不仁。竊一國一都。則以爲義。譬猶小視白謂之白。大視白則謂之黑。是故世俗之君子。知小物而不知大物者。此若言之謂也。魯人有因子墨子而學其子者。其子戰而死。其父讓子墨子。子墨子曰。子欲學子之子。今學成矣。戰而死。而子慍。是猶欲糶。糶讎則慍也。豈不費哉。魯之南鄙人有吳慮者。冬陶夏耕。自比於舜。子墨子聞而見之。吳慮謂子墨子。義耳義耳。焉用言之哉。子墨子曰。子之所謂義者。亦有力以勞人。有財以分人乎。吳慮曰。有。子墨子曰。翟嘗計之矣。翟慮耕而食天下之人矣。盛然後當一農之耕。分諸天下。不能人得一升粟。籍而以爲得一升粟。其不能飽天下之飢者。既可睹矣。翟慮織而衣天下之人矣。盛然後當一婦人之織。分諸天下。不能人得尺布。籍而以爲得尺布。其不能煖天下之寒者。既可睹矣。翟慮被堅執銳。救諸侯之患。盛然後當一夫之戰。一夫之戰。其不御三軍。既可睹矣。翟以爲不若誦先王之道而求其說。通聖人之言而察其辭。上說王公大人。次說匹夫徒步之士。王公大人用吾言。國必治。匹夫徒步之士用吾言。行必脩。故翟以爲雖不耕而食飢。不織而衣寒。功賢於耕而食之織而衣之者也。故翟以爲雖不耕織乎。而功賢於耕織也。吳慮謂子墨子曰。義耳義耳。焉用言之哉。子墨子曰。籍設而天下不知耕。教人耕。與不教人耕而獨耕者。其功孰多。吳慮曰。教人耕者其功多。子墨子曰。籍設而攻不義之國。鼓而使衆進戰。與不鼓而使衆進戰而獨進戰者。其功孰多。吳慮曰。鼓而進衆者其功多。子墨子曰。天下匹夫徒步之士少知義。而教天下以義者。功亦多。何故弗言也。若得鼓而進於義。則吾義豈不益進哉。子墨子游公尚過於越。公尚過說越王。越王大說。謂公尚過曰。先生苟能使子墨子至於越而教寡人。請裂故吳之地方五百里以封子墨子。公尚過許諾。遂爲公尚過束車五十乘。以迎子墨子於魯。曰。吾以夫子之道說越王。越王大說。謂過曰。苟能使子墨子至於越而教寡人。請裂故吳之地方五百里以封子。子墨子謂公尚過曰。子觀越王之志何若。意越王將聽吾言。用我道。則翟將往。量腹而食。度身而衣。自比於羣臣。奚能以封爲哉。抑越不聽吾言。不用吾道。而我往焉。則是我以義糶也。鈞之糶。亦於中國耳。何必於越哉。子墨子游魏越。曰。既得見四方之君子。則將先語。子墨子曰。凡入國。必擇務而從事焉。國家昏亂。則語之尙賢尙同。國家貧。則語之節用節葬。國家憙音湛湎。則語之非樂非命。國家淫僻無禮。則語之尊天事鬼。國家務奪侵淩。則語之兼愛非攻。故曰擇務而從事焉。彭輕生子曰。往者可知。來者不可知。子墨子曰。籍設而親在百里之外。則遇難焉。期以一日也。及之則生。不及則死。今有固車良馬於此。又有奴馬四隅之輪於此。使子擇焉。子將何乘。對曰。乘良馬固車。可以速至。子墨子曰。焉在不知來。

公輸

公輸盤爲楚造雲梯之械。成。將以攻宋。子墨子聞之。起於齊。行十日十夜而至於郢。見公輸盤。公輸盤曰。夫子何命焉爲。子墨子曰。北方有侮臣者。願藉子殺之。公輸盤不悅。子墨子曰。請獻千金。公輸盤曰。吾義固不殺人。子墨子起再拜曰。請說之。吾從北方聞子爲梯。將以攻宋。宋何罪之有。荆國有餘於地。而不足於民。殺所不足。而爭所有餘。不可謂智。宋無罪而攻之。不可謂仁。知而不爭。不可謂忠。爭而不得。不可謂強。義不殺少而殺衆。不可謂知類。公輸盤服。子墨子曰。然乎不已乎。公輸盤曰。不可。吾既已言之王矣。子墨子曰。胡不見我於王。公輸盤曰。諾。子墨子見王曰。今有人於此。舍其文軒。鄰有敝轝。而欲竊之。舍其錦繡。鄰有短褐。而欲竊之。舍其粱肉。鄰有穅糟。而欲竊之。此爲何若人。王曰。必爲竊疾矣。子墨子曰。荆之地方五千里。宋之地方五百里。此猶文軒之與敝轝也。荊有雲夢。犀兕麋鹿滿之。江漢之魚鼈黿鼉爲天下富。宋所謂無雉兔狐貍者也。此猶粱肉之與糠糟也。荊有長松文梓楩枏豫章。宋無長木。此猶錦繡之與短褐也。臣以三事之攻宋也。爲與此同類。臣見大王之必傷義而不得。王曰。善哉。雖然。公輸盤爲我爲雲梯。必取宋。於是見公輸盤。子墨子解帶爲城。以牒爲械。公輸盤九設攻城之機變。子墨子九距之。公輸盤之攻械盡。子墨子之守圉有餘。公輸盤詘。而曰。吾知所以距子矣。吾不言。子墨子亦曰。吾知子之所以距我。吾不言。楚王問其故。子墨子曰。公輸子之意。不過欲殺臣。殺臣。宋莫能守。乃可攻也。然臣之弟子禽滑釐等三百人。已持臣守圉之器。在宋城上而待楚寇矣。雖殺臣。不能絕也。楚王曰。善哉。吾請無攻宋矣。子墨子歸。過宋。天雨。庇其閭中。守閭者不內也。故曰。治於神者。衆人不知其功。爭於明者。衆人知之。

右墨家書一種　墨道堅苦而難爲繼。又其說爲孟子所闢。後人尊孟子。遂不敢復承其名。故史志著錄最少。輓近風氣一變。好治墨子者漸多。而或用以詆諆儒家。則又過矣。韓退之曰。孔墨必相爲用。不相用。不足爲孔墨。通人當許爲知言。

諸子治要卷一

諸子十七種

鬼谷子

舊本題鬼谷子撰。鬼谷子。周人。其鄉里姓名無考。因其所居。號曰鬼谷先生。蘇秦張儀皆師事之。是書之名。始載於隋志。爲縱橫家之祖。唐志則題蘇秦撰。案漢志無鬼谷子而有蘇子。或此書本蘇秦述其師說而成。故題名雖殊。其實一也。

捭闔 節錄以下各篇並同

粵若稽古聖人之在天地間也。爲衆生之先。觀陰陽之開闔以命物。知存亡之門戶。籌策萬類之終始。達人心之理。見變化之朕焉。而守司其門戶。故聖人之在天下也。自古至今。其道一也。變化無窮。各有所歸。捭闔者。道之大化。說之變也。必預審其變化。吉凶大命繫焉。口者心之門戶也。心者神之主也。志意喜欲思慮智謀。此皆由門戶出入。故關之以捭闔。制之以出入。捭之者。開也。言也。陽也。闔之者。閉也。默也。陰也。陰陽其和。終始其義。故言長生安樂富貴尊榮顯名愛好財利得意喜欲。爲陽。曰始。故言死亡憂患貧賤苦辱棄損亡利失意有害刑戮誅罰。爲陰。曰終。諸言法陽之類。皆曰始。言善以始其事。諸言法陰之類。皆曰終。言惡以終爲謀。捭闔之道。以陰陽試之。故與陽言者依崇高。與陰言者依卑小。以下求小。以高求大。由此言之。無所不出。無所不入。無所不言可。陰陽之理盡。小大之情得。故出入皆可。何所不可乎。

揣篇

古之善用天下者。必量天下之權。而揣諸侯之情。量權不審。不知強弱輕重之稱。揣情不審。不知隱匿變化之動靜。何謂量權。曰。度於大小。謀於衆寡。稱貨財之有無。料人民多少饒乏。有餘不足幾何。辨地形之險易。孰利孰害。謀慮孰長孰短。君臣之親疏。孰賢孰否。與賓客之智睿孰少孰多。觀天時之禍福。孰吉孰凶。諸侯之親。孰用孰不用。百姓之心。去就變化。孰安孰危。孰好孰憎。反側孰便。孰知如此者。是謂權。揣情者。必以其甚喜之時。往而極其欲也。其有欲也。不能隱其情。必以其甚懼之時。往而極其惡也。其有惡也。不能隱其情。情欲必失其變。感動而不知其變者。乃且錯其人勿與語。而更問所親。知其所安。夫情變於內者。形見於外。故常必以其見者。而知其隱者。此所謂測深揣情。故計國事者。則當審權量。說人主。則當審揣情。謀慮情欲。必出於此。乃可貴。乃可賤。乃可輕。乃可重。乃可利。乃可害。乃可成。乃可敗。其數一也。故雖有先王之道。聖智之謀。非揣情。隱匿無所索之。此謀之大本也。而說之法也。

摩篇

古之善摩者。如操鉤而臨深淵。餌而投之。必得魚焉。故曰。主事日成。而人不知。主兵日勝而人不畏也。聖人謀之於陰。故曰神。成之於陽。故曰明。所謂主事日成者。積德也。而民安之。不知其所以利。積善也。而民道之。不知其所以然。而天下比之神明也。主兵日勝者。常戰於不爭不費。而民不知所以服。不知所以畏。而天下比之神明。其摩者。有以平。有以正。有以喜。有以怒。有以名。有以行。有以廉。有以信。有以利。有以卑。平者靜也。正者直也。喜者悅也。怒者動也。名者發也。行者成也。廉者潔也。信者明也。利者求也。卑者諂也。故聖所獨用者。衆人皆有之。然無成功者。其用之非也。

權篇

佞言者諂而干忠。諛言者博而干智。平言者決而干勇。戚言者權而干信。靜言者反而干勝。先意成欲者諂也。繁稱文辭者博也。策選進謀者權也。縱舍不疑者決也。先分不足而窒非者反也。故口者機關也。所以閉情意也。耳目者心之佐助也。所以窺間見姦邪。故曰參調而應。利道而動。故繁言而不亂。翺翔而不迷。變易而不危者。觀要得理。故無目者不可示以五色。無耳者不可告以五音。故不可以往者。無所開之也。不可以來者。無所受之也。物有不通者。故不事事也。古人有言曰。口可以食。不可以言。言者有諱忌也。衆口鑠金。言有曲故也。人之情。出言則欲聽。舉事則欲成。是故智者不用其所短。而用愚人之所長。不用其所拙。而用其愚人之所工。故不困也。言其有利者。從其所長也。言其有害者。避其所短也。故介蟲之捍也。必以堅厚。螯蟲之動也。必以毒螫。故禽獸之用其長。而談者知用其用也。故曰。言辭五。曰病。曰怨。曰憂。曰怒。曰喜。故曰。病者感衰氣而不神也。怨者腸絕而無主也。憂者閉塞而不泄也。怒者妄動而不治也。喜者宣散而無要也。此五者精則用之。利則行之。故與智者言依於博。與拙者言依於辨。與辨者言依於要。與貴者言依於勢。與富者言依於高。與貧者言依於利。與賤者言依於謙。與勇者言依於敢。與過者言依於銳。此其術也。而人常反之。是故與智者言。將此以明之。與不智者語。以此術敎之。然人難爲也。

謀篇

爲人凡謀有道。必得其所因。以求其情。審其情。乃立三儀。三儀者。曰上。曰中。曰下。參以立焉。以生奇。奇不知其所擁。始於古之所從。故鄭人之取玉也。載司南之車。爲其不惑也。夫度材量能揣情者。亦事之司南也。故同情而俱相親者。其俱成者也。同欲而相疏者。其偏害者也。同惡而相親者。其俱害者也。同惡而相疏者。偏害者也。故相益則親。相損則疏。其數行也。此所以察同異之分類一也。故墻壞於隙。木毀於其節。斯蓋其分也。故變生於事。事生謀。謀生計。計生議。議生說。說生進。進生退。退生制。因以制於事。故百事一道。而百度一數也。夫仁人輕貨。不可誘以利。可使出費。勇士輕難。不可懼以患。可使據危。智者達於數。明於理。不可欺以誠。可示以道理。可使立功。是三才也。故愚者易蔽也。不肖者易懼也。貧者易誘也。是因事而裁之。故爲强者積于弱也。有餘者積于不足也。此其道術行也。故外親而內疏者說內。內親而外疏者說外。故因其疑以變之。因其見以然之。因其說以要之。因其勢以成之。因其惡以權之。因其患以斥之。摩而恐之。高而動之。微而正之。符而應之。擁而塞之。亂而惑之。是謂計謀。計謀之用。公不如私。私不如結。結而無隙者也。正不如奇。奇流而不止者也。故說人主者。必與之言奇。說人臣者。必與之言私。其身內。其言外者疏。其身外。其言深者危。無以人之近所不欲而强之於人。無以人之所不知而敎之於人。人之有好也。學而順之。人之有惡也。避而諱之。故陰道而陽取之也。故去之者縱之。縱之者乘之。貌者不美又不惡。故至情託焉。可知者可用也。不可知者謀者所不用也。故曰事貴制人而不貴見制於人。制人者握權也。見制於人者制命也。故聖人之道陰。愚人之道陽。智者事易。而不智者事難。

右縱橫家書一種

戰國爭强。互相虞詐。於是縱橫家起而應之。雖其設心之公私與操術之仁忍。人各不同。而其說之精者。洞澈時勢。委曲人情。亦多足開人神悟。益人智慧。自劉漢統一。其說乃漸衰滅。而說者謂誦詩專對。本行人之事。蓋詞賦派實承其流也。然其事究當別論。故亦不復泛及焉。

諸子治要卷一

諸子十七種

呂氏春秋

一名呂覽。舊本題秦呂不韋撰。不韋陽翟人。爲大賈。後爲秦相。此書蓋其賓客所集。凡分十二紀八覽六論。其中又各分子目。共一百六十篇。不韋人不足道。而此書裒合羣言。舍短取長。大抵據儒書者居半。參以道墨名法兵農各家之說者亦居半。其體例殆似後世之類書。故先秦諸子之學術。遭秦火而已佚者。往往賴此書以保存焉。

貴公

昔先聖王之治天下也。必先公。公則天下平矣。平得於公。嘗試觀於上志。有得天下者衆矣。其得之以公。其失之必以偏。凡主之立也。生於公。故鴻範曰。無偏無黨。王道蕩蕩。無偏無頗。遵王之義。無或作好。遵王之道。無或作惡。遵王之路。天下非一人之天下也。天下之天下也。陰陽之和。不長一類。甘露時雨。不私一物。萬民之主。不阿一人。伯禽將行。請所以治魯。周公曰。利而勿利也。荆人有遺弓者。而不肯索。曰。荆人遺之。荆人得之。又何索焉。孔子聞之曰。去其荆而可矣。老聃聞之曰。去其人而可矣。故老聃則至公矣。天地大矣。生而弗子。成而弗有。萬物皆被其澤。得其利。而莫知其所由始。此三皇五帝之德也。管仲有病。桓公往問之。曰。仲父之病矣。潰甚。國人弗諱。寡人將誰屬國。管仲對曰。昔者臣盡力竭智。猶未足以知之也。今病在於朝夕之中。臣奚能言。桓公曰。此大事也。願仲父之教寡人也。管仲敬諾。曰。公誰欲相。公曰。鮑叔牙可乎。管仲對曰。不可。夷吾善鮑叔牙。鮑叔牙之爲人也。清廉潔直。視不己若者。不比於人。一聞人之過。終身不忘。勿已。則隰朋其可乎。隰朋之爲人也。上志而下求。醜不若黃帝。而哀不己若者。其於國也。有不聞也。其於物也。有不知也。其於人也。有不見也。勿已乎。則隰朋可也。夫相。大官也。處大官者。不欲小察。不欲小智。故曰。大匠不斲。大庖不豆。大勇不鬭。大兵不寇。桓公行公去私惡。用管子而爲五伯長。行私阿所愛。用豎刁而蟲出於戶。人之少也愚。其長也智。故智而用私。不若愚而用公。曰醉而飾服。私利而立公。貪戾而求王。舜弗能爲。

去私

天無私覆也。地無私載也。日月無私燭也。四時無私行也。行其德而萬物得遂長焉。黃帝言曰。聲禁重。色禁重。衣禁重。香禁重。味禁重。室禁重。堯有子十人。不與其子而授舜。舜有子九人。不與其子而授禹。至公也。晉平公問於祁黃羊曰。南陽無令。其誰可而爲之。祁黃羊對曰。解狐可。平公曰。解狐非子之讎邪。對曰。君問可。非問臣之讎也。平公曰。善。遂用之。國人稱善焉。居有間。平公又問祁黃羊曰。國無尉。其誰可而爲之。對曰。午可。平公曰。午非子之子耶。對曰。君問可。非問臣之子也。平公曰。善。又遂用之。國人稱善焉。孔子聞之曰。善哉。祁黃羊之論也。外舉不避讎。內舉不避子。祁黃羊可謂公矣。墨者有鉅子腹䵍居秦其子殺人秦惠王曰先生之年長矣。非有他子也。寡人已令吏弗誅矣。先生之以此聽寡人也。腹䵍對曰。墨者之法曰。殺人者死。傷人者刑。此所以禁殺傷人也。夫禁殺傷人者。天下之大義也。王雖為之賜而令吏弗誅。腹䵍不可不行墨者之法。不許惠王而遂殺之。子。人之所私也。忍所私以行大義。鉅子可謂公矣。庖人調和而弗敢食。故可以為庖。若使庖人調和而食之。則不可以為庖矣。王伯之君亦然。誅暴而不私。以封天下之賢者。故可以為王伯。若使王伯之君誅暴而私之。則亦不可以為王伯矣。

貴生

聖人深慮天下。莫貴於生。夫耳目鼻口。生之役也。耳雖欲聲。目雖欲色。鼻雖欲芬香。口雖欲滋味。害於生則止。在四官者不欲。利於生者則弗為。由此觀之。耳目鼻口不得擅行。必有所制。譬之若官職不得擅為。必有所制。此貴生之術也。堯以天下讓於子州支父。子州支父對曰。以我為天子猶可也。雖然。我適有幽憂之病。方將治之。未暇在天下也。天下重物也。而不以害其生。又況於他物乎。惟不以天下害其生者也。可以託天下。越人三世殺其君。王子搜患之。逃乎丹穴。越國無君。求王子搜而不得。從之丹穴。王子搜不肯出。越人薰之以艾。乘之以王輿。王子搜援綏登車。仰天而呼曰。君乎。獨不可以舍我乎。王子搜非惡爲君也。惡爲君之患也。若王子搜者。可謂不以國傷其生矣。此固越人之所欲得而爲君也。魯君聞顏闔得道之人也。使人以幣先焉。顏闔守閭。鹿布之衣而自飯牛。魯君之使者至。顏闔自對之。使者曰。此顏闔之家耶。顏闔對曰。此闔之家也。使者致幣。顏闔對曰。恐聽繆而遺使者罪。不若審之。使者還反審之。復來求之。則不得已。故若顏闔者。非惡富貴也。由重生惡之也。世之人主。多以富貴驕得道之人。其不相知。豈不悲哉。故曰。道之眞以持身。其緒餘以爲國家。其土苴以治天下。由此觀之。帝王之功。聖人之餘事也。非所以完身養生之道也。今世俗之君子。危身棄生以徇物。彼且奚以此之也。彼且奚以此爲也。凡聖人之動作也。必察其所以之。與其所以爲。今有人於此。以隨侯之珠。彈千仞之雀。世必笑之。是何也。所用重。所要輕也。夫生豈特隨侯珠之重也哉。子華子曰。全生爲上。虧生次之。死次之。迫生爲下。故所謂尊生者。全生之謂。所謂全生者。六欲皆得其宜也。所謂虧生者。六欲分得其宜也。虧生則於其尊之者薄矣。其虧彌甚者也。其尊彌薄。所謂死者。無有所以知。復其未生也。所謂迫生者。六欲莫得其宜也。皆獲其所甚惡者。服是也。辱是也。辱莫太於不義。故不義迫生也。而迫生非獨不義也。故曰。迫生不若死。奚以知其然也。耳聞所惡。不若無聞。目見所惡。不若無見。故雷則揜耳。電則揜目。此其比也。凡六欲者。皆知其所甚惡。而必不得免。不若無有所以知。無有所以知者。

死之謂也。故迫生不若死。嗜肉者。非腐鼠之謂也。嗜酒者。非敗酒之謂也。尊生者。非迫生之謂也。

尊師

神農師悉諸。黃帝師大撓。帝顓頊師伯夷父。帝嚳師伯招。帝堯師子州支父。帝舜師許由。禹師大成贄。湯師小臣。文王武王師呂望周公旦。齊桓公師管夷吾。晉文公師咎犯隨會。秦穆公師百里奚公孫枝。楚莊王師孫叔敖沈尹巫。吳王闔閭師伍子胥文之儀。越王句踐師范蠡大夫種。此十聖人六賢者。未有不尊師者也。今尊不至於帝。智不至於聖。而欲無尊師。奚由至哉。此五帝之所以絕。三王之所以滅。且天生人也。而使其耳可以聞。不學。其聞不若聾。使其目可以見。不學。其見不若盲。使其口可以言。不學。其言不若爽。使其心可以知。不學。其知不若狂。故凡學。非能益也。達天性也。能全天之所生而勿敗之。是謂善學。子張。魯之鄙家也。顏涿聚。梁父之大盜也。學於孔子。段干木。晉國之大駔也。學於子夏。高何縣子石。齊國之暴者也。指於鄉曲。學於子墨子。索盧參。東方之鉅狡也。學於禽滑黎。此六人者。刑戮死辱之人也。今非徒免於刑戮死辱也。由此爲天下名士顯人。以終其壽。王公大人從而禮之。此得之於學也。凡學。必務進業。心則無營。疾諷誦。謹司聞。觀驩愉。問書意。順耳目。不逆志。退思慮。求所謂。時辨說。以論道。不苟辨。必中法。得之無矜。失之無慚。必反其本。生則謹養。謹養之道。

養心爲貴。死則敬祭。敬祭之術。時節爲務。此所以尊師也。治唐圃。疾灌寖。務種樹。織葩屨。結罝網。捆蒲葦。之田野。力耕耘。事五穀。如山林。入川澤。取魚鼈。求鳥獸。此所以尊師也。視輿馬。愼駕御。適衣服。務輕煗。臨飲食。必蠲絜。善調和。務甘肥。必恭敬。和顏色。審辭令。疾趨翔。必嚴肅。此所以尊師也。君子之學也。說義必稱師以論道。聽從必盡力以光明。聽從不盡力。命之曰背。說義不稱師。命之曰叛。背叛之人。賢主弗內之於朝。君子不與交友。故教也者。義之大者也。學也者。知之盛者也。義之大者。莫大於利人。利人莫大於教。知之盛者。莫大於成身。成身莫大於學。身成則爲人子弗使而孝矣。爲人臣弗令而忠矣。爲人君弗彊而平矣。有大勢可以爲天下正矣。故子貢問孔子曰。後世將何以稱夫子。孔子曰。吾何足以稱哉。勿已者則好學而不厭。好教而不倦。其惟此耶。天子入大學。祭先聖。則齒嘗爲師者弗臣。所以見敬學與尊師也。

蕩兵（一作用兵）

古聖王有義兵而無有偃兵。兵之所自來者上矣。與始有民俱。凡兵也者。威也。威也者。力也。民之有威力。性也。性者所受於天也。非人之所能爲也。武者不能革。而工者不能移。兵所自來者久矣。黃炎故用水火矣。共工氏固次作難矣。五帝固相與爭矣。遞興廢。勝者用事。人曰。蚩尤作兵。蚩尤非作兵也。利其械矣。未有蚩尤之時。民固剝林木以戰矣。勝者爲長。長則猶不足治之。故立君。君又不足以治之。故立天子。天子之立也出於君。君之立也出於長。長之立也出於爭。爭鬭之所自來者久矣。不可禁。不可止。故古之賢王有義兵而無有偃兵。家無怒笞。則豎子嬰兒之有過也立見。國無刑罰。則百姓之悟相侵也立見。天下無誅伐。則諸侯之相暴也立見。故怒笞不可偃於家。刑罰不可偃於國。誅伐不可偃於天下。有巧有拙而已矣。故古之聖王有義兵而無有偃兵。夫有以饐死者。欲禁天下之食。悖。有以乘舟死者。欲禁天下之船。悖。有以用兵喪其國者。欲偃天下之兵。悖。夫兵不可偃也。譬之若水火然。善用之則爲福。不能用之則爲禍。若用藥者然。得良藥則活人。得惡藥則殺人。義兵之爲天下良藥也。亦大矣。且兵之所自來者遠矣。未嘗少選不用。貴賤長少賢者不肖相與同。有巨有微而已矣。察兵之微。在心而未發。兵也。疾視。兵也。作色。兵也。傲言。兵也。援推。兵也。連反。兵也。侈鬭。兵也。三軍攻戰。兵也。此八者皆兵也。微巨之爭也。今世之以偃兵疾說者。終身用兵而不自知。悖。故說雖彊。談雖辨。文學雖博。猶不見聽。故古之聖王有義兵而無有偃兵。兵誠義。以誅暴君而振苦民。民之說也。若孝子之見慈親也。若饑者之見美食也。民之號呼而走之。若彊弩之射於深谿也。若積大水而失其壅隄也。中主猶若不能有其民。而況於暴君乎。

節喪

審知生。聖人之要也。審知死。聖人之極也。知生也者。不以害生。養生之謂也。知死也者。不以害死。安死之謂也。此二者。聖人之所獨決也。凡生於天地之間。其必有死。所不免也。孝子之重其親也。慈親之愛其子也。痛於肌骨性也。所重所愛。死而棄之溝壑。人之情不忍為也。故有葬死之義。葬也者藏也。慈親孝子之所慎也。慎之者以生人之心慮。以生人之心為死者慮也。莫如無動。莫如無發。無發無動。莫如無有可利。此之謂重閉。古之人有藏於廣野深山而安者矣。非珠玉國寶之謂也。葬不可不藏也。葬淺則狐狸抇之。深則及於水泉。故凡葬必於高陵之上。以避狐狸之患。水泉之溼。此則善矣。而忘姦邪盜賊寇亂之難。豈不惑哉。譬之若瞽師之避柱也。避柱而疾觸杙也。狐狸水泉姦邪盜賊寇亂之患。此杙之大者也。慈親孝子避之者。得葬之情矣。善棺槨所以避螻蟻蛇蟲也。今世俗大亂之主。愈侈其葬。則心非為乎死者慮也。生者以相矜尚也。侈靡者以為榮。節儉者以為陋。不以便死為故。而徒以生者之誹譽為務。此非慈親孝子之心也。父雖死。孝子之重之不怠。子雖死。慈親之愛之不懈。夫葬所愛所重。而以生者之所甚欲。其以安之也。若之何哉。民之於利也。犯流矢。蹈白刃。涉血盩肝以求之。野人之無聞者。忍親戚兄弟知交以求利。今無此之危。無此之醜。其為利甚厚。乘車食肉。澤及子孫。雖聖人猶不能禁。而況於亂。國彌大。家彌富。葬彌厚。含珠鱗施。玩好貨寶。鐘鼎壺鑑。轝馬衣被戈劍。不可勝數。諸養生之具。無不從者。題湊之室。棺槨數襲。積石積炭。以環其外。姦人聞之。傳以相告。上雖以嚴威重罪禁之。猶不可止。且死者彌久。生者彌疏。

生者彌疏。則守者彌怠。守者彌怠。而葬器如故。其勢固不安矣。世俗之行喪。載之以大輴。羽旄旌旗如雲。僂翣以督之。珠玉以佩之。黼黻文章以飭之。引紼者左右萬人以行之。以軍制立之。然後可。以此觀世。則美矣侈矣。以此爲死則不可也。苟便於死。則雖貧國勞民。若慈親孝子者之所不辭爲也。

當務

辨而不當論。信而不當理。勇而不當義。法而不當務。惑而乘驥也。狂而操吳干將也。大亂天下者。必此四者也。所貴辨者。爲其由所論也。所貴信者。爲其遵所理也。所貴勇者。爲其行義也。所貴法者。爲其當務也。跖之徒問於跖曰。盜有道乎。跖曰。奚啻其有道也。夫妄意關內中藏。聖也。入先。勇也。出後。義也。知時。智也。分均。仁也。不通此五者而能成大盜者。天下無有。備說非六王五伯。以爲堯有不慈之名。舜有不孝之行。禹有淫湎之意。湯武有放殺之事。五伯有暴亂之謀。世皆譽之。人皆諱之。惑也。故死而操金椎以葬。曰下見六王五伯。將敲其頭矣。辨若此不如無辨。楚有直躬者。其父竊羊而謁之上。上執而將誅之。直躬者請代之。將誅矣。告吏曰。父竊羊而謁之。不亦信乎。父誅而代之。不亦孝乎。信且孝而誅之。國將有不誅者乎。荊王聞之。乃不誅也。孔子聞之曰。異哉直躬之爲信也。一父而載取名焉。故直躬之信不若無信。齊之好勇者。其一人居東郭。其一人居西郭。卒然相遇於塗。曰。姑相飲乎。觴數行。曰姑求肉乎。一人曰。子肉也。我肉也。尙胡革求肉而爲。於是具染而已。因抽刀而相啖。至死而止。勇若此。不若無勇。紂之同母三人。其長曰微子啟。其次曰中衍。其次曰受德。受德乃紂也。甚少矣。紂母之生微子啟與中衍也。尙爲妾。已而爲妻而生紂。紂之父。紂之母。欲置微子啟以爲太子。太史據法而爭之曰。有妻之子。而不可置妾之子。紂故爲後。用法若此。不若無法。

順說

善說者若巧士。因人之力以自爲力。因其來而與來。因其往而與往。不設形象。與生與長。而言之與響。與盛與衰。以之所歸。力雖多。材雖勁。以制其命。順風而呼。聲不加疾也。際高而望。目不加明也。所因便也。惠盎見宋康王。康王蹀足謦欬。疾言曰。寡人之所說者。勇有力也。不說爲仁義者。客將何以教寡人。惠盎對曰。臣有道於此。使人雖勇。刺之不入。雖有力。擊之弗中。大王獨無意耶。王曰。善。此寡人所欲聞也。惠盎曰。夫刺之不入。擊之不中。此猶辱也。臣有道於此。使人雖有勇弗敢刺。雖有力弗敢擊。大王獨無意耶。王曰。善。此寡人之所欲知也。惠盎曰。夫不敢刺。不敢擊。非無其志也。臣有道於此。使人本無其志也。大王獨無意耶。王曰。善。此寡人之所願也。惠盎曰。夫無其志也。未有愛利之心也。臣有道於此。使天下丈夫女子。莫不驩然皆欲愛利之。此其賢於勇有力也。居四累之上。大王獨無意耶。王曰。此寡人之所欲得。惠盎對曰。孔墨是也。孔丘墨翟。無地爲君。無官爲長。天下丈夫女子。莫不延頸舉踵而願安利之。今大王萬乘之主也。誠有其志。則四境之內。皆得其利。其賢於孔墨也遠矣。宋王無以應。惠盎趨而出。宋王謂左右曰。辨矣客之以說服寡人也。宋王俗主也。而心猶可服因矣。因則貧賤可以勝富貴矣。小弱可以制彊大矣。田贊衣補衣而見荊王。荊王曰。先生之衣何其惡也。田贊對曰。衣又有惡於此者也。荊王曰。可得而聞乎。對曰。甲惡於此。王曰。何謂也。對曰。冬日則寒。夏日則暑。衣無惡乎甲者。贊也貧。故衣惡也。今大王萬乘之主也。富貴無敵。而好衣民以甲。臣弗得也。意者爲其義耶。甲之事。兵之事也。刈人之頸。刳人之腹。隳人之城郭。刑人之父子也。其名又甚不榮。意者爲其實耶。苟慮害人。人亦必慮害之。苟慮危人。人亦必慮危之。其實人則甚不安。之二者。臣爲大王無取焉。荊王無以應。說雖未大行。田贊可謂能立其方矣。若夫偃息之義。則未之識也。管子得於魯。魯束縛而檻之。使役人載而送之齊。皆謳歌而引車。管子恐魯之止而殺己也。欲速至齊。因謂役人曰。我爲汝唱。汝爲我和。其所唱適宜走。役人不倦。而取道甚速。管子可謂能因矣。役人得其所欲。己亦得其所欲。以此術也。是用萬乘之國。其霸猶少。桓公則難與往也。

察今

上胡不法先王之法。非不賢也。爲其不可得而法。先王之法。經乎上世而來者也。人或益之。人或損之。胡可得而法。雖人弗損益。猶若不可得而法。東夏之命。古今之法。言異而典殊。故古之命多不通乎今之言者。今之法多不合乎古之法者。殊俗之民。有似於此。其所爲欲同。其所爲異。口惛之命不愉。若舟車衣冠滋味聲色之不同。人以自是。反以相誹。天下之學者。多辯言利辭。倒不求其實。務以相毀。以勝爲故。先王之法。胡可得而法。雖可得。猶若不可法。凡先王之法。有要於時也。時不與法俱至。法雖今而至。猶若不可法。故擇先王之成法。而法其所以爲法。先王之所以爲法者何也。先王之所以爲法者人也。而己亦人也。故察己則可以知人。察今則可以知古。古今一也。人與我同耳。有道之士。貴以近知遠。以今知古。以益所見知所不見。故審堂下之陰。而知日月之行。陰陽之變。見瓶水之冰。而知天下之寒。魚鼈之藏也。嘗一脟肉。而知一鑊之味。一鼎之調。荆人欲襲宋。使人先表澭水。澭水暴益。荆人弗知。循表而夜涉。溺死者千有餘人。軍驚而壞都舍。嚮其先表之時可導也。今水已變而益多矣。荆人尙猶循表而導之。此其所以敗也。今世之主法先王之法也。有似於此。其時已與先王之法虧矣。而曰此先王之法也。而法之以爲治。豈不悲哉。故治國無法則亂。守法而弗變則悖。悖亂不可以持國。世易時移。變法宜矣。譬之若良醫。病萬變。藥亦萬變。病變而藥不變。嚮之壽民。今爲殤子矣。故凡舉事必循法以動。變法者因時而化。若此論則無過務矣。夫不敢議法者。衆庶也。以死守者。有司也。因時變法者。賢主也。是故有天下七十一聖。其法皆不同。非務相反也。時勢異也。故曰良劍期乎斷。不期乎鏌鋣。良馬期乎千里。不期乎驥驁。夫成功名者。此先王之千里也。楚人有涉江者。其劍自舟中墜於水。遽契其舟。曰是吾劍之所從墜。舟止。從其所契者入水求之。舟已行矣。而劍不行。求劍若此。不亦惑乎。以此故法爲其國。與此同。時已徙矣。而法不徙。以此爲治。豈不難哉。有過於江上者。見人方引嬰兒而欲投之江中。嬰兒啼。人問其故。曰此其父善游。其父雖善游。其子豈遽善游哉。此任物。亦必悖矣。荆國之爲政。有似於此。

離謂

言者以諭意也。言意相離。凶也。亂國之俗。甚多流言。而不顧其實。務以相毀。務以相譽。毀譽成黨。衆口熏天。賢不肖不分。以此治國。賢主猶惑之也。又況乎不肖者乎。惑者之患。不自以爲惑。故惑惑之中有曉焉。冥冥之中有昭焉。亡國之主。不自以爲惑。故與桀紂幽厲皆也。然有亡者國無二道矣。鄭國多相縣以書者。子產令無縣書。鄧析致之。子產令無致書。鄧析倚之。令無窮。則鄧析應之亦無窮矣。是可不可無辨也。可不可無辨。而以賞罰。其罰愈疾。其亂愈疾。此爲國之禁也。故辨而不當理則僞。知而不當理則詐。詐僞之民。先王之所誅也。理也者。是非之宗也。洧水甚大。鄭之富人有溺者。人得其死者。富人請贖之。其人求金甚多。以告鄧析。鄧析曰。安之。人必莫之賣矣。得死者患之。以告鄧析。鄧析又答之曰。安之。此必無所更買矣。夫傷忠臣者。有似於此也。夫無功不得民。則以其無功不得民。傷之。有功得民。則又以其有功得民傷之人主之無度者。無以知此。豈不悲哉。比干萇弘以此死。箕子商容以此窮。周公召公以此疑。范蠡子胥以此流。死生存亡安危從此生矣。子產治鄭。鄧析務難之。與民之有獄者約。大獄一衣。小獄襦袴。民之獻衣襦袴而學訟者不可勝數。以非爲是。以是爲非。是非無度。而可與不可日變。所欲勝因勝。所欲罪因罪。鄭國大亂。民口讙譁。子產患之。於是殺鄧析而戮之。民心乃服。是非乃定。法律乃行。今世之人多欲治其國。而莫之誅鄧析之類。此所以欲治而愈亂也。齊有事人者。所事有難而弗死也。遇故人於塗。故人曰。固不死乎。對曰。然。凡事人以爲利也。死不利。故不死。故人曰。子尙可以見人乎。對曰。子以死爲顧可以見人乎。是者數傳不死於其君長。大不義也。其辭猶不可服。辭之不足以斷事也明矣。夫辭者意之表也。鑒其表而棄其意。悖。故古之人得其意則舍其言矣。聽言者以言觀意也。聽言而意不可知。其與橋言無擇。齊人有淳于髡者。以從說魏王。魏王辯之。約車十乘。將使之荊。辭而行。又以橫說魏王。魏王乃止其行。失從之意。又失橫之事。夫其多能不若寡能。其有辯不若無辯。周鼎著倕而齕其指。先王有以見大巧之不可爲也。

爲欲

使民無欲。上雖賢猶不能用。夫無欲者。其視爲天子也。與爲輿隸同。其視有天下也。與無立錐之地同。其視爲彭祖也。與爲殤子同。天子至貴也。天下至富也。彭祖至壽也。誠無欲則是三者不足以勸輿隸。至賤也。無立錐之地。至貧也。殤子。至夭也。誠無欲。則是三者不足以禁。會有一欲。則北至大夏。南至北戶。西至三危。東至扶木。不敢亂矣。犯白刃。冒流矢。趣水火。不敢卻也。晨寤興。務耕疾庸。𥞤為煩辱。不敢休矣。故人之欲多者。其可得用亦多。人之欲少者。其得用亦少。無欲者。不可得用也。人之欲雖多。而上無以令之。人雖得其欲。人猶不可用也。令人得欲之道。不可不審矣。善為上者。能令人得欲無窮。故人之可得用亦無窮也。蠻夷反舌。殊俗異習之國。其衣服冠帶。宮室居處。舟車器械。聲色滋味皆異。其為欲使一也。三王不能革。不能革而功成者。順其天也。桀紂不能離。不能離而國亡者。逆其天也。逆而不知其逆也。湛於俗也。久湛而不去。則若性。性異非性。不可不熟。不聞道者。何以去非性哉。無以去非性。則欲未嘗正矣。欲不正。以治身則夭。以治國則亡。故古之聖王。審順其天而以行欲。則民無不令矣。功無不立矣。聖王執一。四夷皆至者。其此之謂也。執一者至貴也。至貴者無敵。聖王託於無敵。故民命敵焉。羣狗相與居。皆靜無爭。投以炙雞。則相與爭矣。或折其骨。或絕其筋。爭術存也。爭術存。因爭。不爭之術存。因不爭。取爭之術而相與爭萬國無一。凡治國。令其民爭行義也。亂國。令其民爭為不義也。彊國。令其民爭樂用也。弱國。令其民爭競不用也。夫爭行義樂用。與爭為不義競不用。此其為禍福也。天不能覆。地不能載。晉文公伐原。與士期七日。七日而原不下。命去之。謀士言曰。原將下矣。師吏請待之。公曰。信。國之寶也。得原失寶。

吾不爲也。遂去之。明年復伐之。與士期必得原然後反。原人聞之。乃下。衛人聞之。以文公之信爲至矣。乃歸文公。故曰攻原得衛者。此之謂也。文公非不欲得原也。以不信得原。不若勿得也。必誠信以得之。歸之者非獨衛也。文公可謂知求欲矣。

恃君

凡人之性。爪牙不足以自守衛。肌膚不足以扞寒暑。筋骨不足以從利辟害。勇敢不足以卻猛禁悍。然且猶裁萬物。制禽獸。服狡蟲。寒暑燥溼弗能害。不唯先有其備。而以羣聚邪。羣之可聚也。相與利之也。利之出於羣也。君道立也。故君道立則利出於羣。而人備可完矣。昔太古嘗無君矣。其民聚生羣處。知母不知父。無親戚兄弟夫妻男女之別。無上下長幼之道。無進退揖讓之禮。無衣服履帶宮室畜積之便。無器械舟車城郭險阻之備。此無君之患。故君臣之義。不可不明也。自上世以來。天下亡國多矣。而君道不廢者。天下之利也。故廢其非君而立其行君道者。君道何如。利而物利章。非濱之東。夷穢之鄉。大解陵魚其鹿野搖山揚島大人之居。多無君。揚漢之南。百越之際。敝凱諸夫風餘靡之地。縛婁陽禺驩兜之國。多無君。氏羌呼唐離水之西。僰人野人篇笮之川。舟人送龍突人之鄉。多無君。雁門之北。鷹隼所鷙須窺之國。饕餮窮奇之地。叔逆之所。儋耳之居。多無君。此四方之無君者也。其民麋鹿禽獸。少者使長。長者畏壯。有力者賢。暴傲者尊。日夜相殘。無時休息。以盡其類。聖人深見此患也。

故爲天下長慮，莫如置天子也。爲一國長慮。莫如置君也。置君非以阿君也。置天子非以阿天子也。置官長非以阿官長也。德衰世亂。然後天子利天下。國君利國。官長利官。此國所以遞興遞廢也。亂難之所以時作也。故忠臣廉士。內之則諫其君之過也。外之則死人臣之義也。豫讓欲殺趙襄子。滅鬚去眉。自刑以變其容。爲乞人而往乞於其妻之所。其妻曰狀貌無似吾夫者。其音何類吾夫之甚也。又呑炭以變其音。其友謂之曰。子之所道甚難而無功。謂子有志則然矣。謂子智則不然。以子之材。而索事襄子。襄子必近子。子得近而行所欲。此甚易而功必成。豫讓笑而應之曰。是先知報後知也。爲故君賊新君矣。大亂君臣之義者無此。失吾所爲爲之矣。凡吾所爲爲此者。所以明君臣之義也。非從易也。柱厲叔事莒敖公。自以爲不知而去。居於海上。夏日則食菱芡。冬日則食橡栗。莒敖公有難。柱厲叔辭其友而往死之。其友曰。子自以爲不知故去。今又往死之。是知與不知無異別也。柱厲叔曰。不然。自以爲不知故去。今死而弗往死。是果知我也。吾將死之。以醜後世人主之。不知其臣者也。所以激君人者之行。而厲人主之節也。行激節厲。忠臣幸於得察。忠臣察則君道固矣。

上農

古先聖王之所以導其民者。先務於農。民農非徒爲地利也。貴其志也。民農則樸。樸則易用。易用則邊境安。主位尊。民農則重。重則少私義。少私義則公法立。力專一。民農則其產復。其產復則重徙。重徙則死其處而無二慮。民舍本而事末則不令。不令則不可以守。不可以戰。民舍本而事末則其產約。其產約則輕遷徙。輕遷徙則國家有患皆有遠志。無有居心。民舍本而事末則好智。好智則多詐。多詐則巧法令。以是爲非。以非爲是。后稷曰。所以務耕織者。以爲本敎也。是故天子親率諸侯耕帝籍田。大夫士皆有功業。是故當時之務。農不見于國。以敎民尊地產也。后妃率九嬪蠶於郊。桑於公田。是以春秋冬夏皆有麻枲絲繭之功。以力婦敎也。是故丈夫不織而衣。婦人不耕而食。男女貿功以長生。此聖人之制也。故敬時愛日。非老不休。非疾不息。非死不舍。上田夫食九人。下田夫食五人。可以益。不可以損。一人治之。十人食之。六畜皆在其中矣。此大任地之道也。故當時之務。不興土功。不作師徒。庶人不冠弁娶妻嫁女享祀。不酒醴聚衆。農不上聞。不敢私籍於庸。爲害於時也。然後制野禁。苟非同姓。農不出御。女不外嫁。以安農也。野禁有五。地未辟易。不操麻。不出糞。齒年未長。不敢爲園囿。量力不足。不敢渠地而耕。農不敢行賈。不敢爲異事。爲害於時也。然後制四時之禁。山不敢伐材下木。澤人不敢灰僇。繯網罝罦不敢出於門。罛罟不敢入於淵。澤非舟虞不敢緣名。爲害其時也。若民不力田。墨乃家畜。國家難治。三疑乃極。是謂背本反則。失毀其國。凡民自七尺以上。屬諸三官。農攻粟。工攻器。賈攻貨。時事不共。是謂大凶。奪之以土功。是謂稽。不絕憂唯。必喪其粃。奪之以水事。是謂籥。喪以繼樂。四隣來虛。奪之以兵事。是謂厲。禍因胥歲。不舉錘艾。數奪民時。大饑乃來。野有寢耒。或談或歌。旦則有昏。喪粟甚多。皆知其末。莫知其本眞。

諸子治要卷一

諸子十七種

淮南子

一名淮南鴻烈。漢淮南王劉安撰。安高帝第六子長之子。好聚書。招致賓客方術之士。作內書二十一篇。即此書。外書甚衆。中書八篇。言神仙黃白之事。今皆不傳。此書大旨原本道德。而縱橫曼衍。多所旁涉。蓋安生當盛漢。多見古書。加以精心纂述。故能上抗呂覽。並垂至今。惟每篇文字動輒數千。猶不及呂書之簡潔而便於諷誦耳。

原道訓　節錄以下各篇並同

昔者夏鯀作三仞之城。諸侯背之。海外有狡心。禹知天下之叛也。乃壞城平池。散財物。焚甲兵。施之以德。海外賓伏。四夷納職。合諸侯於塗山。執玉帛者萬國。故機械之心藏於胸中。則純白不粹。神德不全。在身者不知。何遠之所能懷。是故革堅則兵利。城成則衝生。若以湯沃沸。亂乃逾甚。是故鞭噬狗。策蹏馬。而欲教之。雖伊尹造父弗能化。欲害之心亡於中。則飢虎可尾。何況狗馬之類乎。故體道者逸而不窮。任數者勞而無功。夫峭法刻誅者。非霸王之業也。箠策繁用者。非致遠之術也。離朱之明。察箴末於百步之外。不能見淵中之魚。師曠之聰。合八風之調。而不能聽十里之外。故任一人之能。不足以治三畝之宅也。修道理之數。因天地之自然。則六合不足均也。是故禹之決瀆也。因水以爲師。神農之播穀也。因苗以爲教。夫萍樹根於水。木樹根於土。鳥排虛而飛。獸蹠實而走。蛟龍水居。虎豹山處。天地之性也。兩木相摩而然。金火相守而流。員者常轉。窾者主浮。自然之勢也。是故春風至則甘雨降。生育萬物。羽者嫗伏。毛者孕育。草木榮華。鳥獸卵胎。莫見其爲者。而功既成矣。秋風下霜。倒生挫傷。鷹鵰搏鷙。昆蟲蟄藏。草木注根。魚鼈湊淵。莫見其爲者。滅而無形。木處榛巢。水居窟穴。禽獸有芄。人民有室。陸處宜牛馬。舟行宜多水。匈奴出穢裘。於越生葛絺。各生所急。以備燥溼。各因所處。以禦寒暑。並得其宜。物便其所。由此觀之。萬物固以自然。聖人又何事焉。九疑之南。陸事寡而水事衆。於是民人被髮文身。以像鱗蟲。短綣不絝。以便涉游。短袂攘卷。以便刺舟。因之也。雁門之北。狄不穀食。賤長貴壯。俗尙氣力。人不弛弓。馬不解勒。便之也。故禹之裸國。解衣而入。衣帶而出。因之也。今夫徙樹者。失其陰陽之性。則莫不枯槁。故橘樹之江北。則化而爲枳。鴝鵒不過濟。貈渡汶而死。形性不可易。勢居不可移也。是故達於道者。反於清潔。究於物者。終於無爲。以恬養性。以漠處神。則入于天門。所謂天者。純粹樸素。質直皓白。未始有與雜糅者也。所謂人者。偶䁥智故。曲巧僞詐。所以俛仰於世人而與俗交者也。故牛歧蹏而戴角。馬被髦而全足者。天也。絡馬之口。穿牛之鼻者。人也。循天者。與道游者也。隨人者。與俗交者也。夫井魚不可與語大。拘於隘也。夏蟲不可與語寒。篤於時也。曲士不可與語至道。拘於俗束於教也。故聖人不以人滑天。不以欲亂情。不謀而當。不言而信。不慮而得。不爲而成。精通於靈府。與造化者爲人。夫善游者溺。善騎者墮。各以其所好。反自爲禍。是故好事者未嘗不中。爭利者未嘗不窮也。昔共工之力。觸不周之山。使地東南傾。與高辛爭爲帝。遂潛於淵。宗族殘滅。繼嗣絕祀。越王翳逃山穴。越人熏而出之。遂不得已。由此觀之。得在時不在爭。治在道不在聖。土處下不爭高。故安而不危。水下流不爭先。故疾而不遲。昔舜耕於歷山。朞年而田者爭處墝埆。以封壤肥饒相讓。釣於河濱。朞年而漁者爭處湍瀨。以曲隈深潭相予。當此之時。口不設言。手不指麾。執玄德於心。而化馳若神。使舜無其志。雖口辯而戶說之。不能化一人。是故不道之道。莽乎大哉。夫能理三苗。朝羽民。徙裸國。納肅慎。未發號施令而移風易俗者。其唯心行者乎。法度刑罰。何足以致之也。是故聖人內修其本。而不外飾其末。保其精神。偃其智故。漠然無爲而無不爲也。澹然無治而無不治也。所謂無爲者。不先物爲也。所謂無不爲者。因物之所爲。所謂無治者。不易自然也。所謂無不治者。因物之相然也。萬物有所生。而獨知守其根。百事有所出。而獨知守其門。故窮無窮。極無極。照物而不眩。響應而不乏。此之謂天解。

本經訓

古之人同氣於天地。與一世而優游。當此之時。無慶賀之利。刑罰之威。禮義廉恥不設。毀譽仁鄙不立而萬民莫相侵欺暴虐。猶在於混冥之中。逮至衰世。人衆財寡。事力勞而養不足。於是忿爭生。是以貴仁。仁鄙不齊。比周朋黨。設詐諝。懷機械巧故之心。而性失矣。是以貴義。陰陽之情。莫不有血氣之感。男女羣居雜處而無別。是以貴禮。性命之情。淫而相脅以不得已則不和。是以貴樂。是故仁義禮樂者。可以救敗而非通治之至也。夫仁者所以救爭也。義者所以救失也。禮者所以救淫也。樂者所以救憂也。神明定於天下而心反其初。心反其初而民性善。民性善而天地陰陽從而包之。則財足而人贍矣。貪鄙忿爭不得生焉。由此觀之。則仁義不用矣。道德定於天下而民純樸。則目不營於色。耳不淫於聲。坐俳而歌謠。被髮而浮游。雖有毛嬙西施之色。不知悅也。掉羽武象。不知樂也。淫泆無別。不得生焉。由此觀之。禮樂不用也。是故德衰然後仁生。行沮然後義立。和失然後聲調。禮淫然後容飾。是故知神明然後知道德之不足爲也。知道德然後知仁義之不足行也。知仁義然後知禮樂之不足修也。今背其本而求其末。擇其要而索之於詳。未可與言至也。

凡人之性。心和欲得則樂。樂斯動。動斯蹈。蹈斯蕩。蕩斯歌。歌斯舞。歌舞節。則禽獸跳矣。人之性。心有憂喪則悲。悲則哀。哀斯憤。憤斯怒。怒斯動。動則手足不靜。人之性。有侵犯則怒。怒則血充。血充則氣激。氣激則發怒。發怒則有所釋憾矣。故鐘鼓管簫干鏚羽旄。所以飾喜也。衰經苴杖哭踊有節。所以飾哀也。兵革羽旄金鼓斧鉞。所以飾怒也。必有其質。乃爲之文。古者聖人在上。政教平。仁愛洽。上下同心。君臣輯睦。衣食有餘。家給人足。父慈子孝。兄良弟順。生者不怨。死者不憾。天下和洽。人得其願。夫人相樂。無所發貺。故聖人爲之作樂以和節之。末世之政。田漁重稅。關市急征。澤梁畢禁。網罟無所布。耒耜無所設。民力竭於徭役。財用殫於會賦。居者無食。行者無糧。老者不養。死者不葬。贅妻鬻子。以給上求。猶弗能贍。愚夫惷婦。皆有流連之心。悽愴之志。乃使始爲之撞大鐘。擊鳴鼓。吹竽笙。彈琴瑟。失樂之本矣。古者上求薄而民用給。君施其德。臣盡其忠。父行其慈。子竭其孝。各致其愛而無憾恨其間。夫三年之喪。非强而致之。聽樂不樂。食旨不甘。思慕之心未能絕也。晚世風流俗敗。嗜慾多。禮義廢。君臣相欺。父子相疑。怨尤充胸。思心盡亡。被衰戴絰。戲笑其中。雖致之三年。失喪之本也。古者天子一畿。諸侯一同。各守其分。不得相侵。有不行王道者。暴虐萬民。爭地侵壤。亂政犯禁。召之不至。令之不行。禁之不止。誨之不變。乃舉兵而伐之。戮其君。易其黨。封其墓。類其社。卜其子孫以代之。晚世務廣地侵壤。并兼無已。舉不義之兵。伐無罪之國。殺不辜之民。絕先聖之後。大國出攻。小國城守。驅人之牛馬。傒人之子女。毀人之宗廟。遷人之重寶。血流千里。暴骸滿野。以贍貪主之欲。非兵之所爲生也。故兵者所以討暴。非所以爲暴也。樂者所以致和。非所以爲淫也。喪者所以盡哀。非所以爲僞也。故事親有道矣。而愛爲務。朝廷有容矣。而敬爲上。處喪有禮矣。而哀爲主。用兵有術矣。而義爲本。本立而道行。本傷而道廢。

齊俗訓

廣廈闊屋。連闥通房。人之所安也。鳥入之而憂。高山險阻。深林叢薄。虎豹之所樂也。人入之而畏。川谷通原。積水重泉。黿鼉之所便也。人入之而死。咸池承雲。九韶六英。人之所樂也。鳥獸聞之而驚。深谿峭岸。峻木尋枝。猨狖之所樂也。人上之而慄。形殊性詭。所以為樂者乃所以為哀。所以為安者乃所以為危也。乃至天地之所覆載。日月之所照認。使各便其性。安其居。處其宜。為其能。故愚者有所脩。智者有所不足。柱不可以摘齒。筐不可以持屋。馬不可以服重。牛不可以追速。鉛不可以為刀。銅不可以為弩。鐵不可以為舟。木不可以為釜。各用之於其所適。施之於其所宜。卽萬物一齊。而無由相過。夫明鏡便於照形。其於以函食不如簞。犧牛粹毛。宜於廟牲。其於以致雨。不若黑蜧。由此觀之。物無貴賤。因其所貴而貴之。物無不貴也。因其所賤而賤之。物無不賤也。夫玉璞不厭厚。角觿不厭薄。漆不厭黑。粉不厭白。此四者相反也。所急則均。其用一也。今之裘與蓑孰急。見雨則裘不用。升堂則蓑不御。此代為常者也。譬若舟車楯肆窮廬。故有所宜也。故老子曰。不上賢者。言不致魚於木。沈鳥於淵。故堯之治天下也。舜為司徒。契為司馬。禹為司空。后稷為大田師。奚仲為工。其導萬民也。水處者漁。山處者木。谷處者牧。陸處者農。地宜其事。事宜其械。械宜其用。用宜其人。澤皐織網。陵阪耕田。得以所有易所無。以所工易所拙。是故離叛者寡。而聽從者眾。譬若播棊丸於地。員者走澤。方者處高。各從其所安。夫有何上下焉。若風之遇簫。忽然感之。各以清濁應矣。夫猨狖得茂木不舍而穴。狟貉得埵防弗去而緣。物莫避其所利而就其所害。是故鄰國相望。雞狗之音相聞。而足迹不接諸侯之境。車軌不結千里之外者。皆各得其所安。故亂國若盛。治國若虛。亡國若不足。存國若有餘。虛者非無人也。皆守其職也。盛者非多人也。皆徼於末也。有餘者非多財也。欲節事寡也。不足者非無貨也。民躁而費多也。故先王之法籍。非所作也。其所因也。其禁誅。非所爲也。其所守也。

氾論訓

古者有鍪而綣領。以王天下者矣。其德生而不辱。予而不奪。天下不非其服。同懷其德。當此之時。陰陽和平。風雨時節。萬物蕃息。烏雀之巢可俯而探也。禽獸可羈而從也。豈必褒衣博帶句襟委章甫哉。古者民澤處復穴。冬日則不勝霜雪霧露。夏日則不勝暑熱蚉蝱。聖人乃作爲之築土構木。以爲宮室。上棟下宇。以蔽風雨。以避寒暑。而百姓安之。伯余之初作衣也。緂麻索縷。手經指挂。其成猶網羅。後世爲之機杼勝複。以便其用。而民得以揜形禦寒。古者剡耜而耕。摩蜃而耨。木鉤而樵。抱甀而汲。民勞而利薄。後世爲之耒耜耰鉏。斧柯而樵。桔皐而汲。民逸而利多焉。古者大川名谷衝絕道路。不通往來也。乃爲窬木方版。以爲舟航。故地勢有無。得相委輸。乃爲靻蹻而超千里。肩荷負儋之勤也。而作爲之揉輪建輿。駕馬服牛。民以致遠而不勞。爲鷙禽猛獸之害傷人而無以禁御也。而作爲之鑄金鍛鐵以爲兵刃。猛獸不能爲害。故民迫其難則求其便。因其患則造其備。人各以其所知去其所害。就其所利。常故不可循。器械不可因也。則先王之法度有移易者矣。古之制。婚禮不稱主人。舜不告而娶。非禮也。立子以長。文王舍伯邑考而用武王。非制也。禮三十而娶。文王十五而生武王。非法也。夏后氏殯於阼階之上。殷人殯於兩楹之間。周人殯於西階之上。此禮之不同者也。有虞氏用瓦棺。夏后氏堲周。殷人用槨。周人牆置翣。此葬之不同者也。夏后氏祭於闇。殷人祭於陽。周人祭於日出以朝。此祭之不同者也。堯大章。舜九韶。禹大夏。湯大濩。周武象。此樂之不同者也。故五帝異道而德覆天下。三王殊事而名施後世。此皆因時變而制禮樂者。譬猶師曠之施瑟柱也。所推移上下者。無尺寸之度。而靡不中音。故通於禮樂之情者能作音。有本主於中。而以知榘彠之所周者也。魯昭公有慈母而愛之。死爲之練冠。故有慈母之服。陽侯殺蓼侯而竊其夫人。故大饗廢夫人之禮。先王之制。不宜則廢之。末世之事。善則著之。是故禮樂未始有常也。故聖人制禮樂。而不制於禮樂。治國有常。而利民爲本。政教有經。而令行爲上。苟利於民。不必法古。苟周於事。不必循舊。夫夏商之衰也。不變法而亡。三代之起也。不相襲而王。故聖人法與時變。禮與俗化。衣服器械。各便其用。法度制令。各因其宜。故變古未可非。而循俗未足多也。

泰族訓

天地四時非生萬物也。神明接。陰陽和。而萬物生之。聖人之治天下。非易民性也。拊循其所有而滌蕩之。故因則大。化則細矣。禹鑿龍門。闢伊闕。決江濬河。東注之海。因水之流也。后稷墾草發菑。糞土樹穀。使五種各得其宜。因地之勢也。湯武革車三百乘。甲卒三千人。討暴亂制夏商。因民之欲也。故能因則無敵於天下矣。夫物有以自然。而後人事有治也。故良匠不能斲金。巧冶不能鑠木。金之勢不可斲。而木之性不可鑠也。埏埴而爲器。窬木而爲舟。鑠鐵而爲刃。鑄金而爲鐘。因其可也。駕馬服牛。令雞司夜。令狗守門。因其然也。民有好色之性。故有大婚之禮。有飲食之性。故有大饗之誼。有喜樂之性。故有鐘鼓筦絃之音。有悲哀之性。故有衰絰哭踊之節。故先王之制法也。因民之所好而爲之節文者也。因其好色而制婚姻之禮。故男女有別。因其喜音而正雅頌之聲。故風俗不流。因其寧家室樂妻子。教之以順。故父子有親。因其喜朋友而教之以悌。故長幼有序。然後脩朝聘以明貴賤。饗飲習射以明長幼。時搜振旅以習用兵也。入學庠序以脩人倫。此皆人之所有於性。而聖人之所匠成也。故無其性不可教訓。有其性無其養。不能遵道。繭之性爲絲。然非得工女煮以熱湯而抽其統紀。則不能成絲。卵之化爲雛。非慈雌嘔煖覆伏。累日積久。則不能爲雛。人之性有仁義之資。非聖人爲之法度而教導之。則不可使鄉方。故先王之教也。因其所喜以勸善。因其所惡以禁姦。故刑罰不用。而威行如流。政令約省。而化耀如神。故因其性。則天下聽從。拂其性。則法縣而不用。

黃帝曰。芒芒昧昧。因天之威。與元同氣。故同氣者帝。同義者王。同力者霸。無一焉者亡。故人主有伐國之志。邑犬羣嗥。雄雞夜鳴。庫兵動而戎馬驚。今日解怨偃兵。家老甘臥。巷無聚人。妖菑不生。非法之應也。精氣之動也。故不言而信。不施而仁。不怒而威。是以天心動化者也。施而仁。言而信。怒而威。是以精神感之者也。施而不仁。言而不信。怒而不威。是以外貌爲之者也。故有道以統之。法雖少。足以化矣。無道以行之。法雖衆。足以亂矣。治身太上養神。其次養形。治國太上養化。其次正法。神清志平。百節皆寧。養性之本也。肥肌膚。充腸腹。供嗜欲。養生之末也。民交讓爭處卑。委利爭受寡。力事爭就勞。日化上遷善。而不知其所以然。此治之上也。利賞而勸善。畏刑而不爲非。法令正於上。而百姓服於下。此治之末也。上世養本。而下世事末。此太平之所以不起也。夫欲治之主不世出。而可與興治之臣不萬一。以萬一求不世出。此所以千歲不一會也。水之性淖以清。窮谷之汙。生以青苔。不治其性也。掘其所流而深之。茨其所決而高之。使得循勢而行。乘衰而流。雖有腐髊流漸。弗能汙也。其性非異也。通之與不通也。風俗猶此也。誠決其善志。防其邪心。啟其善道。塞其姦路。與同出一道。則民性可善。而風俗可美也。所以貴扁鵲者。非貴其隨病而調藥。貴其擪息脈血。知病之所從生也。

所以貴聖人者。非貴隨罪而鑒刑也。貴其知亂之所由起也。若不脩其風俗。而縱之淫辟。乃隨之以刑。繩之以法。法雖殘賊。天下弗能禁也。禹以夏王。桀以夏亡。湯以殷王。紂以殷亡。非法度不存也。紀綱不張。風俗壞也。三代之法不亡。而世不治者。無三代之智也。六律具存。而莫能聽者。無師曠之耳也。故法雖在。必待聖而後治。律雖具。必待耳而後聽。故國之所以存者。非以有法也。以有賢人也。其所以亡者。非以無法也。以無賢人也。晉獻公欲伐虞。宮之奇存焉。爲之寢不安席。食不甘味。而不敢加兵焉。賂以寶玉駿馬。宮之奇諫而不聽。言而不用。越疆而去。荀息伐之。兵不血刃。抱寶牽馬而去。故守不待渠塹而固。攻不待衝降而拔。得賢之與失賢也。故臧武仲以其智存魯。而天下莫能亡也。璩伯玉以其仁寧衛。而天下莫能危也。易曰。豐其屋。蔀其家。窺其戶。闃其無人。無人者。非無衆庶也。言無聖人以統理之也。民無廉恥。不可治也。非脩禮義。廉恥不立。民不知禮義。法弗能正也。非崇善廢醜。不向禮義。無法不可以爲治也。不知禮義。不可以行法。法能殺不孝者。而不能使人爲孔曾之行。法能刑竊盜者。而不能使人爲伯夷之廉。孔子弟子七十。養徒三千人。皆入孝出悌。言爲文章。行爲儀表。教之所成也。墨子服役者百八十人。皆可使赴火蹈刃。死不還踵。化之所致也。夫刻肌膚。鑱皮革。被創流血。至難也。然越爲之。以求榮也。聖王在上。明好惡以示之。經誹譽以導之。親賢而進之。賤不肖而退之。無被創流血之苦。而有高世尊顯之名。民孰不從。古者法設而不犯。刑錯而不用。非可刑而不刑也。百工維時。庶績咸熙。禮義脩而任賢得也。

要略訓

文王之時。紂爲天子。賦斂無度。戮殺無止。康梁沈湎。宮中成市。作爲炮烙之刑。刳諫者。剔孕婦。天下同心而苦之。文王四世纍善。脩德行義。處岐周之間。地方不過百里。天下二垂歸之。文王欲以卑弱制強暴。以爲天下去殘除賊而成王道。故太公之謀生焉。文王業之而不卒。武王繼文王之業。用太公之謀。悉索薄賦。躬擐甲胄。以伐無道而討不義。誓師牧野。以踐天子之位。天下未定。海內未輯。武王欲昭文王之令德。使夷狄各以其賄來貢。遼遠未能至。故治三年之喪。殯文王於兩楹之間。以俟遠方。武王立三年而崩。成王在褓襁之中。未能用事。蔡叔管叔輔公子祿父而欲爲亂。周公繼文王之業。持天子之政。以股肱周室。輔翼成王。懼爭道之不塞。臣下之危上也。故縱馬華山。放牛桃林。敗鼓折枹。搢笏而朝。以寧靜王室。鎭撫諸侯。成王既壯。能從政事。周公受封於魯。以此移風易俗。孔子脩成康之道。述周公之訓。以教七十子。使服其衣冠。脩其篇籍。故儒者之學生焉。墨子學儒者之業。受孔子之術。以爲其禮煩擾而不悅。厚葬靡財而貧民。久服傷生而害事。故背周道而用夏政。禹之時。天下大水。禹身執虆垂。以爲民先。剔河而道九岐。鑿江而通九路。辟五湖而定東海。當此之時。燒不暇攢。濡不給扢。死陵者葬陵。死澤者葬澤。故節財薄葬閑服生焉。齊桓公之時。天子卑弱。諸侯力征。南夷北狄。交伐中國。中國之不絕如綫。齊國之地。東負海而北障河。地狹田少。而民多智巧。桓公憂中國之患。苦夷狄之亂。欲以存亡繼絕。崇天子之位。廣文武之業。故管子之書生焉。齊景公內好聲色。外好狗馬。獵射亡歸。好色無辨。作爲路寢之臺。族鑄大鍾。撞之庭下。郊雉皆呴。一朝用三千鍾贛。梁丘據子家噲導於左右。故晏子之諫生焉。晚世之時。六國諸侯。谿異谷別。水絕山隔。各自治其境內。守其分地。握其權柄。擅其政令。下無方伯。上無天子。力征爭權。勝者爲右。恃連與國。約重致。剖信符。結遠援。以守其國家。持其社稷。故縱橫脩短生焉。申子者。韓昭釐之佐。韓晉別國也。地墽民險。而介於大國之閒。晉國之故禮未滅。韓國之新法重出。先君之令未收。後君之令又下。新故相反。前後相繆。百官背亂。不知所用。故刑名之書生焉。秦國之俗。貪狼強力。寡義而趨利。可威以刑。而不可化以善。可勸以賞。而不可厲以名。被險而帶河。四塞以爲固。地利形便。畜積殷富。孝公欲以虎狼之勢。而吞諸侯。故商鞅之法生焉。若劉氏之書。觀天地之象。通古今之事。權事而立制。度形而施宜。原道之心。合三王之風。以儲與扈冶。玄眇之中。精搖靡覽。棄其畛挈。斟其淑靜。以統天下。理萬物。應變化。通殊類。非循一跡之路。守一隅之指。拘繫牽連於物。而不與世推移也。故置之尋常而不塞。布之天下而不窕。

諸子治要卷一

諸子十七種

論衡　後漢王充撰。充上虞人。字仲任。師事班彪。好博覽。不守章句。仕爲郡功曹。以數諫爭不合去。此書凡八十餘篇。大旨詳於自紀中。蓋內傷時命之坎軻。外嫉世俗之虛僞。發憤著書。其言不免少激。然貶訛訂俗。無徵不信。最富有學者自得之風。蔡邕嘗歎此書卓越諸子。固不獨以其議論之新穎可資談助已也。

物勢　節錄

儒者論曰。天地故生人。此言妄也。夫天地合氣。人偶自生也。猶夫婦合氣。子則自生也。夫婦合氣。非當時欲得生子。情欲動而合。合而生子矣。且夫婦不故生子。以知天地不故生人也。然則人生於天地也。猶魚之於淵。蟣虱之於人也。因氣而生。種類相產。萬物生天地之間。皆一實也。傳曰。天地不故生人。人偶自生。若此。論事者何故云天地爲鑪。萬物爲銅。陰陽爲火。造化爲工乎。案陶冶者之用火爍銅燔器。故爲之也。而云天地不故生人。人偶自生耳。可謂陶冶者不故爲器。而器偶自成乎。夫比不應事。未可謂喩。文不稱實。未可謂是也。曰。是喩人稟氣不能純一。若爍銅之下形。燔器之得火也。非謂天地生人與陶冶同也。興喩人皆引人事。人事有體。不可斷絕。以目視頭。頭不得不動。以手相足。足不得不搖。目與頭同形。手與足同體。今夫陶冶者。初埏埴作器。必模範爲形。故作之也。燃炭生火。必調和鑪竈。故爲之也。及銅鑠不能皆成器。燔不能盡善。不能故生也。夫天不能故生人。則其生萬物。亦不能故也。天地合氣。物偶自生矣。夫耕耘播種。故爲之也。及其成與不熟。偶自然也。何以驗之。如天故生萬物。當令其相親愛。不當令之相賊害也。或曰。五行之氣。天生萬物。以萬物含五行之氣。五行之氣。更相賊害。曰。天自當以一行之氣生萬物。令之相親愛。不當令五行之氣。反使相賊害也。或曰。欲爲之用。故令相賊害。賊害相成也。故天用五行之氣生萬物。人用萬物作萬事。不能相制。不能相使。不相賊害。不成爲用。金不賊木。木不成用。火不爍金。金不成器。故諸物相賊相利。含血之蟲。相勝服。相齧噬。相啖食者。皆五行氣使之然也。曰。天生萬物。欲令相爲用。不得不相賊害也。則生虎狼蝮蛇及蜂蠆之蟲。皆賊害人。天又欲使人爲之用邪。凡萬物相刻賊。含血之蟲。則相服。至於相啖食者。自以齒牙頓利。筋力優劣。動作巧便。氣勢勇桀。若人之在世。勢不與適。力不均等。自相勝服。以力相服。則以刃相賊矣。夫人以刃相賊。猶物以齒角爪牙相觸刺也。力強角利。勢烈牙長。則能勝。氣微爪短。誅膽小距頓。則服畏也。人有勇怯。故戰有勝負。勝者未必受金氣。負者未必得木精也。孔子畏陽虎。卻行流汗。陽虎未必色白。孔子未必面青也。鷹之擊鳩雀。鴞之啄鵠雁。未必鷹鴞生於南方。而鳩雀鵠雁產於西方也。自是筋力勇怯相勝服也。一堂之上。必有論者。一鄉之中。必有訟者。訟必有曲直。論必有是非。非而曲者爲負。是而直者爲勝。亦或辯口利舌。辭喻橫出爲勝。或詘弱綴跆蹥蹇不比者爲負。以舌論訟。猶以劍戟鬭也。利劍長戟手足健疾者勝。頓刀短矛。手足緩留者負。夫物之相勝。或以筋力。或以氣勢。或以巧便。小有氣勢。口足有便。則能以小而制大。大無骨力角翼不勁。則以大而服小。鵲食蝟皮。博勞食蜘。蝟蜘不便也。蚊虻之力不如牛馬。牛馬困於蚊虻。蚊虻乃有勢也。鹿之角足以觸犬。獮猴之手足以搏鼠。然而鹿制於犬。獮猴服於鼠。角爪不利也。故十年之牛。爲牧豎所驅。長仞之象。爲越僮所鉤。無便故也。故夫得其便也。則以小能勝大。無其便也。則以强服於羸也。

書虛 節錄

世信虛妄之書。以爲載於竹帛上者。皆賢聖所傳。無不然之事。故信而是之。諷而讀之。睹眞是之傳與虛妄之書相違。則并謂短書不可信用。夫幽冥之實尙可知。沈隱之情尙可定。顯文露書。是非易見。籠總并傳非實事。用精不專。無思於事也。夫世間傳書諸子之語。多欲立奇造異。作驚目之論。以駭世俗之人。爲譎詭之書。以著殊異之名。傳書言延陵季子出游。見路有遺金。當夏五月。有披裘而薪者。季子呼薪者曰。取彼地金。來薪者投鎌於地。瞋目拂手而言曰。何子居之高。視之下。儀貌之壯。語言之野也。吾當夏五月。披裘而薪。豈取金者哉。季子謝之。請問姓字。薪者曰。子皮相之士也。何足語姓字。遂去不顧。世以爲然。殆虛言也。夫季子恥吳之亂。吳欲共立以爲主。終不肯受。去之延陵。終身不還。廉讓之行。終始若一。許由讓天下。不嫌貪封侯。伯夷委國饑死。不嫌貪刀鉤。廉讓之行。大可以況小。小難以況大。季子能讓吳位。何嫌貪地遺金。季子使於上國。道過徐。徐君好其寶劍。未之卽予。還而徐君死。解劍帶冢樹而去。廉讓之心。恥負其前志也。季子不負死者。棄其寶劍。何嫌一叱生人取金於地。季子未去吳乎。公子也。已去吳乎。延陵君也。公子與君。出有前後車。有附從。不能空行於塗。明矣。既不恥取金。何難使左右。而煩披裘者。世稱柳下惠之行。言其能以幽冥自修潔也。賢者同操。故千歲交志。置季子於冥昧之中。尚不取金。況以白日前後備具。取金於路。非季子之操也。或時季子實見遺金。憐披裘薪者。欲以益之。或時言取彼地金。欲以予薪者。不自取也。世俗傳言。則言季子取遺金也。

變虛 節錄

傳書曰。宋景公之時。熒惑守心。公懼。召子韋而問之曰。熒惑在心。何也。子韋曰。熒惑。天罰也。心。宋分野也。禍當君。雖然。可移於宰相。公曰。宰相所使治國家也。而移死焉。不祥。子韋曰。可移於民。公曰。民死。寡人將誰爲也。寧獨死耳。子韋曰。可移於歲。公曰。民饑必死。爲人君而欲殺其民以自活也。其誰以我爲君者乎。是寡人命固盡也。子毋復言。子韋退走。北面再拜曰。臣敢賀君。天之處高而聽卑。君有君人之言三。天必三賞君。今夕星必徙三舍。君延命二十一年。公曰。奚知之。對曰。君有三善。故有三賞。星必三徙。三徙行七星。星當一年。三七二十一。故君命延二十一歲。臣請伏於殿下以伺之。星必不徙。臣請死耳。是夕也。火星果徙三舍。如子韋之言。則延年審得二十一歲矣。星徙審則延命。延命明則景公為善天祐之也。則夫世間人能為景公之行者。則必得景公祐矣。此言虛也。何則。皇天遷怒。使熒惑本景公身有惡而守心。則雖聽子韋言。猶無益也。使其不為景公。則雖不聽子韋之言。亦無損也。

感虛 節錄

傳書言。湯遭七年旱。以身禱於桑林。自責以六過。天乃雨。或言五年。禱辭曰。余一人有罪。無及萬夫。萬夫有罪。在余一人。天以一人之不敏。使上帝鬼神傷民之命。於是翦其髮。麗其手。自以為牲。用祈福於上帝。上帝甚說。時雨乃至。言湯以身禱於桑林自責。若言翦髮麗手。自以為牲。用祈福於帝者。實也。言雨至為湯自責以身禱之故。殆虛言也。孔子疾病。子路請禱。孔子曰。有諸。子路曰。有之。誄曰。禱爾于上下神祇。孔子曰。丘之禱久矣。聖人修身正行。素禱之日久。天地鬼神知其無罪。故曰禱久矣。易曰。大人與天地合其德。與日月合其明。與四時合其敘。與鬼神合其吉凶。此言聖人與天地鬼神同德行也。即須禱以得福。是不同也。湯與孔子俱聖人也。皆素禱之日久。孔子不使子路禱以治病。湯何能以禱得雨。孔子素禱。身猶疾病。湯亦素禱。歲猶大旱。然則天地之有水旱。猶人之有疾病也。疾病不可以自責除水旱不可以禱謝去明矣。湯之致旱以過乎。是不與天地同德也。今不以過致旱乎。自責禱謝。亦無益也。人形長七尺。形中有五常。有癉熱之病。深自剋責。猶不能愈。況以廣大之天。自有水旱之變。湯用七尺之形。形中之誠。自責禱謝。安能得雨邪。人在層臺之上。人從層臺下叩頭。求請臺上之物。臺上之人聞其言。則憐而與之。如不聞其言。雖至誠區區。終無得也。夫天去人。非徒層臺之高也。湯雖自責。天安能聞知而與之雨乎。夫旱火變也。湛水異也。堯遭洪水。可謂湛矣。堯不自責以身禱祈。必舜禹治之。知水變必須治也。除湛不以禱祈。除旱亦宜如之。由此言之。湯 禱祈。不能得雨。或時旱久。時當自雨。湯以旱久。亦適自責。世人見雨之下。隨湯自責而至。則謂湯以禱祈得雨矣。

福虛 節錄

世論行善者福至。爲惡者禍來。福禍之應。皆天也。人爲之。天應之。陽恩人君賞其行。陰惠天地報其德。無貴賤賢愚。莫謂不然。徒見行事有其文傳。又見善人時遇福。故遂信之。謂之實然。斯言或時賢聖欲勸人爲善。著必然之語。以明德報。或福時適遇者。以爲然。如實論之。安得福祐乎。楚惠王食寒葅而得蛭。因遂吞之。腹有疾而不能食。令尹問王安得此疾也。王曰。我食寒葅而得蛭。念譴之而不行其罪乎。是廢法而威不立也。非所以使國人聞之也。譴而行誅乎。則庖廚監食者法皆當死。心又不忍也。吾恐左右見之也。因遂吞之。令尹避席再拜而賀曰。臣聞天道無親。唯德是輔。王有仁德。天之所奉也。病不爲傷。是夕也。惠王之後而蛭出。及久患心腹之積皆愈。故天之親德也。可謂不察乎。曰此虛言也。案惠王之吞蛭。不肖之主也。有不肖之行。天不祐也。何則。惠王不忍譴蛭。恐庖廚監食法皆誅也。一國之君。專擅賞罰。而赦人君所爲也。惠王通譴菹中何故有蛭。庖廚監食皆當伏法。然能終不以飲食行誅於人。赦而不罪。惠莫大焉。庖廚罪覺而不誅。自新而改後。惠王赦細而活微。身安不病。今則不然。彊食害己之物。使監食之臣不聞其過。失御下之威。無禦非之心。不肖一也。使庖廚監食失甘苦之和。若塵土落於菹中。大如蟣虱。非意所能覽。非目所能見。原心定罪。不明其過。可謂惠矣。今蛭廣有分數。長有寸度•在寒菹中。眇目之人猶將見之。臣不畏敬。擇濯不謹。罪過至重。惠王不譴。不肖二也。菹中不當有蛭。不食投地。如恐左右之見。懷屏隱匿之處。足以使蛭不見。何必食之。如不可食之物。誤在菹中。可復隱匿而彊食之。不肖三也。有不肖之行而天祐之。是天報祐不肖人也。不忍譴蛭。世謂之賢。賢者操行。多若吞蛭之類。吞蛭。天除其病。是則賢者常無病也。賢者德薄。未足以言。聖人純道。操行少非。爲推不忍之行。以容人之過。必衆多矣。然而武王不豫。孔子疾病。天之祐人。何不實也。或時惠王吞蛭。蛭偶自出。食生物者。無有不死。腹中熱也。初吞蛭時未死。而腹中熱。蛭動作。故腹中痛。須臾蛭死。腹中痛亦止。蛭之性食血。惠王心腹之積。殆積血也。故食血之蟲死。而積血之病愈。猶狸之性食鼠。人有鼠病吞狸自愈物類相勝方藥相使也食蛭蟲而病愈安得怪乎食生物無不死死無不出之後蛭出安得祐乎令尹見惠王有不忍之德知蛭入腹中必當死出臣因再拜賀病不爲傷著已知來之德以喜惠王之心是與子韋之言星徙太卜之言地動無以異也

禍虛 節錄

世謂受福祐者旣以爲行善所致又謂被禍害者爲惡所得以爲有沈惡伏過天地罰之鬼神報之天地所罰小大猶發鬼神所報遠近猶至傳曰子夏喪其子而喪其明曾子弔之哭子夏曰天乎予之無罪也曾子怒曰商汝何無罪也吾與汝事夫子於洙泗之間退而老於西河之上使西河之民疑汝於夫子爾罪一也喪爾親使民無有異聞爾罪二也喪爾子喪爾明爾罪三也而曰汝無罪何歟子夏投其杖而拜曰吾過矣吾過矣吾離羣而索居亦以久矣夫子夏喪其明曾子責以罪子夏投杖拜曾子之言蓋以天實罰過故目失其明已實有之故拜受其過始聞暫見皆以爲然熟考論之虛妄言也夫失明猶失聽也失明則盲失聽則聾病聾不謂之有過失明謂之有罪惑也蓋耳目之病猶心腹之有病也耳目失明聽謂之有罪心腹有病可謂有過乎伯牛有疾孔子自牖執其手曰亡之命矣夫斯人也而有斯疾也原孔子言謂伯牛不幸故傷之也如伯牛以過致疾天報以惡與子夏同孔子宜陳其過若曾子謂子夏之狀今乃言命命非過也且天之罰人猶人君罪下也所罰服罪人君

赦之子夏服過。拜以自悔。天德至明。宜愈其盲。如非天罪。子夏失明。亦無三罪。且喪明之病。孰與被厲之病。喪明有三罪。被厲有十過乎。顏淵早夭。子路菹醢。早死菹醢。極禍也。以喪明言之。顏淵子路有百罪也。由此言之。曾子之言誤矣。然子夏之喪明。喪其子也。子者人情所通。親者人所力報也。喪親民無聞。喪子失其明。此恩損於親而愛增於子也。增則哭泣無數。數哭中風。目失明矣。曾子因俗之議。以著子夏三罪。子夏亦緣俗議因以失明。故拜受其過。曾子子夏未離於俗。故孔子門敍行未在上第也。

道虛 節錄

儒書言淮南王學道。招會天下有道之人。傾一國之尊。下道術之士。是以道術之士。並會淮南。奇方異術。莫不爭出。王遂得道。舉家升天。畜產皆仙。犬吠於天上。雞鳴於雲中。此言仙藥有餘。犬雞食之。皆隨王而升天也。好道學仙之人。皆謂之然。此虛言也。夫人。物也。雖貴為王侯。性不異於物。物無不死。人安能仙。鳥有毛羽。能飛。不能升天。人無毛羽。何用飛升。使有毛羽。不過與鳥同。況其無有升天如何。案能飛升之物。生有毛羽之兆。能馳走之物。生有蹄足之形。馳走不能飛升。飛升不能馳走。稟性受氣。形體殊別也。今人稟馳走之性。故生無毛羽之兆。長大至老。終無奇怪。好道學仙。中生毛羽。終以飛升。使物性可變。金木水火可革更也。蝦蟇化為鶉。雀入水為蜃蛤。稟自然之性。非學道所能為也。好道之人。恐其或若等之類。故謂人能生毛羽。毛羽備具能升天也。且夫物之生長。無卒成暴起。皆有浸漸。爲道學仙之人。能先生數寸之毛羽。從地自奮。升樓臺之陛。乃可謂升天。今無小升之兆。卒有大飛之驗。何方術之學。成無浸漸也。毛羽大效。難以觀實。且以人髯髮物色。少老驗之。物生也色青。其熟也色黃。人之少也髮黑。其老也髮白。黃爲物熟驗。白爲人老效。物黃。人雖灌溉壅養。終不能青。髮白。雖呑藥養性。終不能黑。黑青不可復還。老衰安可復卻。黃之與白。猶肉腥炙之燋。魚鮮煮之熟也。燋不可復令腥。熟不可復令鮮。鮮腥猶少壯。燋熟猶衰老也。天養物。能使物暢至秋。不得延之至春。呑藥養性。能令人無病。不能壽之爲仙。爲仙體輕氣彊。猶未能升天。令見輕彊之驗。亦無毛羽之效。何用升天。天之與地皆體也。地無下。則天無上矣。天無上。升之路。何如穿天之體。人力不能入。如天之門在西北。升天之人。宜從崑崙上。淮南之國。在地東南。如審升天。宜舉家先從崑崙。乃得其階。如鼓翼邪飛。趨西北之隅。是則淮南王有羽翼也。今不言其從之崑崙。亦不言其身生羽翼。空言升天。竟虛非實也。案淮南王劉安。孝武皇帝之時也。父長以罪遷蜀嚴道。至雍道死。安嗣爲王。恨父徙死。懷反逆之心。招會術人。欲爲大事。伍被之屬。充滿殿堂。作道術之書。發怪奇之文。合景亂首。八公之傳。欲示神奇。若得道之狀。道終不成。效驗不立。乃與伍被謀爲反事。事覺自殺。或言誅死。誅死自殺。同一實也。世見其書深冥奇怪。又觀八公之傳。似若有效。則傳稱淮南王仙而升天。失其實也。

道家或以導氣養性。度世而不死。以爲血脈在形體之中。不動搖屈伸。則閉塞不通。不通積聚。則爲病而死。此又虛也。夫人之形。猶草木之體也。草木在高山之巔。當疾風之衝。晝夜動搖者。能復勝彼隱在山谷間。鄣於疾風者乎。案草木之生。動搖者傷而不暢。人之導引動搖形體者。何故壽而不死。夫血脈之藏於身也。猶江河之流地。江河之流。濁而不淸。血脈之動。亦擾不安。不安則猶人勤苦無聊也。安能得久生乎。道家或以服食藥物。輕身益氣。延年度世。此又虛也。夫服食藥物。輕身益氣。頗有其驗。若夫延年度世。世無其效。百藥愈病。病愈而氣復。氣復而身輕矣。凡人稟性。身本自輕。氣本自長。中於風溼。百病傷之。故身重氣劣也。服食良藥。身氣復。故非本氣少身重。得藥而乃氣長身更輕也。稟受之時。本自有之矣。故夫服食藥物。除百病。令身輕氣長。復其本性。安能延年至於度世。有血脈之類。無有不生。生無不死。以其生。故知其死也。天地不生。故不死。陰陽不生。故不死。死者生之效。生者死之驗也。夫有始者必有終。有終者必有始。唯無終始者。乃長生不死。人之生。其猶水也。水凝而爲冰。氣積而爲人。冰極一冬而釋。人竟百歲而死。人可令不死。冰可令不釋乎。諸學仙術爲不死之方。其必不成。猶不能使冰終不釋也。

齊世

語稱上世之人。侗長佼好。堅彊老壽。百歲左右。下世之人。短小陋醜。夭折早死。何則。上世和氣純渥。婚姻以時。人民稟善氣而生。生又不傷。骨節堅定。故長大老壽。狀貌美好。下世反此。故短小夭折。形面醜惡。此言妄也。夫上世治者。聖人也。下世治者。亦聖人也。聖人之德。前後不殊。則其治世。古今不異。上世之天。下世之天也。天不變易。氣不改更。上世之民。下世之民也。俱稟元氣。元氣純和。古今不異。則稟以爲形體者。何故不同。夫稟氣等。則懷性均。懷性均則形體同。形體同則醜好齊。醜好齊則夭壽適。一天一地。並生萬物。萬物之生。俱得一氣。氣之薄渥。萬世若一。帝王治世。百代同道。人民嫁娶。同時共禮。雖言男三十而娶。女二十而嫁。法制張設。未必奉行。何以效之。以今不奉行也。禮樂之制。存見於今。今之人民。肯行之乎。今人不肯行。古人亦不肯舉。以今之人民。知古之人民也。物亦物也。人生一世。壽至一百歲。生爲十歲兒時。所見地上之物。生死改易者多。至於百歲。臨且死時。所見諸物。與年十歲時所見無以異也。使上世下世。民人無有異。則百歲之間。足以卜筮。六畜長短。五穀大小。昆蟲草木金石。珠玉蜎蜚蠕動。跂行喙息。無有異者。此形不異也。古之水火。今之水火也。今氣爲水火也。使氣有異。則古之水清火熱。而今水濁火寒乎。人生長六七尺。大三四圍。面有五色。壽至於百。萬世不異。如以上世人民。侗長佼好。堅彊老壽。下世反此。則天地初立。始爲人時。長可如防風之君。色如宋朝。壽如彭祖乎。從當今至千世之後。人可長如荚英。色如嫫母。壽如朝生乎。王莽之時。長人生長一丈。名曰霸出。建武年中。潁川張仲師長一丈二寸。張湯八尺有餘。其父不滿五尺。俱在今世。或長或短。儒者之言。竟非誤也。語稱上世使民。以宜傴者抱關。侏儒俳優。如皆侗長佼好。安得傴侏之人乎。語稱上世之人質朴易化。下世之人文薄難治。故易曰。上古之世。結繩以治。後世易之以書契。先結繩易化之故。後書契難治之驗也。故夫宓犧之前。人民至質朴。臥者居居。坐者于于。羣居聚處。知其母不識其父。至宓犧時。人民頗文。知欲詐愚。勇欲恐怯。彊欲淩弱。衆欲暴寡。故宓犧作八卦以治之。至周之時。人民文薄。八卦難復因襲。故文王衍爲六十四首。極其變。使民不倦。至周之時。人民久薄。故孔子作春秋。采毫毛之善。貶纖介之惡。稱曰。周監於二代。郁郁乎文哉。吾從周。孔子知世浸弊。文薄難治。故加密致之罔。設纖微之禁。檢狎守持。備具悉極。此言妄也。上世之人。所懷五常也。下世之人。亦所懷五常也。俱懷五常之道。共稟一氣而生。上世何以質朴。下世何以文薄。彼見上世之民。飲血茹毛。無五穀之食。後世穿地爲井。耕土種穀。飲井食粟。有水火之調。又見上古巖居穴處。衣禽獸之皮。後世穿以宮室。有布帛之飾。則謂上世質朴。下世文薄矣。夫器業變易。性行不異。然而有質朴文薄之語者。世有盛衰。衰極久有弊也。譬猶衣食之於人也。初成鮮完。始熟香潔。少久穿敗。連日臭茹矣。文質之法。古今所共。一質一文。一衰一盛。古而有之。非獨今也。何以效之。傳曰。夏后氏之王教以忠。上教以忠。君子忠。其失也。小人野。救野莫如敬。殷之王教以敬。上教用敬。君子敬。其失也。小人鬼。救鬼莫如文。故周之王教以文。上教以文。君子文。其失也。小人薄。救薄莫如忠。承周而王者。當教以忠。夏所承唐虞之教薄。故教以忠。唐虞以文教。則其所承有鬼失矣。世人見當今之文薄也。狎侮非之。則謂上世質朴。下世文薄。猶家人子弟不謹。則謂他家子弟謹良矣。語稱上世之人。重義輕身。遭忠義之事。得己所當。赴死之分明也。則必赴湯趨鋒。死不顧恨。故弘演之節。陳不占之義。行事比類。書籍所載。亡命捐身。衆多非一。今世趨利苟生。棄義妄得。不相勉以義。不相激以行。義廢身不以爲累。行隳事不以相畏。此言妄也。夫上世之士。今世之士也。俱含仁義之性。則其遭事。並有奮身之節。古有無義之人。今有建節之士。善惡雜厠。何世無有。述事者好高古而下今。貴所聞而賤所見。辨士則談其久者。文人則著其遠者。近有奇而辨不稱。今有異而筆不記。若夫琅邪兒子明。歲敗之時。兄爲飢人所食。自縛叩頭。代兄爲食。餓人美其義。兩舍不食。兄死。收養其孤。愛不異於己之子。歲敗穀盡。不能兩活。餓殺其子。活兄之子。臨淮許君叔。亦養兄孤子。歲倉卒之時。餓其親子。活兄之子。與子明同義。會稽孟章。父英爲郡決曹掾。郡將撾殺非辜。事至覆考。英引罪自予。卒代將死。章後復爲郡功曹。從役攻賊。兵卒北敗。爲賊所射。以身代將。卒死不去。此弘演之節。陳不占之義。何以異。當今著文書者。肯引以爲比喻乎。比喻之證。上則求虞夏。下則索殷周。秦漢之際。功奇行殊。猶以爲後。又況當今在百代下。言事者目親見之乎。畫工好畫上代之人。秦漢之士。功行譎奇。不肯圖今世之士者。尊古卑今也。貴鵠賤鷄。鵠遠而鷄近也。使當今說道深於孔墨。名不得與之同。立行崇於曾顏。聲不得與之鈞。何則。世俗之性賤所見貴所聞也。有人於此立義建節。實核其操古無以過。爲文書者肯載於篇籍表以爲行事乎。作奇論造新文不損於前人。好事者肯舍久遠之書而垂意觀讀之乎。揚子雲作太玄造法言。張伯松不肯一觀。與之併肩。故賤其言。使子雲在伯松前。伯松以爲金匱矣。語稱上世之時聖人德優而功治有奇。故孔子曰。大哉堯之爲君也。唯天爲大。唯堯則之。蕩蕩乎民無能名焉。巍巍乎其有成功也。煥乎其有文章也。舜承堯不墮洪業。禹襲舜。不虧大功。其後至湯舉兵伐桀。武王把鉞討紂。無巍巍蕩蕩之文。而有動兵討伐之言。蓋其德劣而兵試。武用而化薄。化薄不能相逮之明驗也。及至秦漢。兵革雲擾。戰力角勢。秦以得天下。既得天下。無嘉瑞之美。若叶和萬國。鳳凰來儀之類。非德劣不及功薄不若之徵乎。此言妄也。夫天地氣和。卽生聖人。聖人之治。卽立大功。和氣不獨在古先。則聖人何故獨優。世俗之性。好褒古而毀今。少所見而多所聞。又見經傳增賢聖之美。孔子尤大堯舜之功。又聞堯禹禪而相讓。湯武伐而相奪。則謂古聖優於今。功化渥於後矣。夫經有褒增之文。世有空加之言。讀經覽書者所共見也。孔子曰。紂之不善。不若是之甚也。是以君子惡居下流。天下之惡皆歸焉。世常以桀紂與堯舜相反。稱美則說堯舜。言惡則舉紂桀。孔子曰。紂之不善不若是之甚也。則知堯舜之德。不若是其盛也。堯舜之禪。湯武之誅。皆有天命。非優劣所能爲。

人事所能成也。使湯武在唐虞。亦禪而不伐。堯舜在殷周。亦誅而不讓。蓋有天命之實。而世空生優劣之語。經言叶和萬國。時亦有丹朱。鳳凰來儀。時亦有有苗。兵皆動而並用。則知德亦何優劣。而小大也。世論桀紂之惡。甚於亡秦。實事者謂亡秦惡甚於桀紂。秦漢善惡相反猶堯舜桀紂相違也。亡秦與漢皆在後世。亡秦惡甚於桀紂。則亦知大漢之德不劣於唐虞也。唐之萬國。固增而非實者也。有虞之鳳凰。宣帝以五致之矣。孝明帝符瑞並至。夫德優故有瑞。瑞鈞則功不相下。宣帝孝明。如劣不及堯舜。何以能致堯舜之瑞。光武皇帝龍興鳳舉。取天下若拾遺。何以不及殷湯周武。世稱周之成康。不虧文王之隆。舜巍巍不虧堯之盛功也。方今聖明。承光武。襲孝明。有浸酆溢美之化。無細小毫髮之虧。上何以不逮舜禹。下何以不若成康。世見五帝三王事在經傳之上。而漢之記故。尚為文書。則謂古聖優而功大。後世劣而化薄矣。

論死 節錄

天地開闢。人皇以來。隨壽而死。若中年夭亡。以億萬數。計今人之數。不若死者多。如人死輒為鬼。則道路之上。一步一鬼也。人且死見鬼。宜見數百千萬。滿堂盈庭。塡塞巷路。不宜徒見一兩人也。人之兵死也。世言其血為燐。血者生時之精氣也。人夜行見燐。不象人形。渾沌積聚。若火光之狀。燐死人之血也。其形不類生人之形也。其形不類生人之形。精氣去人。何故象人之體。人見鬼也。皆象死人之形。則可疑死人爲鬼。或反象生人之形。病者見鬼。云甲來。甲時不死。氣象甲形。如死人爲鬼。病者何故見生人之體乎。

天地之性。能更生火。不能使滅火復燃。能更生人。不能令死人復見。能使滅灰更爲燃火。吾乃頗疑死人能復爲形。案火滅不能復燃。以況之。死人不能復爲鬼。明矣。夫爲鬼者。人謂死人之精神。如審鬼者死人之精神。則人見之。宜徒見裸袒之形。無爲見衣帶被服也。何則。衣服無精神。人死與形體俱朽。何以得貫穿之乎。精神本以血氣爲主。血氣常附形體。形體雖朽。精神尚在。能爲鬼可也。今衣服。絲絮布帛也。生時血氣不附著。而亦自無血氣。敗朽遂已與形體等。安能自若爲衣服之形。由此言之。見鬼衣服象之。則形體亦象之矣。象之。則知非死人之精神也。夫死人不能爲鬼。則亦無所知矣。何以驗之。以未生之時無所知也。人未生在元氣之中。既死復歸元氣。元氣荒忽。人氣在其中。人未生無所知。其死歸無知之本。何能有知乎。人之所以聰明智慧者。以含五常之氣也。五常之氣所以在人者。以五藏在形中也。五藏不傷。則人智慧。五藏有病。則人荒忽。荒忽則愚癡矣。人死五藏腐朽。腐朽則五常無所託矣。所用藏智者已敗矣。所謂爲智者已去矣。形須氣而成。氣須形而知。天下無獨燃之火。世間安得有無體獨知之精。人之死也。其猶夢也。夢者殄之次也。殄者死之比也。人殄不悟。則死矣。案人殄復悟。死從來者。與夢相似。然則夢殄死一實也。人夢不能知覺時所作。猶死不能識生時所爲矣。人言談有所作於臥人之旁。臥人不能知。猶對死人之棺爲善惡之事。死人不能復知也。夫臥精氣尚在。形體尚全。猶無所知。況死人精神消亡。形體朽敗乎。人之未死也。智慧精神定矣。病則惛亂。精神擾也。夫死病之甚者也。病死之微。猶惛亂。況其甚乎。精神擾自無所知。況其散也。人之死。猶火之滅也。火滅而燿不照。人死而知不慧。二者宜同一實。論者猶謂死有知。惑也。人病且死。與火之且滅何以異。火滅光消而燭在。人死精亡而形存。謂人死有知。是謂火滅復有光也。隆冬之月。寒氣用事。水凝爲冰。踰春氣溫。冰釋爲水。人生於天地之間。其猶冰也。陰陽之氣。凝而爲人。年終壽盡。死還爲氣。夫春水不能復爲冰。死魂安能復爲形。

訂鬼 節錄

凡天地之間有鬼。非人死精神爲之也。皆人思念存想之所致也。致之何由。由於疾病。人病則憂懼。憂懼見鬼出。凡人不病則不畏懼。故得病寢衽。畏懼鬼至。畏懼則存想。存想則目虛見。何以效之。傳曰。伯樂學相馬。顧玩所見。無非馬者。宋之庖丁學解牛。三年不見生牛。所見皆死牛也。二者用精至矣。思念存想。自見異物也。人病見鬼。猶伯樂之見馬。庖丁之見牛也。伯樂庖丁所見非馬與牛。則亦知夫病者所見非鬼也。病者困劇身體痛。則謂鬼持箠杖毆擊之。若見鬼把椎鏁繩纆立守其旁。病痛恐懼。妄見之也。初疾畏驚。見鬼之來。疾困恐死。見鬼之怒。身自疾痛。見鬼之擊。皆存想虛致。未必有其實也。夫精念存想。或泄於目。或泄於口。或泄於耳。泄於目。目見其形。泄於耳。耳聞其聲。泄於口。口言其事。晝日則鬼見。暮臥則夢聞。獨臥空室之中。若有所畏懼。則夢見夫人據案其身哭矣。覺見臥聞。俱用精神。畏懼存想。同一實也。

右雜家書三種　雜家之書。其善者集錄衆長。多所融通。如呂氏春秋。劉氏鴻烈。雖出於衆。乎而觀其文章條達。不黨不偏。固亦卓躒之才也。後世家學陵夷。名墨等書皆無賡錄。惟雜家之作。收羅特廣。清四庫書目。於雜家分爲雜學雜考雜說三類。一切漫錄瑣記。均得託名宇下。不太濫乎。獨雜說中之王充論衡。其書非儒非墨。而貶訿訂俗議。論透闢。時亦近古。不愧與呂劉二書並爲鼎足。其餘則等之自鄶以下。無譏焉矣。

諸子治要卷一

諸子十七種

孫子

周孫武撰。武齊人。爲吳名將。著書甚多。今存十三篇。漢志於兵書。分權謀形勢陰陽技巧四類。此書列於權謀類。爲兵書中最古而最可信之書自來言兵法者皆宗之

計篇

孫子曰。兵者。國之大事。死生之地。存亡之道。不可不察也。故經之以五。校之計而索其情。一曰道。二曰天。三曰地。四曰將。五曰法。道者。令民與上同意也。可與之死。可與之生。而民不畏危。天者。陰陽寒暑時制也。地者。遠近險易廣狹死生也。將者。智信仁勇嚴也。法者。曲制官道主用也。凡此五者。將莫不聞。知之者勝。不知者不勝。故校之以計而索其情。曰。主孰有道。將孰有能。天地孰得。法令孰行。兵衆孰強。士卒孰練。賞罰孰明。吾以此知勝負矣。將聽吾計。用之必勝。留之。將不聽吾計。用之必敗。去之。計利以聽。乃爲之勢。以佐其外。勢者。因利而制權也。兵者。詭道也。故能而示之不能。用而示之不用。近而示之遠。遠而示之近。利而誘之。亂而取之。實而備之。強而避之。怒而撓之。卑而驕之。佚而勞之。親而離之。攻其無備。出其不意。此兵家之勝。不可先傳也。夫未戰而廟算勝者。得算多也。未戰而廟算不勝者。得算少也。多算

勝少算不勝。而況於無算乎。吾以此觀之。勝負見矣。

作戰篇

孫子曰。凡用兵之法。馳車千駟。革車千乘。帶甲十萬。千里饋糧。則內外之費。賓客之用。膠漆之材。車甲之奉。日費千金。然後十萬之師舉矣。其用戰也勝久則鈍兵挫銳。攻城則力屈。久暴師則國用不足。夫鈍兵挫銳。屈力殫貨。則諸侯乘其弊而起。雖有智者。不能善其後矣。故兵聞拙速。未覩巧之久也。夫兵久而國利者。未之有也。故不盡知用兵之害者。則不能盡知用兵之利也。善用兵者。役不再籍。糧不三載。取用於國。因糧於敵。故軍食可足也。國之貧於師者遠輸。遠輸則百姓貧。近師者貴賣。貴賣則百姓財竭。財竭則急於丘役。力屈財殫。中原內虛於家。百姓之費。十去其七。公家之費。破車罷馬。甲冑矢弓。戟楯矛櫓。丘牛大車。十去其六。故智將務食於敵。食敵一鍾。當吾二十鍾。萁秆一石。當吾二十石。故殺敵者怒也。取敵之利者貨也。車戰得車十乘以上。賞其先得者。而更其旌旗。車雜而乘之。卒善而養之。是謂勝敵而益强。故兵貴勝。不貴久。故知兵之將。民之司命。國家安危之主也。

謀攻篇

孫子曰。夫用兵之法。全國為上。破國次之。全軍為上。破軍次之。全旅為上。破旅次之。全卒為上。破卒次之。全伍為上。破伍次之。是故百戰百勝。非善之善者也。不戰而屈人之兵。善之善者也。故上兵伐謀。其次伐交。其次伐兵。其下攻城。攻城之法。為不得已。修櫓轒轀。具器械。三月而後成。距闉。又三月而後已。將不勝其忿。而蟻附之。殺士卒三分之一。而城不拔者。此攻之災。故善用兵者。屈人之兵而非戰也。拔人之城而非攻也。毀人之國而非久也。必以全爭於天下。故兵不頓。而利可全。此謀攻之法也。故用兵之法。十則圍之。五則攻之。倍則分之。敵則能戰之。少則能逃之。不若則能避之。故小敵之堅。大敵之擒也。夫將者。國之輔也。輔周則國必強。輔隙則國必弱。故君子所以患於軍者三。不知軍之不可以進而謂之進。不知軍之不可以退而謂之退。是謂縻軍。不知三軍之事。而同三軍之任。則軍士惑矣。不知三軍之權而同三軍之任。則軍士疑矣。三軍既惑且疑。則諸侯之難至矣。是謂亂軍引勝。故知勝有五。知可以與戰不可以與戰者勝。識衆寡之用者勝。上下同欲者勝。以虞待不虞者勝。將能而君不御者勝。此五者。知勝之道也。故曰。知彼知己。百戰不殆。不知彼而知己。一勝一負。不知彼不知己。每戰必敗。

右兵家書一種　漢志兵書自為一略。自隋志四部之名立。乃併之入子部。說者謂漢廷校書。必選專家。故兵書術數方技。各有所使。遂分三略。然持校諸子。學實同條。後世之合。蓋變而通之。意未可非也。故今亦從之附於編末。

諸子治要卷二

隋唐以前諸子論學名著

鬻熊

楚之先祖。年九十。始見文王。文王以下皆問焉。漢志道家有鬻子。小說家有鬻子說。皆題爲鬻熊撰。大率由後人傳述附益成書。今存鬻子。覘漢志又殘闕矣。清四庫列於雜家。梁劉勰曰。鬻熊知道而文王咨詢。諸子肇興。莫先於斯。故今取冠諸子。

撰吏五帝三王傳政

帝王所以安國家。行政敎。其在良吏。平言必博廣以取也。

政曰。民者。賢不肖之杖也。賢不肖皆具焉。故賢人得焉。不肖人休焉。杖能側焉。忠信飾焉。民者積愚也。雖愚明主撰吏焉。必使民興焉。士民與之。明上舉之。士民苦之。明上去之。故王者取吏不忘。必使民唱然後和。民者吏之程焉。察吏於民。然後隨政。曰。民者至卑也。而使之取吏焉。必取所愛。故十人愛之。則十人之吏也。百人愛之。則百人之吏也。千人愛之。則千人之吏也。萬人愛之。則萬人之吏也。故萬人之吏撰卿相矣。卿相者。諸侯之丞也。故封侯之土秩出焉。卿相君侯之本也。

道符五帝三王傳政

夫君子將入其職。旭旭然如日初出。入昭昭然。人保其福。既去暗暗然。人失其敎。此得政典符合之謂也。

夫國者。卿相世賢者有之。有國無國。智者治之。智者非一日之志。治者非一日之謀。治志治謀。在於帝王。然後民知所保。而知所避。發敎施令。爲天下福者。謂之道。上下相親。謂之和。民不求而得所欲。謂之信。除去天下之害。謂之仁。仁與信。和與道。帝王之器。凡萬物皆有器。故欲有爲不行其器者。雖欲有爲不成。諸侯之欲王者亦然。不用帝王之器者不成。

呂尙　東海人。初釣於渭濱。文王出獵。遇之。載之歸。曰吾太公望子久矣。故號曰太公望。後輔武王伐紂有功。封於齊。爲始祖。漢志道家。載太公書二百餘篇。內分謀言兵三類。今所傳六韜。淸四庫載於兵家。蓋卽二百餘篇中兵類之文。其書眞僞之說。則畧同前述之鬻子。

論將　六韜

武王問太公曰。論將之道奈何。太公曰。將有五材十過。武王曰。敢問其目。太公曰。所謂五材者。勇智仁信忠也。勇則不可犯。智則不可亂。仁則愛人。信則不欺。忠則無二心。所謂十過者。有勇而輕死者。有急而心速者。有貪而好利者。有仁而不忍人者。有智而心怯者。有信而喜信人者。有廉潔而不愛人者。有智而心緩者。有剛毅而自用者。有懦而喜任人者。勇而輕死者可暴也。急而心速者可久也。貪而好利者可賂也。仁而不忍人者可勞也。智而心怯者可愎也。信而喜信人者可誑也。廉潔而不愛人者可侮也。智而心緩者可襲也。剛毅而自用者可事也。懦而喜任人者可欺也。故兵者國之大事。存亡之道。命在於將。將者國之輔。先王之所重也。故置將不可不察也。故曰兵不兩勝。亦不兩敗。兵出踰境。期不十日。不有亡國。必有破軍殺將。武王曰善哉。

司馬穰苴　齊景公時之名將。本姓田。為大司馬。故曰司馬穰苴。隋志載有司馬兵法一書。題曰周司馬穰苴撰。清四庫因之。考以史記。實齊威王時使諸臣追論古者司馬兵法。而附穰苴所作於其中。究之書中諸篇孰為穰苴所作。今已不可辨矣。

仁本

古者以仁為本。以義治之之謂正。正不獲意則權。權出于戰。不出于中人。是故殺人安人。殺之可也。攻其國愛其民。攻之可也。以戰止戰。雖戰可也。故仁見親。義見說。智見恃。勇見方。信見信。內得愛焉。所以守也。外得威焉。所以戰也。戰道不違時。不歷民病。所以愛吾民也。不加喪。不因凶。所以愛乎其民也。冬夏不興師。所以兼愛民也。故國雖大。好戰必亡。天下雖安。忘戰必危。天下既平。天子大愷。春蒐秋獮。諸侯春振旅。秋治兵。所以不忘戰也。古者逐奔不過百步。縱綏不過三舍。是以明其禮也。不窮其能而哀憐傷病。是以明其仁也。成列而鼓。是以明其信也。爭義不爭利。是以明其義也。又能舍服。是以明其勇也。知終知始。是以明其智也。

六德以時合斂。以爲民紀之道也。自古之政也。先王之治。順天之道。設地之宜。官民之德。而正名。治物。立國。辨職。以爵分祿。諸侯說懷。海外來服。獄弭而兵寢。聖德之治也。其次賢王制禮樂。法度。乃作五刑。興甲兵。以討不義。巡狩省方。會諸侯。考不同。其有失命亂常背德逆天之時。而危有功之君。徧告于諸侯。彰明有罪。乃告于皇天上帝日月星辰。禱于后土四海神祇山川冢社。乃造于先王。然後冢宰徵師于諸侯。曰某國爲不道。征之以某年月日。師至于某國。會天子正刑。冢宰與百官布令于軍。曰。入罪人之地。無暴神祇。無行田獵。無毀土功。無燔牆屋。無伐林木。無取六畜禾黍器械。見其老幼。奉歸勿傷。雖遇壯者。不校勿敵。敵若傷之。醫藥歸之。既誅有罪。王及諸侯修正其國。舉賢立明。正復厥職。王霸之所以治諸侯者六。以土地形諸侯。以政令平諸侯。以禮信親諸侯。以材力說諸侯。以謀人維諸侯。以兵革服諸侯。同患同利。以合諸侯。比小事大。以和諸侯。會之以發禁者九。憑弱犯寡。則眚之。賊賢害民。則伐之。暴內陵外。則壇之。野荒民散。則削之。負固不服。則侵之。賊殺其親。則正之。放弒其君。則殘之。犯令陵政。則杜之。外內亂。禽獸行。則滅之。

鄧析

鄭人。與子產同時。荀子詆其治怪說。玩琦辭。與惠施爲類。漢志名家有其書。隋志同。清四庫子部刪名家。改入雜家。提要謂其說在申韓黃老之間。大旨謂勢統於尊。事核於實。書凡二篇。

無厚 節錄

天於人無厚也。君於民無厚也。父於子無厚也。兄於弟無厚也。何以言之。天不能屏勃厲之氣。全夭折之人。使爲善之民必壽。此於民無厚也。凡民有穿窬爲盜者。有詐僞相迷者。此皆生於不足。起於貧窮。而君必執法誅之。此於民無厚也。堯舜位爲天子。而丹朱商均爲布衣。此於子無厚也。周公誅管蔡。此於弟無厚也。推此言之。何厚之有。

循名責實。君之事也。奉法宣令。臣之職也。下不得自擅上操其柄而不理者。未之有也。君有三累。臣有四責。何謂三累。惟親所信。一累。以名取士。二累。近故親疏。三累。何謂四責。受重賞而無功。一責。居大位而不治。二責。理官而不平。三責。御軍陣而奔北。四責。君無三累。臣無四責。可以安國。

勢者君之輿。威者君之策。臣者君之馬。民者君之輪。勢固則輿安。威定則策勁。臣順則馬良。民和則輪利。爲國失此。必有覆車奔馬折輪敗載之患。安得不危。異同之不可別。是非之不可定。白黑之不可分。清濁之不可理。久矣誠聽能聞於無聲。視能見於無形。計能規於未兆。慮能防於未然。斯無他也。不以耳聽則通於無聲矣。不以目視則照於無形矣。不以心計則達於無兆矣。不以知慮則合於未然矣。君者藏形匿影。羣下無私。掩目塞耳。萬民恐震。治世位不可越。職不可亂。百官有司。各務其刑。上循名以督實。下奉教而不違。所美觀其所終。所惡計其所窮。喜不以賞。怒不以罰。可謂治世。

游而不見敬。不恭也。居而不見愛。不仁也。言而不見用。不信也。求而不能得。無始也。謀而不見喜。無理也。計而不見從。遺道也。因勢而發譽。則行等而名殊。人齊而得時。則力敵而功倍。死生自命。貧富自時。怨夭折者。不知命也。怨貧賤者。不知時也。故臨難不懼。知天命也。貧窮無懾。達時序也。凶饑之歲。父死於室。子死於戶。而不相怨者。無所顧也。同舟渡海。中流遇風。救患若一。所憂同也。張羅而畋。唱和不差者。其利等也。故體痛者。口不能不呼。心悅者。顏不能不笑。責疲者以舉千鈞。責兀者以及走兔。驅逸足於庭。求猨捷於檻。斯逆理而求之。猶倒裳而索領。

夫水濁則無掉尾之魚。政苛則無逸樂之士。故令煩則民詐。政擾則民不定。不治其本而務其末。譬如拯溺錘之以石。救火投之以薪。

夫達道者。無知之道也。無能之道也。是知大道不知而中。不能而成。無有而足。守虛責實而萬事畢。忠言於不忠。義生於不義。音而不收謂之放。言出而不督謂之闇。故見其象致其形。循其理。正其名。得其端。知其情。若此何往不復。何事不成。有物者意也。無外者德也。有人者行也。無人者道也。故德非所履。處非所處則失道。非其道不道則諂。意無賢。慮無忠。行無道。言虛如受實。萬事畢。

夫木擊折轊。水戾破舟。不怨木石而罪巧拙。故不載焉。故有知則惑。有心則嶮。有目則眩。是以規矩一而不易。不爲秦楚緩節。不爲胡越改容。一而不邪。方行而不流。一日形之。萬世傳之。無爲爲之也。

轉辭 節錄

夫任臣之法。闇則不任也。慧則不從也。仁則不親也。勇則不近也。信則不信也。不以人用人。故謂之神。怒出於不怒。爲出於不爲。視於無有。則得其所見。聽於無聲。則得其所聞。故無形者有形之本。無聲者有聲之母。循名責實。實之極也。按實定名。名之極也。參以相平。轉而相成。故得之形名。

夫治之法莫大於私不行。功莫大於使民不爭。今也立法而行。私與法爭。其亂也甚於無法。立君而爭。愚與君爭。其亂也甚於無君。故有道之國。則私善不行。君立而愚者不尊。民一於君。事斷於法。此國之道也。明君之督大臣。緣身而責名。緣名而責形。緣形而責實。臣懼其重誅之至。於是不敢行其私矣。

心欲安靜。慮欲深遠。心安靜則心策生。慮深遠則計謀成。心不欲躁。慮不欲淺。心躁則精神滑。慮淺則百事傾。治世之禮簡而易行。亂世之禮煩而難遵。上古之樂質而不悲。當今之樂邪而爲淫。上古之民質而敦朴。今世之民詐而多行。

明君之御民。若御奔而無轡。履冰而負重。親而疏之。疏而親之。故畏檢則福生。驕奢則禍起。

聖人逍遙一世。罕匹萬物之形。寂然無鞭朴之罰。莫然無叱咤之聲。而家給人足。天下太平。視昭昭。知冥冥。推未運。覩未然。故神而不可見。幽而不可見。此之謂也。

君人者。不能自專而好任下。則智日困。而數日窮。迫於下。則不能申行。隨於國。則不能持知不足以爲治。威不足以行誅。無以與下交矣。故喜而使賞不必當功。怒而使誅不必値罪。不愼喜怒。誅賞從其意。而欲委任臣下。故亡國相繼。殺君不絕。古人有言。衆口鑠金。三人成虎。不可不察也。

患生於官成。病始於少瘳。禍生於懈慢。孝衰於妻子。此四者。愼終如始也。富必給貧。壯必給老。快情恣欲。必多侈侮。故曰尊貴無以高人。聰明無以寵人。資給無以先人。剛勇無以勝人。能履行此。可以爲天下君。

夫謀莫難於必聽。事莫難於必成。成必合於數。聽必合於情。故抱薪加火。鑠者必先燃。平地注水。溼者必先濡。故曰動之以其類。安有不應者。獨行之術也。

目貴明。耳貴聰。心貴公。以天下之目視。則無不見。以天下之耳聽。則無不聞。以天下之智慮。則無不知。得此三術。則存於不爲也。

尹喜　周人。字公度。爲關令。老子西遊。授以道德經。從之而去。漢志道家載有其書。隋唐志不載。淸四庫則有之。或以爲出於宋人所依託。

三極　極者尊聖人也

聖人之治天下。不我賢愚。故因人之賢而賢之。因人之愚而愚之。不我是非。故因事之是而是之。因事之非而非之。知古今之大同。故或先古。或先今。知內外之大同。故或先內。或先外。天下之物無得以累之。故本之以謙。天下之物無得以外之。故含之以虛。天下之物無得以難之。故行之以易。天下之物無得以窒之。故變之以權。以此中天下。可以制禮。以此和天下。可以作樂。以此公天下。可以理財。以此周天下。可以禦侮。以此因天下。可以立法。以此觀天下。可以制器。聖人不以一己治天下。而以天下治天下。天下歸功于聖人。聖人任功于天下。所以堯舜禹湯之治天下。天下皆曰自然。

天無不覆。有生有殺。而天無愛惡。日無不照。有妍有醜。而日無厚薄。

聖人之道天命。非聖人能自道。聖人之德時符。非聖人能自德。聖人之事人爲。非聖人能自事。是以聖人不有道。不有德。不有事。

聖人知我無我。故同之以仁。知事無我。故權之以義。知心無我。故戒之以禮。知識無我。故照之以智。知言無我。故守之以信。

聖人之道。或以仁爲仁。或以義爲仁。或以禮以智以信爲仁。仁義禮智信各兼五者。聖人一之不膠。天下名之不得。勿以行觀聖人道無蹟。勿以言觀聖人道無言。勿以能觀聖人道無為。勿以貌觀聖人。道無形。

行雖至卓。不離高下。言雖至工。不離是非。能雖至神。不離巧拙。貌雖至殊。不離妍醜。聖人假此以示天下。天下宜此。乃見聖人。

聖人師蜂立君臣。師蛛蜘立網罟。師拱鼠制禮。師戰蟻制兵。衆人師賢人。賢人師聖人。聖人師萬物。唯聖人同物。所以無我。

聖人曰。道觀天地人物。皆吾道。倡和之。始終之。青黃之。卵翼之。不愛道不棄物。不尊君子不賤小人。賢人曰。物物不同。旦旦去之。旦旦與之。長之短之。直之方之。是爲物易者也。殊不知聖人鄙雜廁別分居。所以爲人。不以此爲己。聖人之于衆人。飲食衣服同也。屋宇舟車同也。貴賤貧富同也。衆人每同聖人。聖人每同衆人。彼仰其高侈其大者。其然乎。其不然乎。

魚欲異羣魚。捨水躍岸卽死。虎欲異羣虎。捨山入市卽擒。聖人不異衆人。特物不能拘爾。

道無作。以道應世者。是事非道。道無方。以道寓物者。是物非道。聖人竟不能出道以示人。

如鐘鐘然。如鐘鼓然。聖人之言則然。如車車然。如車舟然。聖人之行則然。唯莫能名。所以退天下之言。唯莫能知。所以奪天下之智。

蝍蛆食蛇。蛇食鼃。鼃食蝍蛆。互相食也。聖人之言亦然。言有無之弊。又言非有非無之弊。又言去非有非無之弊。言之如引鋸然。唯善聖者不留一言。

若龍若蛟。若蛇若龜。若魚若蛤。龍皆能之。蛟蛟而已。不能爲龍。亦不能爲蛇爲龜爲魚爲蛤。聖人龍之。賢人蛟之。

在己無居。形物自著。其動若水。其靜若鏡。其應若響。芒乎若亡。寂乎若清。同焉者和。得焉者失。未常先人。而常隨人。渾乎洋乎。游太初乎。時金已。時玉已。時糞已。時土已。時翔物。時逐物。時山物。時淵物。端乎權乎。狂乎愚乎。

人之善琴者。有悲心則聲悽悽然。有思心則聲遲遲然。有怨心則聲回回然。有慕心則聲奕奕然。所以悲思怨慕者。非手非竹非絲非桐。得之心。符之手。得之手。符之物。人有道者。莫不中道。聖人以有言有爲有思者。所以同乎人。以未嘗言未嘗爲未嘗思者。所以異乎人。

利害心愈明。則親不睦。賢愚心愈明。則友不交。是非心愈明。則事不成。好醜心愈明。則物不契。是以聖人渾之。

心之愚拙者。妄援聖人之愚拙自解。殊不知聖人時愚時明。時巧時拙。

以聖師聖者賢人。以賢師聖者聖人。蓋以聖師聖者徇跡而忘道。以賢師聖者反跡而合道。

賢人趨上而不見下。衆人趨下而不見上。聖人通乎上下。惟其宜之。豈曰離賢人衆人別有聖人也哉。

天下之理。夫者唱。婦者隨。牡者馳。牝者逐。雄者鳴。雌者應。是以聖人制言行。而賢人拘之。

聖人道雖虎變。事則鼈行。道雖絲棼。事則棊布。
所謂聖人之道者。胡然子子爾。胡然徹徹爾。胡然唐唐爾。胡然臧臧爾。唯其能徧偶萬物。而
無一物能偶之。故能貴萬物。
雲之卷舒。禽之飛翔。皆在虛空中。所以變化不窮。聖人之道則然。

十守 節錄

文子　佚其名。字老子弟子。漢志道家有其書。唐柳宗元謂其書多竊取他書以成之。淸四庫仍列於道家。

守無

老子曰。輕天下卽神無累。細萬物卽心不惑。齊生死則意不慴。同變化則明不眩。夫至人倚
不橈之柱。行無關之途。稟不竭之府。學不死之師。無往而不遂。無之而不通。屈伸俯仰。抱命
不惑。而宛轉禍福。利害不足以患心。夫爲義者。可追以仁。而不可劫以兵。可正以義。不可懸
以利。君子死義。不可以富貴留也。爲義者不可以死亡恐也。又況于無爲者乎。無爲者卽無
累。無累之人。以天下爲影柱。上觀至人之倫。深原道德之意。下考世俗之行。乃足以羞也。夫
無以天下爲者。學之建鼓也。

守平

老子曰。尊勢厚利。人之所貪。比之身則賤。故聖人食足以充虛接氣。衣足以蓋形禦寒。適情

辭餘。不貪得。不多積。淸目不視。靜耳不聽。閉口不言。委心不慮。棄聰明。反太素。休精神。去知故。無好無憎。是謂大通。除穢去累。莫若未始出其宗。何爲而不成。知養生之和者。卽不可懸以利。通內外之符者。不可誘以勢。無外之外至大。無內之內至貴。能知大貴。何往不遂。

守易

老子曰。古之爲道者。理情性。治心術。養以和。持以適。樂道而忘賤。安德而忘貧。性有不欲。無欲而不得。心有不樂。無樂而不爲。無益于性者。不以累德。不便于生者。不以滑和。不縱身肆意。而制度可以爲天下儀。量腹而食。制形而衣。容身而居。適情而行。餘天下而不有。委萬物而不利。豈爲貧富貴賤。失其性命哉。夫若然者。可謂能體道矣。

守淸

老子曰。人受氣于天者。耳目之于聲色也。鼻口之于芳臭也。肌膚之于寒温也。其情一也。或以死。或以生。或爲君子。或爲小人。所以爲制者異。神者智之淵也。神淸則智明。智者心之府也。智公則心平。人莫鑒於流潦。而鑒於澄水。以其淸且靜也。故神淸意平。乃能形物之情。故用之者。必假于不用者。夫鑒明者。則塵垢不汙也。神淸者。嗜欲不誤也。故心有所至。則神慨然在之。反之于虛。則消躁藏息矣。此聖人之遊也。故治天下者。必達性命之情而後可也。

守眞

老子曰。夫所謂聖人者。適情而已。量腹而食。度形而衣。節乎己。而貪汙之心無由生也。故能有天下者。必無以天下爲也。能有名譽者。必不以越行求之。誠達性命之情。仁義因附也。若夫神無所掩。心無所載。通洞條達。澹然無事。勢利不能誘。聲色不能淫。辯者不能說。智者不能動。勇者不能恐。此眞人之遊也。夫生生者不生。化化者不化。不達此道者。雖知統天地。明照日月。辯解連環。辭潤金石。猶無益于治天下也。故聖人不失所守。

守靜

老子曰。靜漠恬淡。所以養生也。和愉虛無。所以據德也。外不亂內。卽性得其宜。靜不動和。卽德安其位。養生以經世。抱德以終年。可謂能體道矣。若然者。血脈無鬱滯。五藏無積氣。禍福不能矯滑。非譽不能塵垢。非有其世。孰能濟焉。有其才不遇其時。身猶不能脫。又況無道乎。夫目察秋毫之末者。耳不聞雷霆之聲。耳調金玉之音者。目不見太山之形。故小有所志。則大有所忘。今萬物之來。擢拔吾生。攓取吾精。若泉原也。雖欲勿稟。其可得乎。今盆水若清之經日。乃能見眉睫。濁之不過一撓。卽不能見方圓也。人之精神難淸而易濁。猶盆水也。

守法

老子曰。上聖法天。其次尙賢。其下任臣。任臣者。危亡之道也。尙賢者。癡惑之原也。法天者。治天地之道也。虛靜爲主。虛無不受。靜無不持。知虛靜之道。乃能終始。故聖人以靜爲治。以動爲亂。故曰。勿撓勿攖。萬物將自清。勿驚勿駭。萬物將自理。是謂天道也。

守虛

老子曰。所謂聖人者。因時而安其位。當世而樂其業。夫哀樂者。德之邪。好憎者。心之累。喜怒者。道之過。故其生也天行。其死也物化。靜卽與陰合德。動卽與陽同波。故心者。形之主也。神者。心之寶也。形勞而不休卽蹶。精用而不已則竭。是以聖人遵之。不敢越也。以無應有。必究其理。以虛受實。必窮其節。恬愉虛靜。以終其命。無所疏。無所親。抱德煬和。以順于天。與道爲際。與德爲鄰。不爲福始。不爲禍先。死生無變于己。故曰至神。神則以求無不得也。以爲無不成也。

尸佼　魯人。商鞅師。或曰。晉人。商鞅客。漢志雜家有其書。至宋書亡。今傳世者。乃後人輯本。

治天下

治天下有四術。一曰忠愛。二曰無私。三曰用賢。四曰度量。度量通則財足矣。用賢則多功矣。無私。百智之宗也。忠愛。父母之行也。奚以知其然。父母之所畜子者。非賢强也。非聰明也。非俊智也。愛之憂之。欲其賢已也。人利之與我利之無擇也。此父母所以畜子也。然則愛天下欲其賢已也。人利之與我利之無擇也。則天下之畜亦然矣。此堯之所以畜天下也。有虞氏盛德。見人有善。如己有善。見人有過。如己有過。天無私於物。地無私於物。襲此行者。謂之天子。誠愛天下者得賢。奚以知其然也。弱子有疾。慈母之見秦醫也。不爭禮貌。在囹圄。其走大吏也。不愛資財。視天下若子。是故其見醫者不爭禮貌。其奉養也不愛資財。故文王之見太公望也。一日五反。桓公之奉管仲也。列城有數。此所以其僻小身至穢汚而爲正於天下也。鄭簡公謂子產曰。飲酒之不樂。鐘鼓之不鳴。寡人之任也。國家之不乂。朝廷之不治。與諸侯交之不得志。子之任也。子無入寡人之樂。寡人無入子之朝。自是已來。子產治鄭。城門不閉。國無盜賊。道無餓人。孔子曰。若鄭簡公之好樂。雖抱鐘而朝可也。夫用賢身樂而名附。事少而功多。國治而能逸。

凡治之道。莫如因智。智之道。莫如因賢。譬之猶相馬而借伯樂也。相玉而借猗頓也。亦必不過矣。今有人於此。盡力以爲舟。濟大水而不用也。盡力以爲車。行遠而不乘也。則人必以爲無慧。今人盡力以學。謀事則不借智。處行則不因賢。舍其學不用也。此其無慧也。有甚於舍舟而涉。舍車而走者矣。

申不害　京人。相韓昭侯。爲刑名之學。後人與韓非並稱。漢志法家載有其書。今亡。有輯本。

大體

夫一婦擅夫。衆婦皆亂。一臣專君。羣臣皆蔽。故妬妻不難破家也。亂臣不難破國也。是以明君使其臣並進輻湊。莫得專君。今人君之所以高爲城郭。而謹門閭之閉者。爲寇戎盜賊之至也。今夫弑君而取國者。非必踰城郭之險。而犯門閭之閉也。蔽君之明。塞君之聽。奪之政而專其令。有其民而取其國矣。今使烏獲彭祖負千鈞之重。而懷琬琰之美。令孟賁成荆帶干將之劍。衞之行乎幽道。則盜猶偸之矣。今人君之力。非賢乎烏獲彭祖。而勇非賢乎孟賁成荆也。其所守者。非特琬琰之美。千金之重也。而欲勿失。其可得耶。明君如身。臣如手。君若號。臣如響。君設其本。臣操其末。君治其要。臣行其詳。君操其柄。臣事其常。爲人臣者。操契以責其名。名者天地之綱。聖人之符。張天地之綱。用聖人之符。則萬物之情。無所逃之矣。故善爲主者。倚於愚。立於不盈。設於不敢。藏於無事。竄端匿疏。示天下無爲。是以近者親之。遠者懷之。示人有餘者人奪之。示人不足者人與之。剛者折。危者覆。動者搖。靜者安。名自正也。事自定也。是以有道者自名而正之。隨事而定之也。鼓不與於五音。而爲五音主。有道者不爲五官之事。而爲治主。君知其道也。官人知其事也。十言十當。百爲百當者。人臣之事。非君人之道也。昔者堯之治天下也。以名。其名正則天下治。桀之治天下也。亦以名。其名倚而天下亂。是以聖人貴名之正也。主處其大。臣處其細。以其名聽之。以其名視之。以其名命之。鏡設精無爲。而美惡自備。衡設平無爲。而輕重自得。凡因之道。身與公無事。無事而天下自極也。

孟軻

孟子七篇。序本言不錄。今錄其與許行辨論之言一章。許行之說。蓋卽漢志所謂農家者流之弊者。與尊論耕植之法者。迥別。故特著之於此。

難許行

有爲神農之言者許行。自楚之滕。踵門而告文公曰。遠方之人聞君行仁政。願受一廛而爲氓。文公與之處。其徒數十人。皆衣褐。捆屨織席以爲食。陳良之徒陳相與其弟辛負耒耜而自宋之滕。曰聞君行聖人之政。是亦聖人也。願爲聖人氓。陳相見許行而大悅。盡棄其學而學焉。陳相見孟子。道許行之言曰。滕君則誠賢君也。雖然。未聞道也。賢者與民並耕而食。饔飧而治。今也滕有倉廩府庫。則是厲民而以自養也。惡得賢。孟子曰。許子必種粟而後食乎。曰然。許子必織布而後衣乎。曰否。許子衣褐。許子冠乎。曰冠。曰奚冠。曰冠素。曰自織之與。曰否。以粟易之。曰許子奚爲不自織。曰害於耕。曰許子以釜甑爨。以鐵耕乎。曰然。自爲之與。曰否。以粟易之。以粟易械器者。不爲厲陶冶。陶冶亦以其械器易粟者。豈爲厲農夫哉。且許子何不爲陶冶。舍皆取諸其宮中而用之。何爲紛紛然與百工交易。何許子之不憚煩。曰百工之事。固不可耕且爲也。然則治天下獨可耕且爲與。有大人之事。有小人之事。且一人之身而百工之所爲備。如必自爲而後用之。是率天下而路也。故曰或勞心。或勞力。勞心者治人。勞力者治於人。治於人者食人。治人者食於人。天下之通義也。當堯之時。天下猶未平。洪水橫流。氾濫於天下。草木暢茂。禽獸繁殖。五穀不登。禽獸偪人。獸蹄鳥跡之道。交於中國。堯獨憂之。舉舜而敷治焉。舜使益掌火。益烈山澤而焚之。禽獸逃匿。禹疏九河。瀹濟漯而注諸海。

決汝漢。排淮泗。而注之江。然後中國可得而食也。當是時也。禹八年於外。三過其門而不入。雖欲耕得乎。后稷教民稼穡。樹藝五穀。五穀熟而民人育。人之有道也。飽食煖衣。逸居而無教。則近於禽獸。聖人有憂之。使契爲司徒。教以人倫。父子有親。君臣有義。夫婦有別。長幼有序。朋友有信。放勳曰。勞之來之。匡之直之。輔之翼之。使自得之。又從而振德之。聖人之憂民如此。而暇耕乎。堯以不得舜爲己憂。舜以不得禹皋陶爲己憂。夫以百畝之不易爲己憂者。農夫也。分人以財謂之惠。教人以善謂之忠。爲天下得人者謂之仁。是故以天下與人易。爲天下得人難。孔子曰。大哉堯之爲君。惟天爲大。惟堯則之。蕩蕩乎民無能名焉。君哉舜也。巍巍乎有天下而不與焉。堯舜之治天下。豈無所用其心哉。亦不用於耕耳。吾聞用夏變夷者。未聞變於夷者也。陳良楚產也。悅周公仲尼之道。北學於中國。北方之學者。未能或之先也。彼所謂豪傑之士也。子之兄弟事之數十年。師死而遂倍之。昔者孔子沒。三年之外。門人治任將歸。入揖於子貢。相嚮而哭。皆失聲。然後歸。子貢反。築室於場。獨居三年。然後歸。他日。子夏子張子游以有若似聖人。欲以所事孔子事之。彊曾子。曾子曰。不可。江漢以濯之。秋陽以暴之。皜皜乎不可尚已。今也南蠻鴃舌之人。非先王之道。子倍子之師而學之。亦異於曾子矣。吾聞出於幽谷。遷於喬木者。未聞下喬木而入於幽谷者。魯頌曰。戎狄是膺。荊舒是懲。周公方且膺之。子是之學。亦爲不善變矣。從許子之道。則市賈不貳。國中無僞。雖使五尺之童適市。莫之或欺。布帛長短同。則賈相若。麻縷絲絮輕重同。則賈相若。五穀多寡同。則賈相若。屨大小同。則賈相若。曰。夫物之不齊。物之情也。或相倍蓰。或相什伯。或相千萬。子比而同之。是亂天下也。巨屨小屨同賈。人豈為之哉。從許子之道。相率而為偽者也。惡能治國家。

尹文　不知何國人。漢志名家載有其書。注謂說齊宣王先公孫龍。清四庫改入雜家。謂其大旨指陳治道。欲自處於虛靜。而萬事萬物則一一綜覈其實。故立說在黃老申韓之間。

大道上　節錄

大道無形。稱器有名。名也者。正形者也。形正由名。則名不可差。故仲尼云。必也正名乎。名不正。則言不順也。大道不稱。衆必有名。生於不稱。則羣形自得其方圓。名生於方圓。則衆名得其所稱也。大道治者。則名法儒墨自廢。以名法儒墨治者。則不得離道。老子曰。道者萬物之奧。善人之寶。不善人之所寶。是道治者。謂之善人。藉名法儒墨者。謂之不善人。善人之與不善人。名分日離。不待審察而得也。道不足以治。則用法。法不足以治。則用術。術不足以治。則用權。權不足以治。則用勢。勢用則反權。權用則反術。術用則反法。法用則反道。道用則無為而自治。故窮則徼。徼終則反始。始終相襲。無窮極也。有形者必有名。有名者未必有形。形而不名。未必失其方圓白黑之實。名而不可不尋名以檢其差。故亦有名以檢形。形以定名。名以定事。事以檢名。察其所以然。則形名之與事物。無所隱其理矣。名有三科。法有四呈。一曰命物之名。方圓白黑是也。二曰毀譽之名。善惡貴賤是也。三曰況謂之名。賢愚愛憎是也。一曰不變之法。君臣上下是也。二曰齊俗之法。能鄙同異是也。三曰治衆之法。慶賞刑罰是也。四曰平準之法。律度權量是也。術者人君之所密用。羣下不可妄窺。勢者制法之利器。羣下不可妄爲。人君有術而使羣下得窺。非術之奧者。有勢而使羣下得爲。非勢之重者。大要在乎先正名分。使不相侵雜。然後術可祕。勢可專。名者名形者也。形者應名者也。然形非正名也。名非正形也。則形之與名居然別矣。不可相亂。亦不可相無。無名故大道無稱。有名故名以正形。今萬物具存。不以名正之則亂。萬名俱列。不以形應之則乖。故形名者不可不正也。善名命善。惡名命惡。故善有善名。惡有惡名。聖賢仁智命善者也。頑嚚凶愚命惡者也。今卽聖賢仁智之名。以求聖賢仁智之實。未之或盡也。卽頑嚚凶愚之名。以求頑嚚凶愚之實。亦未或盡也。使善惡盡然有分。雖未能盡物之實。猶不患其差也。故曰名不可不辯也。名稱者何。彼此而檢虛實者也。自古至今。莫不用此而得。用彼而失。失者由名分混。得者由名分察。今親賢而疏不肖。賞善而罰惡。賢不肖善惡之名宜在彼。親疏賞罰之稱宜屬我。我之與彼。又復一名。名之察者也。名賢不肖爲親疏。名善惡爲賞罰。合彼我之一稱而不別之。名之混者也。故曰名稱者不可不察也。語曰好牛。又曰不可不察也。好則物之通稱。牛則物之定形。以通稱隨定形。不可窮極者也。設復言好馬。則復連於馬矣。則好所通無方也。設復言好人。則彼屬於人也。則好非人。人非好也。則好牛好馬好人之名自離矣。故曰。名分不可相亂也。五色五聲五臭五味凡四類。自然存焉天地之間。而不期為人用。人必用之。終身各有好惡。而不能辨其名分。名宜屬彼。分宜屬我。我愛白而憎黑。韻商而舍徵。好膻而惡焦。嗜甘而逆苦。白黑商徵膻焦甘苦。彼之名也。愛憎韻舍好惡嗜逆。我之分也。定此名分。則萬事不亂也。故人以度審長短。以量受少多。以衡平輕重。以律均清濁。以名稽虛實。以法定治亂。以簡治煩惑。以易御險難。以萬事皆歸於一。百度皆準於法。歸一者簡之至。準法者易之極。如此頑嚚聾瞽。可與察慧聰明同其治也。天下萬事不可備能。責其備能於一人。則賢聖其猶病諸。設一人能備天下之事。能左右前後之宜。遠近遲疾之間。必有不兼者焉。苟有不兼於治闕矣。全治而無闕者。大小多少。各當其分。農商工仕。不易其業。老農長商。習工舊仕。莫不存焉。則處上者何事哉。故有理而無益於治者。君子弗言。有能而無益於事者。君子弗為。君子非樂有言。有益於治。不得不言。君子非樂有為。有益於事。不得不為。故所言者。不出於名法權術。所為者。不出於農稼軍陣。周務而已。故明主不為治外之理。小人必言事外之能。小人亦知言損於治。而不能不言。小人亦知能損於事。而不能不為。故所言者。極於儒墨是非之辯。所為者。極於堅偽偏抗之行。求名而已。故明主誅之。古語曰。不知無害於君子。知之無損於小人。工匠不能。無害於巧。君子不知。無害於治。此信矣。為善使人不能得從。此獨善也。為巧使人不能得從。此獨巧也。未盡善巧之理。爲善與衆行之。爲巧與衆能之。此善之善者。巧之巧者也。所貴聖人之治。不貴其獨治。貴其能與衆共治。貴工倕之巧。不貴其獨巧。貴其能與衆共巧也。今世之人。行欲獨賢。事欲獨能。辯欲出羣。勇欲絕衆。獨行之賢。不足以成化。獨能之事。不足以周務。出羣之辯。不可爲戶說。絕衆之勇。不可與征陣。凡此四者。亂之所由生。是以聖人任道以通其險。立法以理其差。使賢愚不相棄。能鄙不相遺。能鄙不相遺。則能鄙齊功。賢愚不相棄。則賢愚等慮。此至治之術也。名定則物不競。分明則私不行。物不競。非無心。由名定。故無所措其心。私不行。非無欲。由分明。故無所措其欲。然則心欲人人有之。而得同於無心無欲者。制之有道也。田駢曰。天下之士。莫肯處其門庭。臣其妻子。必遊宦諸侯之朝者。利引之也。遊於諸侯之朝。皆志爲卿大夫。而不擬於諸侯。名限之也。彭蒙曰。雉兔在野。衆人逐之。分未定也。雞豕滿市。莫有志者。分定故也。物奢則仁智相屈。分定則貪鄙不爭。圓者之轉。非能轉而轉。不得不轉也。方者之止。非能止而止。不得不止也。因圓之自轉。使不得止。因方之自止。使不得轉。何苦物之失分。故因賢者之有用。使不得不用。因愚者之無用。使不得用。用與不用。皆非我用。因彼所用與不可用。而自得其用。奚患物之亂乎。

慶賞刑罰。君事也。守職效能。臣業也。君料功黜陟。故有慶賞刑罰。臣各慎所任。故有守職效能。君不可與臣業。臣不可侵君事。上下不相侵與。謂之名正。名正而法順也。接萬物使分別海內使不雜。見侮不辱。見推不矜。禁暴息兵。救世之鬬。此仁君之德。可以爲主矣。守職分使不亂。慎所任而無私。饑飽一心。毀譽同慮。賞亦不忘。罰亦不怨。此居下之節。可爲人矣。世有因名以得實。亦以因名以失實。宣王好射。說人之謂己能用强也。其實所用不過三石。以示左右。左右皆引試之。中關而止。皆曰不下九石。非大王孰能用是。宣王悅之。然則宣王用不過三石。而終身自以爲九石。三石實也。九石名也。宣王悅其名而喪其實。齊有黃公者。好謙卑。有二女。皆國色。以其美也。常謙辭毀之。以爲醜惡。醜惡之名遠布。年過而一國無聘者。衞有鰥夫。時冒娶之。果國色。然後曰黃公好謙。故毀其子不姝美。於是爭禮之。亦國色也。國色實也。醜惡名也。此違名而得實矣。楚人擔山雉者。路人問何鳥也。擔雉者欺之曰。鳳凰也。路人曰。我聞有鳳凰。今直見之。汝販之乎。請買十金。弗與。請加倍。乃與之。將欲獻楚王。經宿而鳥死。路人不遑惜金。惟恨不得以獻楚王。國人傳之。咸以爲眞鳳凰。貴欲以獻之。遂聞楚王。感其欲獻於己。召而厚賜之。過於買鳥之金十倍。魏田父有耕於野者。得寶玉徑尺。弗知其玉也。以告鄰人。鄰人陰欲圖之。謂之曰。此怪石也。畜之弗利其家。弗如復之。田父雖疑。猶錄以歸。置於廡下。其夜玉明光照一室。田父稱家大怖。復以告鄰人。曰此怪之徵。遄棄殃可銷。於是遽而棄於遠野。鄰人無何盜之。以獻魏王。魏王召玉工相之。玉工望之。再拜而立。敢賀王得此天下之寶。臣未嘗見。王問其價。玉工曰。此無價以當之。五城之都。僅可一觀。魏王立賜獻玉者千金。長食上大夫祿。凡天下萬里皆有是非。吾所不敢誣。是者常是。非者常非。亦吾所信。然是雖常是。有時而不用。非雖常非。有時而必行。故用是而失有矣。行非而得有矣。是非之理不同。而更興廢。翻為我用。則是非焉在哉。

大道下 節錄

凡國之存亡有六徵。有衰國。有亡國。有昌國。有彊國。有治國。有亂國。所謂亂亡之國者。凶虐殘暴不與焉。所謂彊治之國者。威力仁義不與焉。君年長。多媵妾。少子孫。疏宗。彊衰國也。君寵臣。臣愛君。公法廢。私欲行。亂國也。國貧小。家富大。君權輕。臣勢重。亡國也。凡此三徵。不待凶虐殘暴而後弱。雖曰見存。吾必謂之亡者也。內無專寵。外無近習。支庶繁字。長幼不亂。昌國也。農桑以時。倉廩充實。甲兵勁利。封疆修理。彊國也。上不勝其下。下不能犯其上。上下不相勝犯。故禁令行。人人無私。雖經險易。而國不可侵。治國也。凡此三徵。不待威力仁義而後彊。雖曰見弱。吾必謂之存者也。治王之興。必有所先誅。先誅者。非謂盜。非謂姦。此二惡者。一時之大害。非亂政之本也。亂政之本。下侵上之權。臣用君之術。心不畏時之禁。行不軌時之法。此大亂之道也。

老子曰。以政治國。以奇用兵。以無事取天下。政者。名法是也。以名法治國。萬物所不能亂。奇者。權術是也。以權術用兵。萬物所不能敵。凡能用名法權術。而矯抑殘暴之情。則已無事焉。

己無事則得天下矣。故失治則任法。失法則任兵。以求無事。不以取彊。取彊則柔者反能服之。老子曰。民不畏死。如何以死懼之。凡民之不畏死。由刑罰過。刑罰過則民不賴其生。生無所賴。視君之威末如也。刑罰中則民畏死。畏死由生之可樂也。知生之可樂。故可以死懼之。此人君之所宜執。臣下之所宜慎。田子讀書曰。堯時太平。宋子曰。聖人之治以致此乎。彭蒙在側。越次答曰。聖法之治以至此。非聖人之治也。宋子曰。聖人與聖法何以異。彭蒙曰。子之亂名甚矣。聖人者。自己出也。聖法者。自理出也。理出於己。己非理也。己能出理。理非己也。故聖人之治。獨治者也。聖法之治。則無不治矣。此萬世之利。唯聖人能該之。宋子猶惑。質於田子。田子曰。蒙之言然。莊里丈人。字長子。曰盜。少子曰毆。盜出行。其父在後。追呼之曰。盜盜。吏聞。因縛之。其父呼毆喻吏。遽而聲不轉。但言毆毆。吏因毆之。幾殪。康衢長子。字僮。曰善搏。字犬曰善噬。賓客不過其門者三年。長者怪而問之。乃實對。於是改之。賓客復往。鄭人謂玉未理者爲璞。周人謂鼠未腊者爲璞。周人懷璞。謂鄭賈曰。欲買璞乎。鄭賈曰。欲之。出其璞視之。乃鼠也。因謝不取。父之於子也。令有必行者。有必不行者。去貴妻。賣愛妾。此令必行者也。因曰。汝無敢恨。汝無敢思。令必不行者也。故爲人上者。必慎所令。凡人富則不羨爵祿。貧則不畏刑罰。不羨爵祿者。自足於己也。不畏刑罰者。不賴存身也。二者爲國之所甚病。而不知防之之術。故令不行而禁不止。若使令不行而禁不止。則無以爲治。無以爲治。是人君虛臨其國。徒君其民。危亂可立而待矣。今使由爵祿而後富。則人爭盡力於其君矣。由刑罰而後貧。則人咸畏罪而從善矣。故古之爲國者。無使民自貧富。貧富皆由於君。則君專所制。民知所歸矣。

愼到

趙人。漢志法家有其書。至宋書亡八九。清四庫改入雜家。略謂大旨欲因物理之當然。各定一法以守之。不求於法之外。亦不寬於法之中。則上下相安。可以清靜而治。然法有不行。勢不能不以刑齊之。黃老之爲申韓。此其轉關矣。近人輯本以江陰繆氏蘊香簃寫本最爲完善。今據而摘錄之。

內篇 節錄

古者工不兼事。士不兼官。工不兼事則事省。事省則易勝。士不兼官則職寡。職寡則易守。故士位可世。工事可常。百工之子不學而能者。非生巧也。言有常事也。今也國無常道。官無常法。是以國家日繆。教雖成。官不足。官不足則道理匱。道理匱則慕賢智。慕賢智則國家之政要。在一人之心矣。古者立天子而貴之者。非以利一人也。曰天下無一貴。則理無由通。通理以爲天下也。故立天子以爲天下。非立天下以爲天子也。立國君以爲國。非立國以爲君也。立官長以爲官。非立官以爲官長也。法雖不善。猶愈於無法。所以一人心也。夫投鉤以分財。投策以分馬。非鉤策爲均也。使得美者不知所以德。使得惡者不知所以怨。此所以塞願望也。故著龜所以立公識也。權衡所以立公正也。書契所以立公信也。法制所以立公義也。凡立公所以棄私也。明君動事分理必由慧。定賞分財必由法。行德制中必由禮。故欲不得干時。愛不得犯法。貴不得踰親。祿不得踰位。士不得兼官。工不得兼事。以能受事。以事受利。若是者。上無羨賞。下無羨財。

立天子者不使諸侯疑焉。立諸侯者不使大夫疑焉。立正妻者不使嬖妾疑焉。立嫡子者不使庶孽疑焉。疑則動。兩則爭。雜則相傷。害在有與。不在獨也。故臣有兩位者國必亂。臣兩位而國不亂者。君在也。恃君不亂矣。失君必亂。子有兩位者家必亂。子兩位而家不亂者。父在也。恃父不亂矣。失父必亂。臣疑其君。無不危之國。孽疑其宗。無不危之家。今一兔走。百人逐之。非一兔足為百人分也。由未定也。由未定。堯且屈力。而況衆人乎。積兔在市。行者不顧。非不欲兔也。分已定矣。分已定。人雖鄙不爭。故治天下及國。在乎定分而已矣。

君人者舍法而以身治。則誅賞予奪從君心出矣。然則受賞者雖當。望多無窮。受罰者雖當。望輕無已。君舍法而以心裁輕重。則同功殊賞。同罪殊罰矣。怨之所由生也。是以分馬者之用策。分田者之用鉤。非以策鉤為過於人智也。所以去私塞怨也。故曰。大君任法而弗躬。則事斷於法矣。法之所加。各以其分。蒙其賞罰而無望於君也。是以怨不生而上下和矣。

飛龍乘雲。騰蛇遊霧。雲罷霧霽。而龍蛇與螾螘同矣。則失其所乘也。故賢人而屈於不肖者。則權輕位卑也。不肖而能服於賢。則權重而位尊也。堯為匹夫。不能治三人。而桀為天子。能亂天下。吾以此知勢位之足恃。而賢智之不足慕也。夫弩弱而勢高者。激於風也。身不肖而令行者。得助於衆也。堯教於隸屬而民不聽。至於南面而王天下。令則行。禁則止。由此觀之。賢智未足以服衆。而勢位足以屈賢者也。

愛多者則法不立。威寡者則下侵上。法之功莫大於使私不行。君之功莫大於使民不爭。今立法而行私。是私與法爭。其亂甚於無法。立君而尊賢。是賢與君爭。其亂甚於無君。故有道之國。法立則私議不行。君立則賢者不尊。民一於君。斷於法。是國之大道也。

虙戲神農教而不誅。黃帝堯舜誅而不怒。及至三王。隨時制法。各適其用。故治國無其法則亂。守法而不變則衰。有法而行私。謂之不法。以力役法者。百姓也。以死守法者。有司也。以道變法者。君長也。

措鈞石。使禹察之。錙銖則不識也。懸於權衡。則釐髮之不可差。聖君任法而不任智。任公而不任私。任大道而不任小物。然後身佚而天下治。

許犯問於子愼子曰。法安所生。子愼子曰。法非從天生。非從地出。發於人間。合乎人心而已。

治水者茨防決塞。雖在夷狄。相似如一。學之於水。不學之於禹也。

外篇 節錄

法者所以齊天下之動。至公大定之制也。故智者不得越法而肆謀。辨者不得越法而肆議。

士不得背法而有名。臣不得背法而有功。我喜可抑。我忿可窒。我法不可離也。骨肉可刑。親戚可滅。至法不可闕也。

善爲國者移謀身之心而謀國。移富國之術而富民。移保子孫之志而保治。移求爵祿之意而求義。則不勞而化理成矣。

田繫問曰。仲尼曰志士仁人無求生以害仁。有殺身以成仁。何也。子愼子曰。始吾未生之時。焉知生之爲樂也。今吾未死。又焉知死之不樂也。故生不足以使之。利何足以動之。死不足以禁之。害何足以恐之。明於死生之分。達於利害之變。是以目觀玉輅琬象之狀。耳聽白雪清角之聲。不能以亂其神。登千仞之谿。臨蝯眩之岸。不足以滑其和。夫如是。身可以殺。生可以無。仁可以成。

鶡冠子

楚人。佚其名氏。以鶡鳥羽爲冠。世稱鶡冠子。漢志道家有其書。清四庫改入雜家。其說頗雜刑名。而大旨原本道德。唐韓愈嘗推稱之。柳宗元則以爲後人僞作。蓋鄙淺言也。

博選

王鈇非一世之器者。厚德隆俊也。道凡四稽。一曰天。二曰地。三曰人。四曰命。權人有五至。一曰伯己。二曰什己。三曰若己。四曰厮役。五曰徒隸。所謂天者。物理情者也。所謂地者。常弗去者也。所謂人者。惡死樂生者也。所謂命者。靡不在君者也。君也者。端神明者也。神明者。以人爲本者也。人者以賢聖爲本者也。賢聖者。以博選爲本者也。博選者。以五至爲本者也。故北面而事之。則伯己者至。先趨而後息。先問而後默。則什己者至。人趨己趨。則若己者至。憑几據杖。指揮而使。則廝役者至。樂嗟苦咄。則徒隸之人至矣。故帝者與師處。王者與友處。亡主與徒處。故德萬人者謂之儁。德千人者謂之豪。德百人者謂之英。德音者所謂聲也。未聞音出而響過其聲者也。貴者有知。富者有財。貧者有身。信符不合。事舉不成。不死不生。不斷不成。計功而償。權德而言。王鈇在此。孰能使營。

孔鮒　孔子六世孫。字子魚。初仕秦。李斯議焚書。鮒乃收其家論語尚書孝經等書。藏於舊宅壁中。陳勝起兵。徵爲博士。嘗搜集仲尼而下至其父之言行。爲一書。至漢武帝時。其曾孫臧復以所著附焉。題曰孔叢子。隋志載於儒家。清四庫因之。而提要則以爲皆依託也。

公孫龍　節錄

公孫龍者。平原君之客也。好刑名。以白馬爲非馬。或謂子高曰。此人小辨而毀大道。子盍往正諸。子高曰。大道之悖。天下之校枉也。吾何病焉。或曰。雖然。子爲天下故往也。子高適趙。與龍會平原君家。謂之曰。僕居魯。遂聞下風。而高先生之行也。願受業之日久矣。然所不取於先生者。獨不取先生以白馬爲非馬爾。誠去非白馬之學。則穿請爲弟子。公孫龍曰。先生之言悖也。龍之學。正以白馬非馬者也。今使龍去之。則龍無以敎矣。今龍爲無以敎。而乃學於龍。不亦悖乎。且夫學於龍者。以智與學不逮也。今教龍去白馬非馬。是先教也。而後師之。不可也。先生之所教龍者。似齊王之問尹文也。齊王曰。寡人甚好士。而齊國無士。尹文曰。今有人於此。事君則忠。事親則孝。交友則信。處鄉則順。有此四行者。可謂士乎。王曰。善。是眞吾所謂士者也。尹文曰。王得此人。肯以爲臣乎。王曰。所願不可得也。尹文曰。使此人於廣庭大衆之中。見侮而不敢鬬。王將以爲臣乎。王曰。夫士也。見侮而不鬬。是辱。則寡人不以爲臣矣。尹文曰。雖見侮而不鬬。是未失所以爲士也。然而王不以爲臣。則鄉所謂士者。乃非士乎。夫王之令。殺人者死。傷人者刑。民有畏王令。故見侮終不敢鬬。是全王之法也。而王不以爲臣。是罰之也。且王以不敢鬬爲辱。必以敢鬬爲榮。是王之所賞。吏之所罰也。上之所是。法之所非也。賞罰是非。相與曲謬。雖十黃帝。固所不能治也。齊王無以應。且白馬非馬者。乃子先君仲尼之所取也。龍聞楚王張繁弱之弓。載忘歸之矢。以射蛟兕於雲夢之圃。反而喪其弓。左右請求之。王曰。止也。楚人遺弓。楚人得之。又何求乎。仲尼聞之曰。楚王仁義而未遂。亦曰人得之而已矣。何必楚乎。若是者。仲尼異楚人於所謂人也。夫是仲尼之異楚人於所謂人。而非龍之異白馬於謂馬。悖也。先生好儒術。而非仲尼之所取也。欲學而使龍去所以教。雖百龍之智。固不能當前也。子高莫之應。退而告人曰。言非而博。巧而不理。此固無所不答也。異日平原君會衆賓而延子高。平原君曰。先生聖人之後也。不遠千里。來顧臨之。欲去夫公孫子白馬之學。今是非未分而先生翻然欲高逝。可乎。子高曰。理之至精者。則自明之。豈任穿之退哉。平原君曰。至精之說可得聞乎。答曰。其說皆取之經傳。不敢以意。春秋記六鷁退飛。覩之則六。察之則鷁。鷁猶馬也。六猶白也。覩之得見其白。察之則知其馬。色以名別。內由外顯。謂之白馬。名實當矣。若以絲麻加之女工。爲緇素青黃。色名雖殊。其質則一。是以詩有素絲。不曰絲素。禮有緇布。不曰布緇。犪牛玄武。此類甚衆。先舉其色。後名其質。萬物之所同。聖賢之所常也。君子之謂。貴當物理。不貴繁辭。若尹文之折齊王之所言。與其法錯。故也。穿之所說於公孫子。高其智。悅其行也。去白馬之說。智行固存。是則穿未失其所師者也。稱此云云沒其理矣。是楚王之言。楚人忘弓。楚人得之。先君夫子探其本意。欲以示廣。其實狹之。故曰不如亦曰人得之而已也。是則異楚王之所謂楚。非異楚王之所謂人也。以此爲喻。乃相擊切矣。凡言人者。總謂人也。亦猶言馬者。總謂馬也。楚自國也。白自色也。欲廣其人。宜在去楚。欲正名色。不宜去白。忱察此理。則公孫之辨破矣。平原君曰。先生言。於理善矣。因顧謂衆賓曰。公孫子能答此乎。燕客史由對曰。辭則有焉。理則否矣。

公孫龍又與子高記論於平原君所。辨理至於臧三耳。公孫龍言臧之三耳甚辨析。子高弗應。俄而辭出。明日復見平原君。曰。疇昔公孫之言信辨也。先生實以爲何如。答曰。然。幾能臧三耳矣。雖然。實難。僕願得又問於君。今爲臧三耳甚難而實非也。謂臧兩耳甚易而實是也。

不知君將從易而是者乎。亦從難而非者乎。平原君弗能應。明日。謂公孫龍曰。公無復與孔子高辨事也。其人理勝於辭。公辭勝於理。辭勝於理。終必受詘。

陸賈 漢楚人。以客從高祖定天下。高祖不好詩書。而賈獨時時稱說於前。高祖乃令著秦漢所以興亡之故。凡十二篇。號曰新語。其言多純正。漢志儒家載有陸賈二十三篇。當有新語在內。淸四庫亦載於儒家。

無爲 新語

夫道莫大於無爲。行莫大於謹敬。何以言之。昔虞舜治天下。彈五絃之琴。歌南風之詩。寂若無治國之意。漠若無憂民之心。然天下治。周公制作禮樂。郊天地。望山川。師旅不設。刑格法懸。而四海之內。奉供來臻。越裳之君。重譯來朝。故無爲也有誤。乃無爲也。秦始皇帝設爲車裂之誅。以斂姦邪。築長城於戎境。以備胡越。征大吞小。威震天下。將帥橫行。以服外國。蒙恬討亂於外。李斯治法於內。事逾煩天下逾亂。法逾滋而姦逾熾。兵馬益設而敵人逾多。秦非不欲爲治。然失之者。乃舉措暴衆而用刑太極故也。是以君子尙寬舒以苞身。行中和以統遠。民畏其威而從其化。懷其德而歸其境。美其治而不敢違其政。民不罰而畏罪。不賞而歡悅。漸漬於道德。被服於中和之所致也。夫法令者。所以誅惡。非所以勸善。故曾閔之孝。夷齊之廉。豈畏死而爲之哉。教化之所致也。故曰堯舜之民。可比屋而封。桀紂之民。可比屋而誅者。教化使然也。故近河之地溼。近山之土燥。以類相及也。故山川出雲雨。丘阜生缺字。一氣四瀆東流。百川無不從。小者從大。少者從多。夫王者之都。南面之君。百姓之所取法。（缺二字）舉措動作不可失法則也。昔者周襄王不能事後母。出居於鄭。而下多叛其親。秦始王驕奢靡麗。好作高臺榭。廣宮室。則天下豪富制屋宅者莫不倣之。設房闥。備廄庫。繕雕琢刻畫之好。傅玄黃琦瑋之色。以亂制度。齊桓公好婦人之色。妻姑姊妹。而國中多淫於骨肉。楚平王奢侈縱恣。不能制下檢民以德。增駕百馬而行。欲令天下人饒財富利。明不可及。於是楚國逾奢。君臣無別。故上之化下。猶風之靡草也。王者尚武於朝。（缺一字）農夫繕甲於田。故君之御下。民奢侈者則應之以儉。驕淫者則統之以理。未有上仁而下殘。上義而下爭者也。孔子曰。移風易俗。豈家至之哉。先之於身而已矣。

賈誼　洛陽人。年十八。以能誦詩書屬文稱於郡中。文帝時。上治安策數千言。漢志儒家載其書五十八篇。新唐書始題新書之名。書中各篇多取漢書誼本傳之文。割裂章段。顛倒次序。而加以標題。當非誼之原書。其中道術等篇。為本傳所未載。雖與諸子之立說少異。而文義淵雅。近人謂正是訓故之學。有得於正名。為學者亦可觀也。

道術　新書

曰。數聞道之名矣。而未知其實也。請問道者何謂也。對曰。道者所從接物也。其本者謂之虛。其末者謂之術。虛者言其精微也。平素而無設施也。術也者所從制物也。動靜之數也。凡此皆道也。曰。請問虛之接物何如。對曰。鏡儀而居。無執不臧。美惡畢至。各得其當。衡虛無私。平靜而處。輕重畢懸。各得其所。明主者南面而正。淸虛而靜。令名自宣。命物自定。如鑑之應。如衡之稱。有亹和之。有端隨之。物鞠其極。而以當施之。此虛之接物也。曰請問術之接物何如。對曰。人主仁而境內和矣。故其士民莫弗親也。人主義而境內理矣。故其士民莫弗順也。人主有禮而境內肅矣。故其士民莫弗敬也。人主有信而境內貞矣。故其士民莫弗信也。人主公而境內服矣。故其士民莫弗戴也。人主法而境內軌矣。故其士民莫弗輔也。舉賢則民化善。使能則官職治。英俊在位。則主尊。羽翼勝任。則民顯。操德而固。則威立。敎順而必。則令行。周聽則不蔽。稽驗則不惶。明好惡則民心化。密事端則人主神。術者接物之隊。凡權重者必謹於事。令行者必謹於言。則過敗鮮矣。此術之接物之道者也。其爲原無屈。其應變無極。故聖人尊之。夫道之詳。不可勝述也。曰請問品善之體何如。對曰。親愛利子謂之慈。反慈爲嚚。子愛利親謂之孝。反孝爲孽。愛利出中謂之忠。反忠爲倍。心存恤人謂之惠。反惠爲譬。兄敬愛弟謂之友。反友爲虐。弟敬愛兄謂之悌。反悌爲敖。接遇愼容謂之恭。反恭爲媟。接遇肅正謂之敬。反敬爲優。言行抱一謂之貞。反貞爲僞。期果言當謂之信。反信爲慢。衷理不辟謂之端。反端爲䟫。據當不傾謂之平。反平爲險。行善決衷謂之淸。反淸爲濁。辭利刻謙謂之廉。反廉爲貪。兼覆無私謂之公。反公爲私。方直不曲謂之正。反正爲邪。以人自觀謂之度。反度爲妄。以己量人謂之恕。反恕爲荒。惻隱憐人謂之慈。反慈爲忍。厚志隱行謂之潔。反潔爲汰。施行得理謂之德。反德爲怨。放理潔靜謂之行。反行爲汙。功遂自卻謂之退。反退爲伐。厚人自薄謂之讓。反讓爲冒。心兼愛人謂之仁。反仁爲疾。行克其宜謂之義。反義爲懵。剛柔得適謂之和。反和爲乖。合得密周謂之調。反調爲戾。優賢不逮謂之寬。反寬爲阨。包衆容易謂之裕。反裕爲褊。欣爃可安謂之熅。反熅爲鷙。安柔不苛謂之良。反良爲齧。緣法循理謂之軌。反軌爲易。襲常緣道謂之道。反道爲辟。廣較自斂謂之儉。反儉爲侈。費弗過適謂之節。反節爲靡。踾勉就善謂之慎。反慎爲怠。思惡勿道謂之戒。反戒爲傲。深知禍福謂之知。反知爲愚。亟見窕察謂之慧。反慧爲童。動有文體謂之禮。反禮爲濫。容服有義謂之儀。反儀爲詭。行歸而適謂之順。反順爲逆。勤靜攝次謂之比。反比爲錯。容志審道謂之僩。反僩爲野。辭令就得謂之雅。反雅爲陋。論物明辯謂之辯。反辯爲訥。纖微皆審謂之察。反察爲眊。誠動可畏謂之威。反威爲圂。臨制不犯謂之嚴。反嚴爲輭。仁義修立謂之任。反任爲欺。伏義誠心謂之節。反節爲罷。持節不恐謂之勇。反勇爲怯。信理遂惔謂之敢。反敢爲撥。志操精果謂之誠。反誠爲殆。克行遂節謂之必。反必爲怛。凡此品也。善之體也。所謂道也。故守道者謂之士。樂道者謂之君子。知道者謂之明。行道者謂之賢。且明且賢。此謂聖人。

桓寬 漢汝南人。字次公。昭帝始元六年。郡國所舉賢良文學與御史大夫桑弘羊等論鹽鐵榷酤事。往復辨詰。寬因推衍其意。作鹽鐵論。漢志載於儒家。清四庫因之。

雜論　鹽鐵論

客曰。余覩鹽鐵之議。觀乎公卿文學賢良之論。意旨殊路。各有所出。或上仁義。或務權利。異哉。吾所聞周秦粲然。皆有天下而南面焉。然安危長久殊世。始汝南朱子伯爲予言。當此之時。豪俊並進。四方輻輳。賢良茂陵唐生。文學魯萬生之倫六十餘人。咸聚闕庭。舒六藝之諷。論太平之原。知者贊其慮。仁者明其施。勇者見其斷。辯者陳其詞。誾誾焉。侃侃焉。雖未能詳備。斯可略觀矣。然蔽於雲霧。終廢而不行。悲夫。公卿知任武可以辟地。而不知德廣可以附遠。知權利可以廣用。而不知稼穡可以富國也。近者親附。遠者說德。則何爲而不成。何求而不得。不出於斯路。而務畜利長威。豈不謬哉。中山劉子雍言王道。矯當世。復諸正。務在乎反本。直而不徼。切而不熛。斌斌然斯可謂弘博君子矣。九江祝生奮由路之意。推史魚之節。發憤懣。刺譏公卿。介然直而不撓。可謂不畏彊禦矣。桑大夫據當世。合時變。推道術。尙權利。辟略小辯。雖非正法。然巨儒宿學。惡然大能自解。可謂博物通士矣。然攝卿相之位。不引準繩。以道化下。放於利末。不師始古。易曰。焚如棄如。處非其位。行非其道。果隕其姓。以及厥宗。車丞相卽周魯之列。當軸處中。括囊不言。容身而去。彼哉彼哉。若夫羣丞相御史。不能正議。以輔宰相。成同類。長同行。阿意苟合。以說其上。斗筲之人。道諛之徒。何足算哉。

劉向　漢楚元王四世孫。字子政。成帝時領校中祕羣書。嘗采集春秋至漢初故事可爲法戒者。論述之爲新序說苑列女傳等書。漢志儒家載其所序六十七篇。稱曰所序者。蓋猶今之叢書也。清四庫儒家著錄有新序說苑二種。其列女傳則歸於史部傳記類矣。

建本　節錄說苑

孔子曰。行身有六本。本立焉。然後爲君子。立體有義矣。而孝爲本。處喪有禮矣。而哀爲本。戰陣有隊矣。而勇爲本。治政有理矣。而能爲本。居國有禮矣。而嗣爲本。生才有時矣。而力爲本。置本不固。無務豐末。親戚不悅。無務外交。事無終始。無務多業。聞記不言。無務多談。比近不說。無務修遠。是以反本修邇。君子之道也。天之所生。地之所養。莫貴乎人。人之道。莫大乎父子之親。君臣之義。父道聖。子道仁。君道義。臣道忠。賢父之於子也。慈惠以生之。敎誨以成之。養其誼。藏其僞。時其節。愼其施。子年七歲以上。父爲之擇明師。選良友。勿使見惡。少漸之以善。使之早化。故賢子之事親。發言陳辭。應對不悖乎耳。趣走進退。容貌不悖乎目。卑體賤身。不悖乎心。君子之事親以積德。子者。親之本也。無所推而不從命。推而不從命者。惟害親者也。故親之所安。子皆供之。賢臣之事君也。受官之日。以主爲父。以國爲家。以士人爲兄弟。故苟有可以安國家。利民人者。不避其難。不憚其勞。以成其義。故其君亦有助之。以遂其德。夫君臣之與百姓。轉相爲本。如循環無端。夫子亦云。人之行。莫大於孝。孝行成於內。而嘉號布於外。是謂建之於本。而榮華自茂矣。君以臣爲本。臣以君爲本。父以子爲本。子以父爲本。棄其本榮華槁矣。

子路曰負重道遠者。不擇地而休。家貧親老者。不擇祿而仕。昔者由事二親之時。常食藜藿之實。而爲親負米百里之外。親沒之後。南遊於楚。從車百乘。積粟萬鍾。累茵而坐。列鼎而食。願食藜藿爲親負米之時。不可復得也。枯魚銜索。幾何不蠹。二親之壽。忽如過隙。草木欲長。霜露不使。賢者欲養。二親不待。故曰家貧親老。不擇祿而仕也。

曾子芸瓜而誤斬其根。曾皙怒。援大杖擊之。曾子仆地。有頃蘇。蹷然而起。進曰。曩者參得罪於大人。大人用力敎參。得無疾乎。退屏鼓琴而歌。欲令曾皙聽其歌聲。令知其平也。孔子聞之。告門人曰。參來勿內也。曾子自以無罪。使人謝孔子。孔子曰。汝聞瞽叟有子名曰舜。舜之事父也。索而使之。未嘗不在側。求而殺之。未嘗可得。小箠則待。大箠則走。以逃暴怒也。今子委身以待暴怒。立體而不去。殺身以陷父不義。不孝孰大是乎。汝非天子之民邪。殺天子之民。罪奚如。以曾子之材。又居孔子之門。有罪不自知。處義難乎。

伯俞有過。其母笞之。泣。其母曰。他日笞子。未嘗見泣。今泣何也。對曰。他日俞得罪。笞嘗痛。今母之力不能使痛。是以泣。故曰父母怒之。不作於意。不見於色。深受其罪。使可哀憐。上也。父母怒之。不作於意。不見於色。其次也。父母怒之。作於意。見於色。下也。

成人有德。小子有造。大學之敎也。時禁於其未發之曰預。因其可之曰時。相觀於善之曰磨。

學不陵節而施之曰馴。發然後禁。則扞格而不勝。時過然後學。則勤苦而難成。雜施而不遜。則壞亂而不治。獨學而無友則孤陋而寡聞。故曰有昭辟雍。有賢泮宮。田里周行。濟濟鏘鏘。而相從執質。有族以文。周召公年十九。見正而冠。冠則可以爲方伯諸侯矣。人之幼稺童蒙之時。非求師正本。無以立身全性。夫幼者必愚。愚者妄行。愚者妄行。不能保身。孟子曰。人皆知以食愈饑。莫知以學愈愚。故善材之幼者。必勤於學問。以修其性。今人誠能砥礪其材。自誠其神明。睹物之應。通道之要。觀始卒之端。覽無外之境。逍遙乎無方之內。彷徉乎塵埃之外。卓然獨立。超然絕世。此上聖之所遊神也。然晚世之人。莫能閒居心思。鼓琴讀書。追觀上古。友賢大夫。學問講辯。日以自虞。疏遠世事。分明利害。籌策得失。以觀禍福。設義立度。以爲法式。窮追本末。究事之情。死有遺業。生有榮名。此皆人材之所能建也。然莫能爲者。偷慢懈墮。多暇日之故也。是以失本而無名。夫學者崇名立身之本也。儀狀齊等。而飾貌者好。質性同倫。而學問者智。是故砥礪琢磨非金也。而可以利金。詩書辟立非我也。而可以厲心。夫問訊之士。日夜興起。厲中益知。以分別理。是故處身則全。立身不殆。士苟欲深明博察。以垂榮名。而不好問訊之道。則是伐智本而塞智原也。何以立軀也。騏驥雖疾。不遇伯樂。不致千里。干將雖利。非人力不能自斷焉。烏號之弓雖良。不得排檠不能自任。人才雖高。不務學問。不能致聖。水積成川。則蛟龍生焉。土積成山。則豫樟生焉。學積成聖。則富貴尊顯至焉。千金之裘。非一狐之皮。臺廟之榱。非一木之枝。先王之法。非一士之智也。故曰。訊問者智之本。思慮者智之道也。中庸曰。好問近乎智。力行近乎仁。知恥近乎勇。積小之能大者。其惟仲尼乎。學者所以反情治性盡才者也。親賢學問。所以長德也。論交合友。所以相致也。詩云。如切如磋。如琢如磨。此之謂也。

孟子曰。人知糞其田。莫知糞其心。糞田莫過利苗得粟。糞心易行而得其所欲。何爲糞心。博學多聞。何謂易行。一性止淫也。

子思曰。學所以益才也。礪所以致刃也。吾嘗幽處而深思。不若學之速。吾嘗跂而望。不若登高之博見。故順風而呼。聲不加疾而聞者衆。登丘而招。臂不加長而見者遠。故魚乘於水。鳥乘於風。草木乘於時。

孔子曰。可以與人終日而不倦者。其惟學乎。其身體不足觀也。其勇力不足憚也。其先祖不足稱也。其族姓不足道也。然而可以聞四方而昭於諸侯者。其惟學乎。詩曰。不僭不亡。率由舊章。夫學之謂也。

晉平公問於師曠曰。吾年七十。欲學恐已暮矣。師曠曰。何不炳燭乎。平公曰。安有爲人臣而戲其君乎。師曠曰。盲臣安敢戲其君乎。臣聞之。少而好學。如日出之陽。壯而好學。如日中之光。老而好學。如炳燭之明。炳燭之明。孰與昧行乎。平公曰。善哉。

甯越。中牟鄙人也。苦耕之勞。謂其友曰。何爲而可以免此苦哉。友曰。莫如學。學二十年。則可以達矣。甯越曰。請十五歲。人將休。吾將不休。人將臥。吾不敢臥。十三歲學而周威公師之。夫走者之速也。而過二里止。步者之遲也。而百里不止。今甯越之材而久不止。其爲諸侯師。豈不宜哉。

孔子謂子路曰。汝何好。子路曰。好長劍。孔子曰。非此之問也。請以汝之所能。加之以學。豈可及哉。子路曰。學亦有益乎。孔子曰。夫人君無諫臣則失政。士無教交則失德。狂馬不釋其策。操弓不返於檠。木受繩則直。人受諫則聖。受學重問。孰不順成。毀仁惡士。且近於刑。君子不可以不學。子路曰。南山有竹。弗揉自直。斬而射之。通於犀革。又何學爲乎。孔子曰。括而羽之。鏃而砥礪之。其入不益深乎。子路拜曰。敬受教哉。

子路問於孔子曰。請釋古之學。而行由之意。可乎。孔子曰。不可。昔者東夷慕諸夏之義。有女。其夫死。爲之內私壻。終身不嫁。不嫁則不嫁矣。然非貞節之義也。蒼梧之弟。娶妻而美好。請與兄易。忠則忠矣。然非禮也。今子欲釋古之學。而行子之意。庸知子用非爲是。用是爲非乎。不順其初。雖欲悔之。難哉。

班固　後漢安陵人。字孟堅。著漢書百卷。詳史書治要中。章帝時。詔羣儒考定五經異同於北宮白虎觀。固其奏議爲白虎通德論。後詔固撰集成書。題名白虎通義。隋志省名白虎通。列於五經總義中。淸四庫改入雜家類。考之屬。其書雖兼涉讖緯。而多傳古義。三綱六紀一篇。持論明通。尤爲後世言倫理學者之根據也。

三綱六紀 白虎通義

三綱者。何謂也。謂君臣父子夫婦也。六紀者。謂諸父兄弟族人諸舅師長朋友也。故君爲臣綱。父爲子綱。夫爲妻綱。又曰。敬諸父兄。六紀道行。諸舅有義。族人有序。昆弟有親。師長有尊。朋友有舊。何謂綱紀。綱者張也。紀者理也。大者爲綱。小者爲紀。所以疆理上下。整齊人道也。人皆懷五常之性。有親愛之心。是以紀綱爲化。若羅網之有紀綱而萬目張也。詩云。亹亹我王。綱紀四方。君臣父子夫婦六人也。所以稱三綱何。一陰一陽謂之道。陽得陰而成。陰得陽而序。剛柔相配。故六人爲三綱。三綱法天地人。六紀法六合。君臣法天。取象日月屈信。歸功天也。父子法地。取象五行轉相生也。夫婦法人。取象六合陰陽。有施化端也。六紀爲三綱之紀者也。師長君臣之紀也。以其皆成己也。諸父兄弟父子之紀也。以其有親恩連也。諸舅朋友夫婦之紀也。以其皆有同志爲紀助也。君臣者何謂也。君羣也。下之所歸心。臣者繵堅也。屬志自堅固。春秋傳曰。君處此。臣請歸也。父子者何謂也。父者矩也。以法度敎子。子者孳孳無已也。故孝經曰。父有爭子。則身不陷於不義。夫婦者何謂也。夫者扶也。以道扶接也。婦者服也。以禮屈服。昏禮曰。夫親脫婦之纓。傳曰。夫婦判合也。朋友者何謂也。朋者黨也。友者有也。禮記曰。同門曰朋。同志曰友。朋友之交。近則謗其言。遠則不相訕。一人有善。其心好之。一人有惡。其心痛之。貨則通而不計。共憂患而相救。生不屬。死不託。故論語曰。子路云。願車馬衣輕裘。與朋友共敝之。又曰。朋友無所歸。生於我乎館。死於我乎殯。朋友之道。親存不得行者二。不得許友以其身。不得專通財之恩。友飢則白之於父兄。父兄許之。乃稱父兄與之。不聽卽止。故曰。友飢。爲之減餐。大寒。爲之不重裘。故論語曰。有父兄在。如之何其聞斯行之也。男稱兄弟。女稱姊妹。何。男女異姓。故別其稱也。何以言之。禮親屬記曰。男子先生稱兄。後生稱弟。女子先生爲姊。後生爲妹。父之昆弟不俱謂之世叔。父之女昆弟俱謂之姑。何也。以爲諸父曰內親也。故別稱之也。姑當外適人。疏。故總言之也。至姊妹亦當外適人。所以別諸姊妹何。以爲事諸姑禮等。可以外出。又同。故稱略也。至姊妹雖欲有略之。姊尊妹卑。其禮異也。詩云。問我諸姑。遂及伯姊。謂之舅姑何。舅者舊也。姑者故也。舊故之者。老人之稱也。謂之姊妹何。姊者恣也。妹者末也。謂之兄弟何。兄者況也。況父法者。弟者悌也。心順行篤也。稱夫之父母謂之舅姑何。尊如父而非父者舅也。親如母而非母者姑也。故稱夫之父母爲舅姑也。

班昭　固女弟。字惠姬。適扶風曹世叔。夫亡。和帝詔入宮。令皇后貴人師事之。號曹大家。作女誡七篇。爲女子著述之最有名者。隋志列於儒家。其妹曹豐生亦有才名。嘗爲書以難之。書今不傳。

女誡七篇 幷序

鄙人愚暗。受性不敏。蒙先君之餘寵。賴母師之典訓。年十有四。執箕帚於曹氏。今四十餘載矣。戰戰兢兢。常懼黜辱。以增父母之羞。以益中外之累。是以夙夜劬心。勤不告勞。而今而後。乃知免耳。吾性疏愚。教導無素。恆恐子穀。負辱清朝。聖恩橫加。猥賜金紫。實非鄙人庶幾所望也。男能自謀矣。吾不復以爲憂。但傷諸女方當適人。而不漸加訓誨。不聞婦禮。懼失容他門。取恥宗族。吾今疾在沈滯。性命無常。念汝曹如此。每用惆悵。因作女誡七篇。願諸女各寫一通。庶有補益。裨助汝身。去矣。其勗勉之。

古者生女三日。臥之牀下。弄之瓦塼。而齊告焉。臥之牀下。明其卑弱。主下人也。弄之瓦塼。明其習勞。主執勤也。齊告先君。明當主繼祭祀也。三者蓋女人之常道。禮法之典教矣。謙讓恭敬。先人後己。有善莫名。有惡莫辭。忍辱含垢。常若畏懼。卑弱下人也。晚寢早作。不憚夙夜。執務私事。不辭劇易。所作必成。手跡整理。是謂執勤也。正色端操。以事夫主。清靜自守。無好戲笑。潔齊酒食。以供祖宗。是謂繼祭祀也。三者苟備。而患名稱之不聞。黜辱之在身。未之見也。三者苟失之。何名稱之可聞。黜辱之可免哉。卑弱第一

夫婦之道。參配陰陽。通達神明。信天地之宏義。人倫之大節也。是以禮貴男女之際。詩著關雎之義。由斯言之。不可不重也。夫不賢。則無以御婦。婦不賢。則無以事夫。夫不御婦。則威儀廢缺。婦不事夫。則義理墮闕。方斯二者。其用一也。察今之君子。徒知妻婦之不可不御。威儀之不可不整。故訓其男。檢以書傳。殊不知夫主之不可不事。禮義之不可不存也。但教男而

不敎女。不亦蔽於彼此之數乎。禮八歲始敎之書。十五而至於學矣。獨不可以此爲則哉。夫婦第二

陰陽殊性。男女異行。陽以剛爲德。陰以柔爲用。男以强爲貴。女以弱爲美。故鄙諺有云。生男如狼。猶恐其尫。生女如鼠。猶恐其虎。然則修身莫如敬。避强莫若順。故曰敬順之道。爲婦之大禮也。夫敬非他。持久之謂也。夫順非他。寬裕之謂也。持久者。知止足也。寬裕者。尙恭下也。夫婦之好。終身不離。房室周旋。遂生媟黷。媟黷既生。語言過矣。語言既過。縱恣必作。縱恣既作。則侮夫之心生矣。此由於不知止足者也。夫事有曲直。言有是非。直者不能不爭。曲者不能不訟。訟爭既施。則有忿怒之事矣。此由於不尙恭下者也。侮夫不節。譴呵從之。忿怒不止。楚撻從之。夫爲夫婦者。義以和親。恩以好合。楚撻既行。何義之存。譴呵既宣。何恩之有。恩義俱廢。夫婦離行。敬服第三

女有四行。一曰婦德。二曰婦言。三曰婦容。四曰婦功。夫云婦德。不必才明絕異也。婦言。不必辯口利辭也。婦容。不必顏色美麗也。婦功。不必技巧過人也。幽閒貞靜。守節整齊。行己有恥。動靜有法。是謂婦德。擇辭而說。不道惡語。時然後言。不厭於人。是謂婦言。盥浣塵穢。服飾鮮潔。沐浴以時。身不垢辱。是謂婦容。專心紡績。不好戲笑。潔齊酒食。以供賓客。是謂婦功。此四者。女人之大節。而不可乏無者也。然爲之甚易。惟在存心耳。古人有言。仁遠乎哉。我欲仁而

仁斯至矣。此之謂也。婦行第四

禮。夫有再娶之義。婦無二適之文。故曰。夫者天也。天固不可違。夫故不可離也。行違神祇。天則罰之。禮義有愆。夫則薄之。故女憲曰。得意一人。是謂永畢。失意一人。是謂永訖。由斯言之。夫不可不求其心。然所求者。亦非謂佞媚苟親也。固莫若專心正色。禮義居潔。耳無妄聽。目無邪視。出無冶容。入無廢飾。無聚會羣輩。無看視門戶。則謂專心正色矣。若夫動靜輕脫。視聽邪僞。入則亂髮壞形。出則窈窕作態。說所不當道。觀所不當視。此謂不能專心正色矣。專心第五

夫得意一人。是謂永畢。失意一人。是謂永訖。欲人定志專心之言也。舅姑之心。豈當可失哉。物有以恩自離者。亦有以義自破者也。夫雖云愛。舅姑云非。此所謂以義自破者也。然則舅姑之心奈何。故莫尚於曲從矣。姑云不爾而是。固宜從令。姑云是爾而非。猶宜順命。勿得違戾是非。爭分曲直。此則所謂曲從矣。故女憲曰。婦如影響。焉不可賞。曲從第六

婦人之得意於夫主。由舅姑之愛己也。舅姑之愛己。由叔妹之譽己也。由此言之。我之臧否毀譽。一由叔妹。叔妹之心。不可失也。人皆莫知叔妹之不可失。而不能和之以求親。其蔽也哉。自非聖人。鮮能無過。故顏子貴於能改。仲尼嘉其不貳。而況於婦人者也。雖以賢女之行。聰哲之性。其能備乎。故室人和則謗掩。內外離則過揚。此必然之勢也。易曰。二人同心。其利

斷金。同心之言。其臭如德者之謂也。夫叔妹者。體敵而分尊。恩疏而義親。若淑媛謙順之人。則能依義以篤好。崇恩以結援。使徽美顯彰。而瑕過隱塞。舅姑矜善。而夫主嘉美。聲譽曜於邑鄰。休光延於父母。若夫愚蠢之人。於叔則託名以自高。於妹則因寵以驕盈。驕盈既施。何和之有。恩義既乖。何譽之臻。是以美隱而過宣。姑忿而夫慍。毀訾布於中外。恥辱集於厥身。進增父母之羞。退益君子之累。斯乃榮辱之本。而顯否之基也。可不慎歟。然則求叔妹之心。固莫尚於謙順矣。謙則德之柄。順則婦之行。知斯二者。足以和矣。詩云。在彼無惡。在此無射。此之謂也。（和叔妹第七）

附錄　陳宏謀教女遺規序

天下無不可教之人。亦無可以不教之人。而豈獨遺於女子也。當其甫離襁褓。養護深閨。非若男子出就外傅。有師友之切磋。詩書之浸灌也。父母雖甚愛之。亦不過於起居服食之間。加意體恤。及其長也。爲之教針黹。備裝匳而已。至於性情嗜好之偏。正言動之合古誼與否。則鮮有及焉。是視女子爲不必教。皆若有固然者。幸而愛敬之良。性所同具。猶不盡至於背理而傷道。且有克敦大義。足以扶持倫紀者。倘平時更以格言至論。可法可戒之事。日陳於前。使之觀感而效法。以爲德性之助。豈淺鮮哉。余故於養正遺規之後。復採古今教女之書。及凡有關於女德者。裒集成編。事取其平易而近人。理取其顯淺而易曉。

蓋欲世人之有以教其子。而更有以教其女也。夫在家爲女。出嫁爲婦。生子爲母。有賢女然後有賢婦。有賢婦然後有賢母。有賢母然後有賢子孫。王化始於閨門。家人利在女貞。女教之所繫。蓋綦重矣。或者疑女子知書者少。非文字之所能教。而弄筆墨工文詞者。有時反爲女德之累。不知女子具有性慧。縱不能經史貫通。間亦粗知文義。卽至村姑里婦。未盡識字。而一門之內。父子兄弟爲之陳述故事。講說遺文。亦必有心領神會。隨事感發之處。一家如此。推而一鄉一邑。孰非教之所可及乎。彼專工文墨。不明大義。則所以教之者之過。而非盡女子之過也。抑余又見夫世之婦女。守其一知半解。或習聞片詞隻義。往往篤信固守。奉以終身。且轉相傳述。交相勸戒。曾不若口讀詩書。而所行悉與倍焉者。意者女子之性。專一篤至。其爲教尤有易入者乎。是在有閑家之責者。加之意而已。

王符　後漢安定臨涇人。字節信。性耿介。忤時不仕。乃隱居著書。名潛夫論。列於儒家。清四庫提要曰。范氏以符與王充仲長統同傳。韓愈因作三賢贊。今以三家之書相較。符書洞悉政體。似昌言。而明切過之。辨別是非。似論衡。而醇正過之。書凡三十六篇。

讚學　潛夫論下同

天地之所貴者人也。聖人之所尚者義也。德義之所成者智也。明智之所求者學問也。雖有至聖。不生而智。雖有至材。不生而能。故志曰。黃帝師風后。顓頊師老彭。帝嚳師祝融。堯師務成。舜師紀后。禹師墨如湯師伊尹。文武師姜尙。周公師庶秀。孔子師老聃。若此言之而信。則人不可以不就師矣。夫此十一君。皆上聖也。猶待學問。其智乃博。其德乃碩。而況於凡人乎。是故工欲善其事。必先利其器。王欲宣其義。必先讀其智。易曰。君子以多志前言往行。以畜其德。是以人之有學也。猶物之有治也。故夏后之璜。楚和之璧。雖有玉璞卞和之資。不琢不錯。不離礫石。夫瑚簋之器。朝際之服。其始也。乃山野之木。蠶繭之絲。耳使巧倕加繩墨而制之以斤斧。女工加五色而制之以機杼。則皆成宗廟之器。黼黻之章。可著於鬼神。可御於王公。而況君子敦貞之質。察敏之才。攝之以良朋。教之以明師。文之以禮樂。導之以詩書。讚之以周易。明之以春秋。其不有濟乎。詩云。顧彼鶺鴒。載飛載鳴。我日斯邁。而月斯征。夙興夜寐。無忝爾所生。是以君子終日乾乾進德修業者。非直爲博己而已也。蓋乃思述祖考之令問。而以顯父母也。孔子曰。吾嘗終日不食。終夜不寢。以思。無益。不如學也。耕也。餒在其中。學也。祿在其中矣。君子憂道不憂貧。箕子陳六極。國風歌北門。故所謂不憂貧也。豈好貧而弗之憂邪。蓋志有所事。昭其重也。是故君子之求豐厚也。非爲嘉饌美服淫樂聲色也。乃將以底其道而邁其德也。夫道成於學而藏於書。學進於振而廢於窮。是故董仲舒終身不問家事。景君明經年不出戶庭。得銳精其學而顯昭其業者。家富也。富佚若彼而能勤精若此者。材子也。倪寬賣力於都巷。匡衡自鬻於保徒者。身貧也。貧阨若彼而能進學若此者。秀士也。

當世學士恆以萬計。而究塗者無數十焉。其故何也。其富者則以賄玷精。貧者則以乏易計。或以喪亂朞其年歲。此其所以逮初喪功。而反其童蒙也。是故無董景之才。倪寬之志。而欲彊捐家出身曠日師門者。必無幾矣。夫此四子者。耳目聰明。忠信廉勇。未必無儔也。而及其成名立績。德音令聞不已。而有所以然。夫何故哉。徒以其能自託於先聖之典經。結心於夫子之遺訓也。是故造父疾趨。百步而廢。使託乘輿。坐致千里。水師泛軸。解維則溺。自託舟楫。坐濟江河。是故君子者。性非絕世。善自託於物也。人之情性。未能相百。而其明智有相萬也。此非其眞性之材也。必有假以致之也。君子之性。未必盡照。及學也。聰明無蔽。心智無滯。前紀帝王。顧定百世。此則道之明也。而君子能假之以自彰爾。夫是故道之於心也。猶火之於人目也。中穽深室。幽黑無見。及設盛燭。則百物彰矣。此則火之耀也。非目之光也。而目假之。則爲明矣。天地之道。神明之爲。不可見也。學問聖典。心思道術。則皆來觀矣。此則道之材也。非心之明也。而人假之。則爲已知矣。是故索物於夜室者。莫良於火。索道於當世者。莫良於典。典者。經也。先聖之所制。先聖得道之精者。以行其身。欲賢人自勉以入於道。故聖人之制經以遺後賢也。譬猶巧倕之爲規矩準繩以遺後工也。昔倕之巧。目茂圓方。心定平直。又造規繩矩墨以誨後人。試使奚仲公班之徒。釋此四度而傚倕自制。必不能也。凡工妄匠。執規秉矩。錯準引繩。則巧同於倕也。是倕以心來制規矩。往合倕心也。故度之工。幾於倕矣。先聖之智。心達神明。性直道德。又造經典以遺後人。試使賢人君子釋於學問。抱質而行。必弗具也。及使從師就學。按經而行。聽達之明。德義之理。亦庶矣。是故聖人以其心來就經典。往合聖心。故修經之賢。德近於聖矣。詩云。高山仰止。景行行止。日就月將。學有緝熙于光明。是故凡欲顯勳績揚光烈者。莫良於學矣。

浮侈

王者以四海爲一家。以兆民爲通計。一夫不耕。天下必受其飢者。一婦不織。天下必受其寒者。今舉世舍農桑。趨商賈。牛馬車輿。塡塞道路。遊手爲功。充盈都邑。治本者少。浮食者衆。商邑翼翼。四方是極。今察洛陽。浮末者什於農夫。虛僞游手者什於浮末。是則一夫耕。百人食之。一婦桑。百人衣之。以一奉百。孰能供之。天下百郡千縣。市邑萬數。類皆如此。本末何足相供。則民安得不飢寒。飢寒並至。則安能不爲非。爲非則姦宄。姦宄繁多。則吏安能無嚴酷。嚴酷數加。則下安能無愁怨。愁怨者多。則咎徵並臻。下民無聊。而上天降災。則國危矣。夫貧生於富。弱生於強。亂生於治。危生於安。是故明王之養民也。憂之勞之。教之誨之。愼微防萌。以斷其邪。故易美節以制度。不傷財。不害民。七月詩大小教之。終而復始。由此觀之。民固不可恣也。今民奢衣服。侈飲食。事口舌。而習調欺。以相詐紿。比肩是也。或以謀姦合任爲業。或以遊敖博弈爲事。或丁夫世不傳犂鋤。懷丸挾彈。攜手遨遊。或取好土作丸賣之。於彈外不可以禦寇。內不可以禁鼠。晉靈好之以增其惡。未嘗聞志義之士喜操以游者也。唯無心之人。羣豎小子。接而持之。妄彈鳥雀。百發不得一。而反中面目。此最無用而有害也。或坐作竹簧。削銳其頭。有傷害之象。傅以蠟蜜。有甘舌之類。皆非吉祥善應。或作泥車瓦狗馬騎倡俳。諸戲弄小兒之具。以巧詐。詩刺不績其麻。女也婆娑。今多不修中饋。休其蠶織。而起學巫祝。鼓舞事神。以欺誣細民。熒惑百姓。婦女羸弱疾病之家。懷憂憒憒。皆易恐懼。至使奔走便時。去離正宅。崎嶇路側。上漏下溼。風寒所傷。奸人所利。賊盜所中。益禍益祟。以致重者不可勝數。或棄醫藥。更往事神。故至於死亡。不自知爲巫所欺誤。乃反恨事巫之晚。此熒惑細民之甚者也。或裁好繒。作爲疏頭。令工采畫。顧人書祝。虛飾巧言。欲邀多福。或裂折繒綵。裁廣數分。長各五寸。縫繒佩之。或紡綵絲而縻。斷截以繞臂。此長無益於吉凶。而空殘滅繒絲。縈悸小民。剋削綺縠。寸竊八采。以成榆葉。無窮水波之文。碎刺縫紩。詐爲笥囊。裙襦衣被。費繒百縑。用功十倍。此等之儔。既不助長農工女。無有益於世。而坐食嘉穀。消費白日。毀敗成功。以見爲破。以牢爲行。以大爲小。以易爲難。皆宜禁者也。山林不能給野火。江海不能灌漏巵。孝文皇帝。躬衣弋綈。足履革舄。以韋帶劍。集上書囊。以爲殿帷。盛夏苦暑。欲起一臺。計值百萬。以爲奢費而不作也。今京師貴戚。衣服飲食。車輿文飾。廬舍。皆過王制。僭上甚矣。從奴僕妾。皆服葛子升越。筩中女布。細緻綺縠。冰紈綿繡。犀象珠玉。琥珀瑇瑁。石山隱飾。金銀錯鏤。麞麂履舄。文組綵襟。驕奢僭主。轉相誇詫。箕子所晞。今在僕妾。富貴嫁娶。車𫐐各十。騎奴侍僮。夾轂節引。富者競欲相過。貧者恥不逮及。是故一饗之所費。破終身之本業。古者必有命民。然後乃得衣繒綵而乘車馬。今者既不能盡復古。細民誠可不須乃踰於古。昔孝子衣必細緻。履必麤麂。組必文采。飾襪必綸。此校飾車馬。多畜奴婢。諸能若此者。既不生穀。又坐爲蠹賊也。子曰。古之葬者。厚衣之以薪。葬之中野。不封不樹。喪期無時。後世聖人易之以棺槨。桐木爲棺。葛采爲緘。下不及泉。上不泄臭。後世以楸梓槐柏杶樗。各取方土所出。膠漆分致。釘細要。削除鏟靡。不見際會。其堅足恃。其用足任。如此可矣。其後京師貴戚。必欲江南檽梓豫章楩枏。邊遠下士。亦競相倣傚。夫檽梓豫章。所出殊遠。又乃生於深山窮谷。經歷山岑。立千丈之高。百丈之谿。傾倚險阻。崎嶇不便。求之連日。然後見之。伐斫連月。然後訖。會衆然後能動擔。牛烈然後能致水。油潰入海。連淮逆河。行數千里。然後到雒。工匠雕治。積累日月。計一棺之成。功將千萬。夫既其終用。重且萬斤。非大衆不能舉。非大車不能輓。東至樂浪。西至燉煌萬里之中。相競用之。此之費功傷農。可爲痛心。古者墓而不崇。仲尼喪母。冢高四尺。遇雨而墮。弟子請治之。夫子泣曰。禮不修墓。鯉死有棺而無槨。文帝葬於芒碭。明帝葬於洛南。皆不藏珠寶。不造廟。不起山陵。陵墓雖卑而聖高。今京師貴戚。郡縣豪家。生不極養。死乃崇喪。或至刻金鏤玉。檽梓楩枏。良田造塋。黃壤致藏。多埋珍寶。偶人車馬。造起大冢。廣種松柏。廬舍祠堂。崇侈上僭。寵臣貴戚。州郡世家。每有喪葬。都官屬縣。各當遣吏齎奉車馬帷帳。貸假待客之具。競爲華觀。此無益於奉終。無增於孝行。但作煩攪擾。傷害吏民。今按鄗畢之郊。文武之陵。南城之壘。曾皙之冢。周公非不忠也。曾子非不孝也。以爲襃君顯父。不在聚財。揚名顯祖。不在車馬。孔子曰。多貨財傷于德。弊則沒禮。晉靈厚賦以彫墻。春秋以爲非君。華元樂呂厚葬文公。春秋以爲不臣。況於羣司士庶。乃可僭侈主上。過天道乎。景帝時。原侯衞不害坐葬過律奪國。明帝時。桑民樅陽侯坐冢過制髡削。今天下浮侈。離本僭奢。過上亦已甚矣。凡諸所譏。皆非民性。而競務者。亂政薄化。使之然也。王者統世。觀民設教。乃能變風易俗。以致太平。

荀悅

後漢潁陰人。字仲豫。獻帝時爲祕書監。見政移曹氏。悅志在獻替。而謀無所用。作申鑒奏之。其所論辨。皆制治之要。旨兼及義理。亦能剖析入微。隋志清四庫均列於儒家。

政體　節錄申鑒下篇同

夫道之本。仁義而已矣。五典以經之。羣籍以緯之。詠之歌之。弦之舞之。前鑒既明。後復申之。故古之聖王。其於仁義也。申重而已。篤序無疆。謂之申鑒。聖漢統天。惟宗時亮。其功格宇宙。粤有虎臣亂政。時亦惟荒圮湮。茲洪軌儀。鑒於三代之典。王允迪厥德。功業有尚。天道在爾。惟帝茂止。涉降膚止。萬國康止。允出茲斯。行遠矣。立天之道。曰陰與陽。立地之道。曰柔與剛。

立人之道。曰仁與義。陰陽以統其精氣。剛柔以品其羣形。仁義以經其事業。是爲道也。故凡政之大經。法教而已矣。教者陽之化也。法者陰之符也。仁也者慈此者也。義也者宜此者也。禮也者履此者也。信也者守此者也。智也者知此者也。是故好惡以章之。喜怒以莅之。哀樂以恤之。若乃二端不愆。五德不離。六節不悖。則三才允序。五事交備。百工惟釐。庶績咸熙。天作道。皇作極。臣作輔。民作基。惟先喆王之政。一曰承天。二曰正身。三曰任賢。四曰恤民。五曰明制。六曰立業。承天惟允。正身惟常。任賢惟固。恤民惟勤。明制惟典。立業惟敦。是謂政體也。致治之術。先屏四患。乃崇五政。一曰僞。二曰私。三曰放。四曰奢。僞亂俗。私壞法。放越軌。奢敗制。四者不除。則政末由行矣。俗亂則道荒。雖天地不得保其性矣。法壞則世傾。雖人主不得守其度矣。軌越則禮亡。雖聖人不得全其道矣。制敗則欲肆。雖四表不能充其求矣。是謂四患。興農桑以養其生。審好惡以正其俗。宣文教以章其化。立武備以秉其威。明賞罰以統其法。是謂五政。民不畏死。不可懼以罪。民不樂生。不可勸以善。雖使卨布五教。咎繇作士。政不行焉。故在上者。先豐民財以定其志。帝耕籍田。后桑蠶宮。國無遊民。野無荒業。財不虛用。力不妄加。以周民事。是謂養生。君子之所以動天地。應神明。正萬物而成王治者。必本乎眞實而已。故在上者。審則儀道以定好惡。善惡要於功罪。毀譽效於準驗。聽言責事。舉名察實。無或詐僞以蕩衆心。故事無不覈。物無不切。善無不顯。惡無不彰。俗無姦怪。民無淫風。百姓上下。觀利害之存乎己也。故肅恭其心。愼修其行。內不忒惑。外無異望。慮其睹去。徼倖無罪過。不憂懼。請謁無所聽。財賂無所用。則民志平矣。是謂正俗。君子以情用。小人以刑用。榮辱者賞罰之精華也。故禮教榮辱以加君子。化其情也。桎梏鞭朴以加小人。治其刑也。君子不犯辱。況於刑乎。小人不忌刑。況於辱乎。若夫中人之倫。則刑禮兼焉。教化之廢。推中人而墜於小人之域。教化之行。引中人而納於君子之塗。是謂章化。小人之情。緩則驕。驕則恣。恣則急。急則怨。怨則畔。危則謀亂。安則思欲。非威彊無以懲之。故在上者必有武備。以戒不虞。以遏寇虐。安居則寄之內政。有事則用之軍旅。是謂秉威。賞罰。政之柄也。明賞必罰。審信愼令。賞以勸善。罰以懲惡。人主不妄賞。非徒愛其財也。賞妄行則善不勸矣。不妄罰。非徒愼其刑也。罰妄行則惡不懲矣。賞不勸謂之止善。罰不懲謂之縱惡。在上者能不止下爲善。不縱下爲惡。則國治矣。是謂統法。四患既蠲。五政既立。行之以誠。守之以固。簡而不怠。疏而不失。無爲爲之。使自施之。無事事之。使自交之。不肅而治。垂拱揖遜。而海內平矣。是謂爲政之方也。

雜言　論性五則

或問天命人事。曰。有三品焉。上下不移。其中則人事存焉爾。命相近也。事相遠也。則吉凶殊矣。故曰。窮理盡性以至於命。孟子稱性善。荀卿稱性惡。公孫子曰。性無善惡。揚雄曰。人之性善惡渾。劉向曰。性情相應。性不獨善。情不獨惡。曰。問其理。曰。性善則無四凶。性惡則無三仁。

人無善惡。文王之教一也。則無周公管蔡。性善情惡。是桀紂無性。而堯舜無情也。性善惡皆渾。是上智懷惠。而下愚挾善也。理也未究矣。惟向言爲然

或曰。仁義。性也。好惡。情也。仁義。常善而好惡。或有惡。故有情惡也。曰不然。好惡者性之取舍也。實見於外。故謂之情爾。必本乎性矣。仁義者善之誠者也。何嫌其常善。好惡者善惡未有所分也。何怪其有惡。凡言神者。莫近於氣。有氣斯有形。有神斯有好惡喜怒之情矣。故神有情。由氣之有形也。氣有白黑。神有善惡。形與白黑偕。情與善惡偕。故氣黑非形之咎。情惡非情之罪也。

或曰。人之於利、見而好之、能以仁義爲節者、是性割其情也。性少情多。性不能割其情。則情獨行爲惡矣。曰不然。是善惡有多少也。非情也。有人於此。嗜酒嗜肉。肉勝則食焉。酒勝則飲焉。此二者相與爭。勝者行矣。非情欲得酒。性欲得肉也。有人於此。好利好義。義勝則義取焉。利勝則利取焉。此二者相與爭。勝者行矣。非情欲得利。性欲得義也。其可兼者。則兼取之。其不可兼者。則隻取重焉。若苟隻好而已。雖可兼取（當有闕文。）矣。若二好均平。無分輕重。則一俯一仰。乍進乍退。

或曰。請折於經。曰。易稱乾道變化。各正性命。是言萬物各有性也。觀其所感。而天地萬物之情可見矣。是言情者應感而動者也。昆蟲草木。皆有性焉。不盡善也。天地聖人。皆稱情焉。不

主惡也。又曰。爻彖以情言。亦如之。凡情意心志者。皆性動之別名也。情見乎辭。是稱情也。言不盡意。是稱意也。中心好之。是稱心也。以制其志。是稱志也。惟所宜各稱其名而已。情何主惡之有。故曰必也正名。

或曰。善惡皆性也。則法教何施。曰。性雖善。待教而成。性雖惡。待法而消。唯上智下愚不移。其次善惡交爭。於是教扶其善。法抑其惡。得施之九品。從教者半。畏刑者四分之三。其不移大數九分之一也。一分之中。又有微移者矣。然則法教之於化民也。幾盡之矣。及法教之失也。其爲亂亦如之。

徐幹

後漢北海人。字偉長。或稱爲魏人。是未考幹沒四年之後。魏乃篡漢也。曹丕與吳質書。論建安諸子。以謂偉長獨懷文抱質。恬淡寡欲。著中論二十餘篇。辭義典雅。足傳於後。隋志。淸四庫。均列於儒家。

貴驗　中論

事莫貴乎有驗。言莫棄乎無徵。言之未有益也。不言未有損也。水之寒也。火之熱也。金石之堅剛也。此數物未嘗有言。而人莫不知其然者。信著乎其體也。使吾所行之信。若彼數物。而誰其疑我哉。今不信吾所行。而怨人之不信也。猶教人執鬼縛魅。而怨人之不得也。惑亦甚矣。孔子曰。欲人之信己也。則微言而篤行之。篤行之。則用日久。用日久。則事著明。事著名。則有目者莫不見也。有耳者莫不聞也。其可誣哉。故根深而枝葉茂。行久而名譽遠。易曰。恆亨。

無咎。利貞。言久於其道也。伊尹放太甲。展季覆寒女。商魯之民不稱淫篡焉。何則。積之於素也。故染不積則人不觀其色。行不積則人不信其事。子思曰。同言而信。信在言前也。同令而化。化在令外也。諺言也。皆緣類而作。倚事而興。加其似者也。誰謂華岱之不高。江漢之不長與。君子修德。亦高而長之。將何患矣。故求己而不求諸人。非自強也。見其所存之富耳。子思曰。事自名也。聲自呼也。貌自眩也。物自處也。人自官也。無非自己者。故怨人之謂壅。怨己之謂通。通也知所悔。壅也遂所誤。遂所誤也親戚離之。知所悔也疏遠附之。疏遠附也常安樂。親戚離也常危懼。自生民以來。未有不然者也。殷紂爲天子而稱獨夫。仲尼爲匹夫而稱素王。盡此類也。故善釣者不易淵而殉魚。君子不降席而追道。治乎八尺之中。而德化光矣。古之人歌曰。相彼玄鳥。止於陵阪。仁道在近。求之無遠。人情也莫不惡謗。而卒不免乎謗。其故何也。非愛致力而不得已之也。已之之術反也。謗之爲名也。逃之而愈至。距之而愈來。訟之而愈多。明乎此。則君子不足爲也。闇乎此。則小人不足得也。帝舜屢省。禹拜昌言。明乎此者也。厲王蒙戮。吳起刺之。闇乎此者也。皆書名前策。著形列圖。或爲世法。或爲世戒。可不慎之。曾子曰。或言予之善。予惟恐其聞。或言予之不善。惟恐過而見予之鄙色焉。故君子服過也。非徒飾其辭而已。誠發乎中心。形乎容貌。其愛之也深。其更之也速。如追兔。惟恐不逮。故有進業。無退功。詩曰。相彼脊令。載飛載鳴。我日斯邁。而月斯征。遷善不懈之謂也。夫聞過而不改。謂之喪心。思過而不改。謂之失體。失體喪心之人。禍亂之所及也。君子舍旃。周書有言。人毋鑒於水。鑒於人也。鑒也者。可以察形。言也者。可以知德。小人恥其面之不及子都也。君子恥其行之不如堯舜也。故小人尙明鑒。君子尙至言。至言也。非賢友則無取之。故君子必求賢友也。詩曰。伐木丁丁。鳥鳴嚶嚶。出自幽谷。遷於喬木。言朋友之義。務在切直以升於善道者也。故君子不友不如己者。非羞彼而大我也。不如己者。須己而植者也。然則扶人不暇。將誰相我哉。吾之債也。亦無日矣。故債極則縱多友邪。則己僻也。是以君子愼取友也。孔子曰。居而得賢友。福之次也。夫賢者言足聽。貌足象。行足法。加乎善獎人之美。而好攝人之過。其不隱也。如影。其不諱也。如響。故我之憚之。若嚴君在堂。而神明處室矣。雖欲爲不善。其敢乎。故求益者之居遊也。必近所畏。而遠所易。詩云。無棄爾輔。員於爾輻。屢顧爾僕。不輸爾載。親賢求助之謂也。

仲長統

後漢高平人。字公理。好學。敢直言。論古今及世俗行事。恒發憤太息。因著論。名昌言。凡三十四篇。隋志列於雜家。書今不傳。惟後漢書及羣書治要各載有數篇。尙可以考見其立論之大要耳。

理亂 昌言

豪傑之當天命者。未始有天下之分者也。無天下之分。故戰爭者競起焉。於斯之時。並僞假天威。矯據方國。擁甲兵與我角材智。程勇力與我競雌雄。不知去就。疑誤天下。蓋不可數也。

角知者皆窮。角力者皆負。形不堪復抗。勢不足復校。乃始羈首係頸。就我之銜紲耳。夫或曾爲我之尊長矣。或曾與我爲等儕矣。或曾臣虜我矣。或曾執囚我矣。彼之蔚蔚皆匈詈腹詛。幸我之不成。而以奮其前志。詎肯用此爲終死之分邪。及繼體之時。民心定矣。普天之下。賴我而得生育。由我而得富貴。安居樂業。長養子孫。天下晏然。皆歸心於我矣。豪傑之心既絕。士民之心已定。貴有常家。尊在一人。當此之時。雖下愚之才居之。猶能使恩同天地。威侔鬼神。暴風疾霆。不足以方其怒。陽春時雨。不足以喻其澤。周孔數千。無所復角其聖。賁育百萬。無所復奮其勇矣。彼後嗣之愚主。見天下莫敢與之違。自謂若天地之不可亡也。乃奔其私嗜。騁其邪欲。君臣宣淫。上下同惡。目極角觝之觀。耳窮鄭衞之聲。入則耽於婦人。出則馳於田獵。荒廢庶政。棄亡人物。澶漫彌流。無所底極。信任親愛者。盡佞諂容說之人也。寵貴隆豐者。盡后妃姬妾之家也。使餓狼守庖廚。飢虎牧牢豚。遂至熬天下之脂膏。斲生人之骨髓。怨毒無聊。禍亂並起。中國擾攘。四夷侵叛。土崩瓦解。一朝而去。昔爲我之哺乳之子孫者。今盡是我飲血之寇讎也。至於運徙勢去。猶不覺悟者。豈非富貴生不仁。沈溺致愚疾邪。存亡以之迭代。政亂從此周復。天道常然之大數也。又政之爲理者。取一切而已。非能斟酌賢愚之分。以開盛衰之數也。日不如古。彌以遠甚。豈不然邪。漢興以來。相與同爲編戶齊民。而以才力相君長者。世無數焉。而清潔之士。徒自苦於茨棘之間。無所損益於風俗也。豪人之室。連棟數百。膏田滿野。奴婢千羣。徒附萬計。船車賈販。周於四方。廢居積貯。滿於都城。琦賂寶貝。巨室不能容。馬牛羊豕。山谷不能受。妖童美妾。塡乎綺室。倡謳妓樂。列乎深堂。賓客待見而不敢去。車騎交錯而不敢進。三牲之肉。臭而不可食。清醇之酎。敗而不可飲。睇盼則人從其目之所視。喜怒則人隨其心之所慮。此皆公侯之廣樂。君長之厚實也。苟能運智詐者。則得之焉。苟能得之者。人不以爲罪焉。源發而橫流。路開而四通矣。求士之舍榮樂而居窮苦。棄放逸而赴束縛。夫誰肯爲之者邪。夫亂世長而化世短。則小人貴寵。君子困賤。當君子困賤之時。跼高天。蹐厚地。猶恐有鎮壓之禍也。逮至清世。則復入於矯枉過正之檢。老者耄矣。不能及寬饒之俗。少者方壯。將復困於衰亂之時。是使姦人擅無窮之福利。而善士挂不赦之罪辜。苟目能辨色。耳能辨聲。口能辨味。體能辨寒溫者。皆將以修絜爲諱惡。設智巧以避之焉。況肯有安而樂之者邪。斯下世人主一切之愆也。昔春秋之時。周氏之亂世也。逮乎戰國。則又甚矣。秦政乘兼并之埶。放狼虎之心。屠裂天下。吞食生人。暴虐不已。以招楚漢用兵之苦。甚於戰國之時也。漢二百年而遭王莽之亂。計其殘夷滅亡之數。又復倍乎秦項矣。以及今日。名都空而不居。百里絕而無民者。不可勝數。此則又甚於亡新之時也。悲夫。不及五百年。大難三起。中間之亂。尚不數焉。變而彌猜。下而加酷。推此以往。可及於盡矣。嗟乎。不知來世聖人救此之道。將何用也。又不知天若窮此之數。欲何至邪。

劉劭

魏邯鄲人。劭隋志清四庫書目皆作邵。字孔才。文帝時受詔集五經羣書作皇覽。又作人物志。大旨主於論辨人材。以外見之符。驗內藏之器。分別流品。研析疑義。其學有類於古名家。而大要不悖於儒者。隋志載於名家。清四庫刪名家。改入雜家。

流業 人物志

蓋人類之業十有二焉。有清節家。有法家。有術家。有國體。有器能。有臧否。有伎倆。有智意。有文章。有儒學。有口辨。有雄傑。若夫德行高妙。容止可法。是謂清節之家。延陵晏嬰是也。建法立制。彊國富人。是謂法家。管仲商鞅是也。思通道化。策謀奇妙。是謂術家。范蠡張良是也。兼有三材。三材皆備。其德足以厲風俗。其法足以正天下。其術足以謀廟勝。是謂國體。伊尹呂望是也。兼有三材。三材皆微。其德足以率一國。其法足以正鄉邑。其術足以權事宜。是謂器能。子產西門豹是也。兼有三材之別。各有一流。清節之流。不能弘恕。好尚譏訶。分別是非。是謂臧否子夏之徒是也。法家之流。不能創思遠圖。而能受一官之任。錯意施巧。是謂伎倆。張敞趙廣漢是也。術家之流。不能創制垂則。而能遭變用權。權智有餘。公正不足。是謂智意。陳平韓安國是也。凡此八業。皆以三材爲本。故雖波流分別。皆爲輕事之材也。能屬文著述。是謂文章。司馬遷班固是也。能傳聖人之業。而不能幹事施政。是謂儒學。毛公貫公是也。辯不入道。而應對資給。是謂口辯。樂毅曹丘生是也。膽力絕衆。材略過人。是謂驍雄。白起韓信是也。凡此十二材。皆人臣之任也。主德不預焉。主德者。聰明平淡。總達衆材。而不以事自任者也。是故主道立。則十二材各得其任也。清節之德。師氏之任也。法家之材。司寇之任也。術家之材。三孤之任也。三材純備。三公之任也。三材而微。冢宰之任也。臧否之任。師氏之佐也。智意之材。冢宰之佐也。伎倆之材。司空之任也。儒學之材。安民之任也。文章之材。國史之任也。辯給之材。行人之任也。驍雄之材。將帥之任也。是謂主道得而臣道序。官不易方。而太平用成。若道不平淡。與一材同用好。則一材處權。而衆材失任矣。

運命論

李康　魏中山人。字蕭遠。性介立。不能和俗。梁昭明太子文選載其運命論一篇。大旨歸於立德保身。置富貴勢利於運命之外。亦儒家而兼道家之言之醇者也。

夫治亂。運也。窮達。命也。貴賤。時也。故運之將隆。必生聖明之君。聖明之君。必有忠賢之臣。其所以相遇也。不求而自合。其所以相親也。不介而自親。唱之而必和。謀之而必從。道德玄同。曲折合符。得失不能疑其志。讒構不能離其交。然後得成功也。其所以得然者。豈徒人事哉。授之者天也。告之者神也。成之者運也。夫黃河淸而聖人生。里社鳴而聖人出。羣龍見而聖人用。故伊尹。有莘氏之媵臣也。而阿衡於商。太公。渭濱之賤老也。而尙父於周。百里奚在虞而虞亡。在秦而秦霸。非不才於虞而才於秦也。張良受黃石之符。誦三略之說。以遊於羣雄。

其言也。如以水投石。莫之受也。及其遭漢祖。其言也。如以石投水。莫之逆也。非張良之拙說於陳項。而巧言於沛公也。然則張良之言一也。不識其所以合離。合離之由。神明之道也。故彼四賢者。名載於籙圖。事應乎天人。其可格之賢愚哉。孔子曰。清明在躬。氣志如神。嗜欲將至。有開必先。天降時雨。山川出雲。詩云。惟嶽降神。生甫及申。惟申及甫。惟周之翰。運命之謂也。豈惟興主。亂亡者亦如之焉。幽王之惑褒女也。妖始於夏庭。曹伯陽之獲公孫彊也。徵發於社宮。叔孫豹之暱豎牛也。禍成於庚宗。吉凶成敗。各以數至。咸皆不求而自合。不介而自親矣。昔者聖人受命河洛。曰以文命者七九而衰。以武興者六八而謀。及成王定鼎於郟鄏。卜世三十。卜年七百。天所命也。故自幽厲之間。周道大壞。二霸之後。禮樂陵遲。文薄之弊。漸於靈景。辯詐之僞。成於七國。酷烈之極。積於亡秦。文章之貴。棄於漢祖。雖仲尼至聖。顏冉大賢。揖讓於規矩之內。誾誾於洙泗之上。不能遏其端。孟軻孫卿。體二希聖。從容正道。不能維其末。天下卒至於溺。而不可援。夫以仲尼之才也。而器不用於魯衞。以仲尼之辯也。而言不行於定哀。以仲尼之謙也。而見忌於子西。以仲尼之仁也。而取讎於桓魋。以仲尼之智也。而屈厄於陳蔡。以仲尼之行也。而招毀於叔孫。夫道足以濟天下。而不得貴於人。言足以經萬世。而不見信於時。行足以應神明。而不能彌綸於俗。應聘七十國。而不一獲其主。驅驟於蠻夏之域。屈辱於公卿之門。其不遇也如此。及其孫子思。希聖備體。而未之至。封已養高。勢動人主。其所遊歷諸侯。莫不結駟而造門。雖造門猶有不得賓者焉。其徒子夏升堂而未入於室者也。退老於家。魏文侯師之。西河之人肅然歸德。比之於夫子而莫敢間其言。故曰治亂運也。窮達命也。貴賤時也。而後之君子。區區於一主。歎息於一朝。屈原以之沈湘。賈誼以之發憤。不亦過乎。然則聖人所以爲聖者。蓋在乎樂天知命矣。故遇之而不怨。居之而不疑也。其身可抑。而道不可屈。其位可排。而名不可奪。譬如水也。通之斯爲川焉。塞之斯爲淵焉。升之於雲則雨施。沈之於地則土潤。體清以洗物。不亂於濁。受濁以濟物。不傷於清。是以聖人處窮達如一也。夫忠直之迕於主。獨立之負於俗。理勢然也。故木秀於林。風必摧之。堆出於岸。流必湍之。行高於人。衆必非之。前監不遠。覆車繼軌。然而志士仁人。猶蹈之而弗悔。操之而弗失。何哉。將以遂志而成名也。求遂其志。而冒風波於險塗。求成其名。而歷謗議於當時。彼所以處之。蓋有算矣。子夏曰。死生有命。富貴在天。故道之將行也。命之將貴也。則伊尹呂尙之興於商周。百里子房之用於秦漢。不求而自得。不徼而自遇矣。道之將廢也。命之將賤也。豈獨君子恥之而弗爲乎。蓋亦知爲之而弗得矣。凡希世苟合之士。籧篨戚施之人。俛仰尊貴之顏。逶迤勢利之間。意無是非。讚之如流。言無可否。應之如響。以闚看爲精神。以向背爲變通。勢之所集。從之如歸市。勢之所去。棄之如脫遺。其言曰。名與身孰親也。得與失孰賢也。榮與辱孰珍也。故遂絜其衣服。矜其車徒。冒其貨賄。淫其聲色。脈脈然自以爲得矣。蓋見龍逢比干之亡其身。而不惟飛廉惡來之滅其族也。蓋知伍子胥之屬鏤於吳。而不戒費無極之誅夷於楚也。蓋譏汲黯之白首於主爵。而不懲張湯牛車之禍也。蓋笑蕭望之跋躓於前。而不懼石顯之絞縊於後也。故夫達者之算也。亦各有盡矣。曰凡人之所以奔競於富貴。何爲者哉。若夫立德必須貴乎。則幽厲之爲天子。不如仲尼之爲陪臣也。必須勢乎。則王莽董賢之爲三公。不如揚雄仲舒之闃其門也。必須富乎。則齊景之千駟。不如顏回原憲之約其身也。其爲實乎。則執杓而飲河者。不過滿腹。棄室而灑雨者。不過濡身。過此以往。弗能受也。其爲名乎。則善惡書於史冊。毀譽流於千載。賞罰懸於天道。吉凶灼乎鬼神。固可畏也。將以娛耳目樂心意乎。譬命駕而遊五都之市。則天下之貨畢陳矣。褰裳而涉汶陽之邱。則天下之稼如雲矣。椎紒而守敖庾海陵之倉。則山坻之積在前矣。扱衽而登鍾山藍田之上。則夜光璵璠之珍可觀矣。夫如是也。爲物甚衆。爲己甚寡。不愛其身而嗇其神。風驚塵起。散而不止。六疾待其前。五刑隨其後。利害生其左。攻奪出其右。而自以爲見身名之親疏。分榮辱之客主哉。天地之大德曰生。聖人之大寶曰位。何以守位曰仁。何以正人曰義。故古之王者。蓋以一人治天下。不以天下奉一人也。古之仕者。蓋以官行其義。不以利冒其官也。古之君子。蓋恥得之而弗能治也。不恥能治而弗得也。原乎天人之性。核乎邪正之分。權乎禍福之門。終乎榮辱之算。其昭然矣。故君子舍彼取此。若夫出處不違其時。默語不失其人。天動星迴而辰極猶居其所。璣旋輪轉。而衡軸猶執其中。既明且哲。以保其身。貽厥孫謀。以燕翼子者。昔吾先友嘗從事於斯矣。

王昶　魏太原晉陽人。字文舒。歷事文帝明帝。名其兄子沈默。其子渾深。遂為書以戒之。其文篤實切近。為人生處世之藥石。蓋本於馬援戒兄子書。而其指示周至則過之。

誡子書

夫人為子之道。莫大於寶身全行。以顯父母。此三者人知其善。而或危身破家。陷於滅亡之禍者。何也。由所祖習非其道也。夫孝敬仁義。百行之首。行之而立身之本也。孝敬則宗族安之。仁義則鄉黨重之。此行成於內。名著於外者也。人若不篤於至行。而背本逐末。以陷浮華焉。以成朋黨焉。浮華則有虛偽之累。朋黨則有彼此之患。此二者之戒。昭然著明。而循覆車滋衆。逐末彌甚。皆由惑當時之譽。昧目前之利故也。夫富貴聲名。人情所樂。而君子或得而不處。何也。惡不由其道耳。患人知進而不知退。知欲而不知足。故有困辱之累。悔吝之咎。語曰。如不知足。則失所欲。故知足之足常足矣。覽往事之成敗。察將來之吉凶。未有干名要利欲而不厭。而能保世持家。永全福祿者也。欲使汝曹立身行己。遵儒者之道。履道家之言。故以元默沖虛為名。欲使汝曹顧名思義。不敢違越也。古者盤杅有銘。几杖有誡。俯仰察焉。用無過行。況在己名。可不戒之哉。夫物速成則疾亡。晚就則善終。朝華之草。夕而零落。松柏之木。隆寒不衰。是以大雅君子。惡速成戒闕黨也。若范匄對秦客。至武子擊之。折其委笄。惡其掩人也。夫人有善鮮不自伐。有能者寡不自矜。伐則掩人。矜則陵人。掩人者人亦掩之。陵人者人亦陵之。故三郤爲戮於晉。王叔負罪於周。不惟矜善自伐好爭之咎乎。故君子不自稱。非以讓人。惡其蓋人也。夫能屈以爲伸。讓以爲得。弱以爲强。鮮不遂矣。夫毀譽。愛惡之原。而禍福之機也。是以聖人慎之。孔子曰。吾之於人。誰毀誰譽。如有所譽。必有所試。又曰。子貢方人。賜也賢乎哉。我則不暇。以聖人之德。猶尚如此。況庸庸之徒而輕毀譽哉。昔伏波將軍馬援戒其兄子言。聞人之惡。當如聞父母之名。耳可得而聞。口不可得而言也。斯戒至矣。人或毀己。當退而求之於身。若己有可毀之行。則彼言當矣。若己無可毀之行。則彼言妄矣。當則無怨於彼。妄則無害於身。又何反報焉。且聞人毀己而忿者。惡醜聲之加人也。人報者滋甚。不如默而自修己也。諺曰。救寒莫如重裘。止謗莫如自修。斯言信矣。若與是非之士。凶險之人。近猶不可。況與對校乎。其害深矣。夫虛僞之人。言不根道。行不顧言。其爲浮淺。較可識別。而世人惑焉。猶不檢之以言行也。近濟陰魏諷。山陽曹偉。皆以傾邪敗沒。熒惑當世。挾持奸慝。驅動後生。雖刑於鈇鉞。大爲炯戒。然所汙染。固以衆矣。可不慎與。若夫山林之士。夷叔之倫。甘長飢於首陽。安赴火於綿山。雖可以激貪勵俗。然聖人不可爲。吾亦不願也。今汝先人。世有冠冕。惟仁義爲名。守慎爲稱。孝悌於閨門。務學於師友。吾與時人從事。雖出處不同。然各有所取。潁川郭伯益。好尙通達。敏而有知。其爲人宏曠不足。輕貴有餘。得其人。重之如山。不得其人。忽之如草。吾以所知親之昵之。不願兒子爲之。北海徐偉長。不治名高。不求苟得。澹然自守。惟道是務。其有所是非。則託古人以見其意。當時無所褒貶。吾敬之重之。願兒子師之。東平劉公幹。博學有高才。誠節有大意。然性行不均。少有拘忌。得失足以相補。吾愛之重之。不願兒子慕之。樂安任昭先。淳粹履道。內敏外恕。推遜恭讓。處不避洿。怯而義勇。在朝忘身。吾友之善之。願兒子遵之。若引而伸之。觸類而長之。汝其庶幾舉一隅耳。及其用財先九族。其施舍務周急。其出入存故老。其論議貴無貶。其進仕尙忠節。其取人務道實。其處世戒驕淫。其貧賤愼無戚。其進退念合宜。其行事加九思。如此而已。吾何憂哉。

附錄一　馬援戒兄子書

吾欲汝曹聞人過失。如聞父母之名。耳可得聞。口不可得言也。好論議人長短。妄是非正法。此吾所大惡也。寧死不願聞子孫有此行也。汝曹知吾惡之甚矣。所以復言者。施衿結褵。申父母之戒。欲使汝曹不忘之耳。龍伯高敦厚周愼。口無擇言。謙約節儉。廉公有威。吾愛之重之。願汝曹效之。杜季良豪俠好義。憂人之憂。樂人之樂。清濁無所失。父喪致客。數郡畢至。吾愛之重之。不願汝曹效也。效伯高不得。猶爲謹敕之士。所謂刻鵠不成。尙類鶩者也。效季良不得。陷爲天下輕薄子。所謂畫虎不成。反類狗者也。訖今季良尙未可知。郡將下車輒切齒州郡以爲言吾常爲寒心是以不願子孫效也。

附錄二一　鄭玄戒子書

吾家舊貧不爲父母昆弟所容去廝役之吏游學周秦之都往來幽幷兗豫之域獲觀乎在位通人處逸大儒得意者咸從捧手有所授焉遂博稽六藝粗覽傳記時覩祕書緯術之奧年過四十乃歸供養假田播殖以娛朝夕遇閹尹擅埶坐黨禁錮十有四年而蒙赦令舉賢良方正有道辟大將軍三司府公車再召比牒併名早爲宰相惟彼數公懿德大雅克堪王臣故其式序吾自忖度無任於此但念述先聖之元意思整百家之不齊亦庶幾以竭吾才故聞命罔從而黃巾爲害萍浮南北復歸邦鄉入此歲來已七十矣宿素衰落仍有失誤案之禮典便合傳家今我告爾以老歸爾以事將閒居以安性覃思以終業自非拜國君之命問族親之憂展敬墳墓觀省野物胡嘗扶杖出門乎家事大小汝一承之咨爾煢煢一夫曾無同生相依其勗求君子之道研鑽勿替敬慎威儀以近有德顯譽成於僚友德行立於己志若致聲稱亦有榮於所生可不深念邪可不深念邪吾雖無紱冕之緒頗有讓爵之高自樂以論贊之功庶不遺後人之羞末所憤憤者徒以亡親墳壟未成所好羣書率皆腐敝不得於禮堂寫定傳與其人日西方暮其可圖乎家今差多於昔勤力務時無恤飢寒菲飲食薄衣服節夫二者尙令吾寡憾若忽忘不識亦已焉哉

附錄三　諸葛亮戒子書

夫君子之行。靜以修身。儉以養德。非澹泊無以明志。非寧靜無以致遠。夫學須靜也。才須學也。非學無以廣才。非靜無以成學。慆慢則不能勵精。險躁則不能治性。年與時馳。意與歲去。遂成枯落。多不接世。悲守窮廬。將復何及。

嵇康　魏譙國銍人。字叔夜。恬靜寡欲。篤好老莊。又愛修養性服食之事。著養生論。以爲長生可以力致。後抱樸子內篇論述尤詳。有嵇中散集。

養生論

世或有謂神仙可以學得。不死可以力致者。或云上壽百二十。古今所同。過此以往。莫非夭者。此皆兩失其情。請試粗論之。夫神仙雖不目見。然記籍所載。前史所傳。較而論之。其有必矣。似特受異氣。稟之自然。非積學所能致也。至於導養得理。以盡性命。上獲千餘歲。下可數百年。可有之耳。而世皆不精。故莫能得之。何以言之。夫服藥求汗。或有弗獲。而愧情一集。渙然流離。終朝未餐。則囂然思食。而曾子銜哀。七日不飢。夜分而坐。則低迷思寢。內懷殷憂。則達旦不瞑。勁刷理鬢。醇醴發顏。僅乃得之。壯士之怒。赫然殊觀。植髮衝冠。由此言之。精神之於形骸。猶國之有君也。神躁於中。而形喪於外。猶君昏於上。國亂於下也。夫爲稼於湯之世。偏有一溉之功者。雖終歸於燋爛。必一溉者後枯。然則一溉之益。固不可誣也。而世常謂一怒不足以侵性。一哀不足以傷身。輕而肆之。是猶不識一溉之益。而望嘉穀於旱苗者也。是以君子知形恃神以立。神須形以存。悟生理之易失。知一過之害生。故修性以保神。安心以全身。愛憎不棲於情。憂喜不留於意。泊然無感。而體氣和平。又呼吸吐納。服食養身。使形神相親。表裏俱濟也。夫田種者。一畝十斛。謂之良田。此天下之通稱也。不知區種可百餘斛。田種一也。至於樹養不同。則功收相懸。謂商無十倍之價。農無百斛之望。此守常而不變者也。且豆令人重。榆令人瞑。合歡蠲忿。萱草忘憂。愚智所共知也。薰辛害目。豚魚不養。常世所識也。蝨處頭而黑。麝食柏而香。頸處險而癭。齒居晉而黃。推此而言。凡所食之氣。蒸性染身。莫不相應。豈唯蒸之使重而無使輕。害之使暗而無使明。薰之使黃而無使堅。芬之使香而無使延哉。故神農曰上藥養命中藥養性者。誠知性命之理。因輔養以通也。而世人不察。惟五穀是見。聲色是耽。目惑元黃。耳務淫哇。滋味煎其府藏。醴醪鬻其腸胃。香芳腐其骨髓。喜怒悖其正氣。思慮銷其精神。哀樂殃其平粹。夫以蕞爾之軀。攻之者非一塗。易竭之身。而內外受敵。身非木石。其能久乎。其自用甚者。飲食不節。以生百病。好色不勌。以致乏絕。風寒所災。百毒所傷。中道夭於衆難。世皆知笑悼。謂之不善持生也。至于措身失理。亡之於微。積微成損。積損成衰。從衰得白。從白得老。從老得終。悶若無端。中智以下。謂之自然。縱少覺悟。咸歎恨於所遇之初。而不知慎衆險於未兆。是猶桓侯抱將死之疾。而怒扁鵲之先見。以覺痛之日。爲受病之始也。害成於微。而救之於著。故有無功之治。馳騁常人之域。故有一切之壽。仰觀俯察。莫不皆然。以多自證。以同自慰。謂天地之理。盡此而已矣。縱聞養生之事。則斷以所見。謂之不然。其次狐疑。雖少庶幾。莫知所由。其次自力服藥。半年一年。勞而未驗。志以厭衰。中路復廢。或益之以畎澮。而泄之以尾閭。欲坐望顯報者。或抑情忍欲。割棄榮願。而嗜好常在耳目之前。所希在數十年之後。又恐兩失。內懷猶豫。心戰於內。物誘其外。交賒相傾。如此復敗者。夫至物微妙。可以理知。難以目識。譬猶豫章生七年然後可覺耳。今以躁競之心。涉希靜之塗。意速而事遲。望近而應遠。故莫能相終。夫悠悠者既以未效不求。而求者以不專喪業。偏恃者以不兼無功。追術者以小道自溺。凡若此類。故欲之者萬無一能成也。善養生者則不然矣。清虛靜泰。少私寡欲。知名位之傷德。故忽而不營。非欲而彊禁也。識厚味之害性。故棄而弗顧。非貪而後抑也。外物以累心不存。神氣以醇白獨著。曠然無憂患。寂然無思慮。又守之以一。養之以和。和理日濟。同乎大順。然後蒸以靈芝。潤以醴泉。晞以朝陽。綏以五絃。無爲自得。體妙心玄。忘歡而後樂足。遺生而後身存。若此以往。恕可與羨門比壽。王喬爭年。何爲其無有哉。

裴頠　晉聞喜人。字逸民。博學有遠識。患何晏王弼阮籍王衍之徒。侈談老莊。風教陵夷。時俗放蕩日甚。乃作崇有論以極論之。其後戴逵論放達非道。范甯罪王何。李充學箴。皆同頠旨。而推論縝密則不及也。

崇有論

夫總混羣本。宗極之道也。方以族異。庶類之品也。形象著分。有生之體也。化感錯綜。理迹之原也。夫品而爲族。則所稟者偏。偏無自足。故憑乎外資。是以生而可尋。所謂理也。理之所體。所謂有也。有之所須。所謂資也。資有攸合。所謂宜也。擇乎厥宜。所謂情也。識智既授。雖出處異業。默語殊塗。所以寶生存宜。其情一也。衆理並而無害。故貴賤形焉。失得由乎所接。故吉凶兆焉。是以賢人君子。知欲不可絕。而交物有會。觀乎往復。稽中定務。惟夫用天之道。分地之利。躬其力任。勞而後饗。居以仁順。守以恭儉率以忠信。行以敬讓。志無盈求。事無過用。乃可濟乎。故大建厥極。綏理羣生。訓物垂範。於是乎在。斯則聖人爲政之由也。若乃淫抗陵肆。則危害萌矣。故欲衍則速患。情佚則怨博。擅恣則興攻。專利則延寇。可謂以厚生而失生者也。悠悠之徒。駭乎若茲之釁。而尋艱爭所緣。察夫偏質有弊。而覩簡損之善。遂闡貴無之議。而建賤有之論。賤有則必外形。外形則必遺制。遺制則必忽防。忽防則必忘禮。禮制弗存。則無以爲政矣。衆之從上。猶水之居器也。故兆庶之情。信於所習。習則心服其業。業服則謂之理然。是以君人必愼所教。班其政刑。一切之務。分宅百姓。各授四職。能令稟命之者。不肅而安。忽然忘異。莫有遷志。況於據在三之尊。懷所隆之情。敦以爲訓者哉。斯乃昏明所階。不可不審。夫盈欲可損。而未可絕有也。過用可節。而未可謂無貴也。蓋有講言之具者。深列有形之故。盛稱空無之美。形器之故有徵。空無之義難檢。辯巧之謀可悅。似象之言足惑。衆聽眩焉。溺其成說。雖頗有異此心者。辭不獲濟。屈於所狎。因謂虛無之理。誠不可易。蓋唱而有和。多往弗反。遂薄綜世之務。賤功烈之用。高浮遊之業。卑經實之賢。人情所殉。篤夫名利。於是文者衍其辭。訥者讚其旨。染其衆也。是以立言藉其虛無。謂之元妙。處官不親所司。謂之雅遠。奉身散其廉操。謂之曠達。故砥礪之風。彌以陵遲。放者因斯。或悖吉凶之禮。而忽容止之表。瀆棄長幼之序。混漫貴賤之級。其甚者至於裸裎。言笑忘宜。以不惜爲宏。士行又虧矣。老子既著五千之文。表摭穢雜之弊。甄舉靜一之義。有以令人釋然自夷。合於易之損謙艮節之旨。而靜一守本。無虛無之謂也。損艮之屬。蓋君子之一道。非易之所以爲體守本無也。觀老子之書。雖博有所經。而云有生於無。以虛爲主。偏立一家之辭。豈有以而然哉。人之既生。以保生爲全。全之所階。以順感爲務。若味道以虧業。則沈溺之釁興。懷末以忘本。則天地之眞滅。故動之所交。存亡之會也。夫有非有。於無非無。於無非無。於有非有。是以申縱播之累。而著貴無之文。將以絕所非之盈謬。存大善之中節。收流遁於既過。反澄正於胸懷。宜其以無爲辭。而旨在全有。故其辭曰。以爲文不足。若斯。則是所寄之塗。一方之言也。若謂至理信以無爲宗。則偏而害當矣。先賢達識。以非所滯。不之深論。惟班固著難。未足折其情。孫卿揚雄。大體抑之。猶偏有所許。而虛無之言。日以廣衍。衆家扇起。各列其說。上及造化。下被萬事。

莫不貴無。所存僉同。情以衆固。乃號凡有之理。皆義之卑者。薄而鄙焉。辯論人倫及經明之業。遂易門肆。頗用矍然。申其所懷。而攻者盈集。或以爲一時口言。有客幸過。咸見命著文。摘列虛無不允之徵。若未能每事釋正。則無家之義。弗可奪也。頗退而思之。雖君子宅情。無求於顯。及其立言。在乎達旨而已。然去聖久遠。異同紛糾。苟少有彷彿。可以崇濟先典。扶明大業。有益於時。則惟患言之不能。焉得靜默。及未舉一隅。略示所存而已哉。夫至無者無以能生。故始生者自生也。自生而必體有。則有遺而生虧矣。生以有爲已分。則虛無是有之所謂遺者也。故養既化之有。非無用之所能全也。理既有之衆。非無爲之所能循也。心非事也。而制事必由於心。然不可以制事以非事。謂心爲無也。匠非器也。而制器必須於匠。然不可以制器以非器。謂匠非有也。是以欲收重泉之鱗。非偃息之所能獲也。隕高墉之禽。非靜拱之所能捷也。審投弦餌之用。非無知之所能覽也。由此而觀。濟有者皆有也。虛無奚益於已有之羣生哉。

附錄一　李充學箴序

老子云。絕仁棄義。家復孝慈。豈仁義之道絕。然後孝慈乃生哉。蓋患乎情仁義者寡。而利仁義者衆也。道德喪而仁義彰。仁義彰而名利作。禮教之弊。直在茲也。先王以道德之不行。故以仁義化之。行仁義之不篤。故以禮律檢之。檢之彌繁。而僞亦愈廣。老莊是乃明無爲之益塞爭欲之門。夫極靈智之妙。總會通之和者。莫尙乎聖人。革一代之宏制。垂千載之遺風。則非聖不立。然則聖人之在世。吐言則爲訓辭。莅事則爲物軌。運通則與時隆。理喪則與世弊矣。是以大爲之論。以標其旨。物必有宗。事必有主。寄責於聖人而遺累乎陳迹也。故化之以絕聖棄智。鎭之以無名之樸。聖教救其末。老莊明其本。本末之塗殊而爲教一也。人之迷也。其日久矣。見形者衆。及道者尠。不覿千仞之門。而逐適物之迹。逐迹愈篤。離本愈遠。遂使華端與薄俗俱興。妙緒與淳風並絕。所以聖人長潛而迹未嘗滅矣。懼後進惑其如此。將越禮棄學而希無爲之風。見義教之殺而不觀其隆矣。略言所懷。以補其闕。引道教之宏旨。會世教之適當。義不違本。言不流放。庶以袪困蒙之蔽。悟一往之惑乎。

附錄二　王坦之廢莊論

荀卿稱莊子蔽於天而不知人。揚雄亦曰。莊周放蕩而不法。何晏云。鬻莊軀放。元虛而不周乎時變。三賢之言。遠有當乎。夫獨構之唱。唱虛而莫和。無感之作。義偏而用寡。動人由於兼忘。應物在乎無心。孔父非不體遠。以體遠故近用。顏子豈不具德。以德備故膺教。胡爲其然哉。不獲已而然也。夫自足者寡。故理懸於羲農。徇教者衆。故義申於三代。道心惟微。人心惟危。吹萬不同。孰知正是。雖首陽之情。三黜之智。摩頂之甘。落毛之愛。枯槁之生貿石之死。格諸中庸。未入乎道。而況下斯者乎。先王知人情之難肆。懼違行以致訟。悼司徹之貽悔。審褫帶之所緣。故陶鑄羣生。謀之未兆。每攝其契而爲節焉。使夫敦禮以崇化。日用以成俗。誠存而邪忘。利損而競息。成功遂事。百姓皆曰我自然。蓋善闇者無怪。故所遇而無滯。執道以離俗。孰踰於不達。語道而失其爲者。非其道也。辯德而有其位者。非其德也。言默所未究。況揚之以爲風乎。且卽濠以尋魚。想彼之我同。推顯以求隱。理得而情昧。若夫莊生者。望大廷而撫契。仰彌高於不足。寄積想於三篇。恨我之懷未盡。其言詭譎。其義恢誕。君子內應。從我游方之外。衆人因藉之以爲弊薄之資。然則天下之善人少。不善人多。莊生之利天下也少。害天下也多。故曰魯酒薄而邯鄲圍。莊生作而風俗頹。禮與浮雲俱征。僞與利蕩並肆。人以克己爲恥。士以無措爲通。時無履德之譽。俗有蹈義之愆。驟語賞罰。不可以造次。屢稱無爲。不可與適變。雖可用於天下。不足以用天下人。昔漢陰丈人修渾沌之術。孔子以爲識其一不識其二。莊生之道。無乃類乎。與夫如愚之契。何殊間哉。若夫利而不害。天之道也。爲而不爭。聖之德也。羣方所資而莫知誰氏。在儒而非儒。非道而有道。彌貫九流。玄同彼我。萬物用之而不既。亹亹日新而不朽。昔吾孔老固已言之矣。

附錄三　戴逵放達非道論

夫親沒而採藥不反者。不仁之子也。君危而屢出近關者。苟免之臣也。而古之人未始以彼害名教之體者何。達其旨故也。達其旨故不惑其迹。若元康之人。可謂好遯跡而不求其本。故有捐本徇末之弊。舍實逐聲之行。是猶美西施而學其顰眉。慕有道而折其巾角。所以爲慕者。非其所以爲美。徒貴貌似而已矣。夫紫之亂朱。以其似朱也。故鄉原似中和。所以亂德。放者似達。所以亂道。然竹林之爲放。有疾而爲顰者也。元康之爲放。無德而折巾者也。可無察乎。且儒家尚譽者。本以興賢也。既失其本。則有色取之行。懷情喪眞。以容貌相欺。其弊必至於末僞。道家去名者。欲以篤實也。苟失其本。又有越檢之行。情理俱虧。則仰詠兼忘。其弊必至於本薄。夫僞薄者。非二本之失。而爲弊者。必託二本以自通。夫道有常經。而弊無常情。是以六經有失。二政有弊。苟乖其本。固聖賢所無奈何也。嗟夫。行道之人。自非性足體備。闇蹈而當者。亦曷能不棲情古烈。擬規前修。苟迷擬之。然後動議之。然後言。固當先辨其趣舍之極。求其用心之本。識其枉尺直尋之旨。採其被褐懷玉之由。若斯。塗雖殊。而其歸可觀也。跡雖亂。而其契不乖也。不然。則流遯忘反。爲風波之行。自騁以物。自誑以僞。外眩囂華。內喪道實。以矜尚奪其眞主。以塵垢翳其天正。貽笑千載。可不愼與。

附錄四　范寧罪王何論

或曰。黃唐緬邈。至道淪翳。濠濮輟詠。風流靡託。爭奪兆於仁義。是非成於儒墨。平叔神懷超絕。輔嗣妙思通微。振千載之頹綱。落周公之塵網。斯蓋軒冕之龍門。濠梁之宗匠。嘗聞夫子之論。以為罪過桀紂。何哉。答曰。子信有聖人之言乎。夫聖人者。德侔二儀。道冠三才。雖帝皇殊號。質文異制。而統天成務。曠代齊趣。王何蔑棄典文。不遵禮度。游詞浮說。波蕩後生。飾華言以翳實。騁繁文以惑世。搢紳之徒。翻然改轍。洙泗之風。緬焉將墜。遂令仁義幽淪。儒雅蒙塵。禮壞樂崩。中原傾覆。古之所謂言偽而辯。行僻而堅者。其斯人之徒歟。昔夫子斬少正於魯。太公戮華士於齊。豈非曠世而同誅乎。桀紂暴虐。正足以滅身覆國。為後世鑒戒耳。豈能迴百姓之視聽哉。王何叨海內之浮譽。資膏粱之傲誕。畫魑魅以為巧。扇無檢以為俗。鄭聲之亂樂。利口之覆邦。信矣哉。吾固以為一世之禍輕。歷代之罪重。自喪之釁小。迷衆之愆大也。

葛洪　晉句容人。字稚川。自號抱樸子。所著書即以為名。內篇論神仙修煉之事。外篇論政俗之事。隋志以二篇分入道家雜家。清四庫則皆載於道家。

論僊　節錄抱樸子內篇

或問曰。神仙不死。信可得乎。抱樸子答曰。雖有至明。而有形者不可畢見焉。雖稟極聰。而有聲者不可盡聞焉。雖有禹益齊諧之智。而所嘗識者未若所不識之衆也。萬物芸芸。何所不有况列仙之人。盈乎竹素矣。不死之道。曷爲無之。事有本鈞而末乖。未可一也。夫言有始必有終者多矣。混而齊之。非通理矣。謂夏必長。而薺麥枯焉。謂冬必凋。而竹柏茂焉。謂始必終。而天地無窮焉。謂生必死。而龜鶴長存焉。盛夏宜暑。而夏天未必無涼日也。極陰宜寒。而嚴冬未必無暫溫也。百川東注。而有北流之浩浩。坤道至靜。而或震動而崩弛。水性純冷。而有溫谷之湯泉。火體宜熾。而有蕭丘之寒焰。重類應沈。而南海有浮石之山。輕物當浮。而牂牁有沈羽之流。萬殊之類。不可一概斷之。正如此也久矣。有生最靈。莫過乎人。貴性之物。宜必鈞齊。而賢愚邪正。好醜修短。清濁貞淫。緩急遲速。趨舍所尙。耳目所欲。其爲不同。已有天淵之隔。冰炭之乖矣。何獨怪仙者之異。不與凡人皆死乎。若謂受氣皆有一定。則雉之爲蜃。雀之爲蛤。壤蟲假翼。川蛙翻飛。水蠣爲蛤。荇菜爲蛆。田鼠爲鴽。腐草爲螢。鼉之爲虎。蛇之爲龍。皆不然乎。若謂人稟正性。不同凡物。皇天賦命。無有彼此。則牛哀成虎。楚嫗爲黿。枝離爲柳。秦女爲石。死而更生。男女易形。老彭之壽。殤子之夭。其何故哉。苟有不同。則其異有何限乎。若夫仙人以藥物養身。以術數延命。使內疾不生。外患不入。雖久視不死。而舊身不改。苟有其道。無以爲難也。魏文帝窮覽洽聞。自謂於物無所不經。謂天下無切玉之刀。火浣之布。及著典論。嘗據言此事。其間未期。二物畢至。帝乃歎息。遽毀斯論。事無固必。殆爲此也。陳思王著釋疑論云。初謂道術。直呼愚民詐僞空言定矣。及見武皇帝試左慈等。令斷穀近一月。而顏色不減。氣力自若。常云可五十年不食。正爾復何疑哉。又令甘始以藥含生魚。而煮之於沸脂中。其無藥者熟而可食。其啣藥者遊戲終日。如在水中也。又以藥粉桑飼蠶。蠶乃到十月不老。又以住年藥食雞雛。及新生犬子。皆止不復長。又以還白藥食白犬。百日毛盡黑。乃知天下之事不可盡知。而以臆斷之不可任也。但恨不能絕聲色。專心以學長生之道耳。彼二曹學則無書不覽。才則一代之英。然初皆謂無。而晚年乃以爲有。窮理盡性。其歎息如此。不逮若人者。不信神仙。不足怪也。劉向博學則究微極妙。經深涉遠。思理則淸澄眞僞。研覈有無。其所撰列仙傳。仙人七十有餘。誠無其事。妄造何爲乎。邃古之事。何可親見。皆賴記籍傳聞於往耳。列仙傳炳然。其必有矣。凡世人所以不信仙之可學。不許命之可延者。正以秦皇漢武求之不獲。以少君欒大爲之無驗故也。然不可以黔婁原憲之貧。而謂古者無陶朱猗頓之富。不可以無鹽宿瘤之醜。而謂在昔無南威西施之美。進趨猶有不達者焉。稼穡猶有不收者焉。商販或有不利者焉。用兵或有無功者焉。況乎求仙事之難者。爲之者何必皆成哉。彼二君兩臣。自可求而不得。或始勤而卒怠。或不遭乎明師。又何足以定天下之無仙乎。夫求長生修至道。訣在於志。不在於富貴也。苟非其人。則高位厚貨。乃所以爲重累耳。何者。學仙之法。欲得恬愉澹泊。滌除嗜欲。內視反聽。尸居無心。而帝王任天下之重責。治鞅掌之政務。思勞於萬幾。神馳於宇宙。一介失所。則王道爲虧。百姓有醜。則汨其和氣。漢武招求方士。寵待過厚。致令斯輩敢爲虛誕耳。欒大若審有道者。安可得煞乎。夫有道者。視爵位如湯鑊。見印綬如縗絰。視金玉如土糞。覩華堂如牢獄。豈當扼腕空言。以僥倖榮華。居丹楹之室。受不訾之賜。帶五利之印。尙公主之貴。耽淪勢利。不知止足。實不得道。斷可知矣。按董仲舒所撰李少君家錄云。少君有不死之方。而家貧無以市其藥物。故出於漢。以假途求其財。道成而去。又按漢禁中起居注云。少君之將去也。武帝夢與之共登嵩山。半道有使者。乘龍持節。從雲中下。云上帝請少君。帝覺以語左右曰。如我之夢。少君將舍我去矣。數日而少君稱病死。久之。帝令人發其棺。視尸。唯衣冠在焉。按仙經云。上士舉形昇虛。謂之天仙。中士遊於名山。謂之地仙。下士先死後蛻。謂之尸解仙。今少君必尸解者也。近世壺公將費長房去。及道士李意期將兩弟子去。後人見之。皆在郫縣。其家各鑿棺視之。三棺止有竹杖、一枚。以丹書於杖。此皆尸解者也。又神仙集中。有召神劾鬼之法。又有使人見鬼之術。俗人聞之。皆謂虛文。或云天下無鬼神。或云有之。亦不可劾召。或云見鬼者。在男爲覡。在女爲巫。當須自然。非可學而得。按漢書及太史公記。皆云齊人少翁。武帝以爲文武將軍。武帝所幸李夫人死。少翁能令武帝見之如生人狀。又令武帝見竈神。此史籍之明文也。夫方術既令鬼見其形。又令本不見鬼者見鬼。推此而言。其餘亦何所不有也。人有賢愚。皆知己身之有魂魄。魂魄分去則人病。盡去則人死。故分去則術家有拘錄之法。盡去則禮典有招呼之義。此之爲物至近者也。然與人俱生。至乎終身。莫或有自聞見之者也。豈可遂以不聞見之。而云無之乎。若夫輔氏報施之鬼。成湯怒齊之靈。申生交言於狐子。杜伯報恨於周宣。彭生託形於玄豕。如意假體於蒼狗。灌夫守田蚡。子義掊燕簡。蓐收之降于莘。欒侯之止民家。素姜之說讖緯。孝子之著文章。神君言於上林。羅陽仕於吳朝。鬼神之事。著於竹帛。昭昭如此。不可勝數。然而蔽者猶謂無之。況長生之事。世所希聞乎。望使必信。是令蚊虻負山。與井蛙論海也。世人以劉向作金不成。便謂索隱行怪。好傳虛無。所撰列仙。皆復妄作。悲夫。此所謂以分寸之瑕。棄盈尺之夜光。以蟻鼻之缺。損無價之淳鈞。非荊和之遠識。風胡之賞眞也。斯朱公所以鬱悒。薛燭所以永歎矣。作金皆在神仙集中。淮南王鈔出以作鴻寶枕中書。雖有其文。然皆祕其要。必須口訣臨文指解。然後可爲耳。其所用藥。復多改其本名。不可按之便用也。劉向父德治淮南王獄中所得此書。非有師授也。向本不知道術。偶偏見此書。便謂其意盡在紙上。是以作金不成耳。至於撰列仙傳。自刪秦太史暨漢書中出之。或所親見。然後記之。非妄言也。外國作水精椀。實是合五種灰以作之。今交廣多有得其法而鑄作之者。今以此語俗人。殊不肯信。乃云水精本自然之物。玉石之類。況於世間幸有自然之金。俗人當何信其有可作之理哉。愚人乃不信黃丹及胡粉是化鉛所作。又不信騾及駏驉是驢馬所生。云物各自有種。況乎難知之事哉。夫所見少。則所怪多。世之常也。信哉。

鈞世 抱樸子外篇下同

或曰。古之著書者。才大思深。故其文隱而難曉。今人意淺力近。故露而易見。比彼難曉。猶溝澮之方江河。垤之並嵩岱矣。故水不發崑山。則不能揚洪流以東漸。書不出英俊。則不能備致遠之弘韻焉。抱朴子答曰。夫論管穴者。不可問以九陔之無外。習拘閡者。不可督以拔萃之獨見。蓋往古之士。匪鬼匪神。其形器雖冶鑠於疇曩。然其精神布在乎方策。情見乎辭。指歸可得。且古書之多隱。未必昔人故欲難曉。或世異語變。或方言不同。經荒歷亂。埋藏積久。簡編朽絕。亡失者多。或雜續殘缺。或脫去章句。是以難知。似若至深耳。且夫尙書者。政事之集也。然未若近代之優文詔策軍書奏議之淸富贍麗也。毛詩者。華彩之辭也。然不及上林羽獵二京三都之汪濊博富也。然則古之子書。能勝今之作者。何也。然守株之徒。嘍嘍所翫。有耳無目。何肯謂爾。其於古人所作爲神。今世所著爲淺。貴遠賤近。有自來矣。故新劍以詐刻加價。弊方以僞題見寶也。是以古書雖質樸。而俗儒謂之墮於天也。今文雖金玉。而常人同之於瓦礫也。然古書者雖多。未必盡美。要當以爲學者之山淵。使屬筆者得采伐漁獵其中。然而譬如東甌之木。長洲之林。梓豫雖多。而未可謂之爲大廈之壯觀。華屋之弘麗也。雲夢之澤。孟諸之藪。魚肉雖饒。而未可謂之爲煎熬之盛膳。喻狄之嘉味也。今詩與古詩書。俱有義理。而盈於差美。方之於士。並有德行。而一人偏長藝文。不可謂一例也。比之於女。俱

戮以懲小罪。九伐以討大憝。猶懼豺狼之當路。感彝倫之不敘。憂作威之凶家。恐奸宄之害，國。故嚴司鷹揚以彈違。虎臣杖鉞於方嶽。而狂狡之變。莫世乏之。而命放之。使無所憚。則盜跖將橫行以掠殺。而良善端拱以待禍。無主所訴。無疆所憑。而冀家為夷齊。人皆柳惠。何異負豕而欲無臭。憑河而欲不濡。無轡筴而御奔馬。棄柂櫓而乘輕舟。未見其可也。

賈思勰　後魏人。里字未詳。官高陽太守。著有齊民要術十卷。凡九十二篇。清四庫子部農家首著錄之。謂其書於農圃衣食之法。纖悉備至。又文章古雅。援據博奧。農家諸書。更無能出其上者。案漢志農家九種。今其書皆亡。孟子中許行之說。乃劉班所謂鄙者為之者。獨賈氏此書。立言近古。當為後世農家者流之正宗。

齊民要術序

蓋神農為耒耜。以利天下。堯命四子。敬授民時。舜命后稷。食為政首。禹制土田。萬國作乂。殷周之盛。詩書所述。要在安民。富而教之。管子曰。一農不耕。民有飢者。一女不織。民有寒者。倉廩實。知禮節。衣食足。知榮辱。丈人曰。四體不勤。五穀不分。孰為夫子。傳曰。人生在勤。勤則不匱。語曰。力能勝貧。謹能勝禍。蓋言勤力可以不貧。謹身可以避禍。故李悝為魏文侯作盡地利之教。國以富強。秦孝公用商君。急耕戰之賞。傾奪鄰國而雄諸侯。淮南子曰。聖人不恥身之賤也。愧道之不行也。不憂命之長短。而憂百姓之窮。是故禹為治水。以身解於陽盱之河。湯由苦旱。以身禱於桑林之祭。神農憔悴。堯瘦臞。舜黎黑。禹胼胝。由此觀之。則聖人之憂勞百姓亦甚矣。故自天子以下。至於庶人。四肢不勤。思慮不用。而事治求贍者。未之聞也。故田者不彊。囷倉不盈。將相不彊。功烈不長。仲長子曰。天爲之時。而我不農。穀亦不可得而取之。青春至焉。時雨降焉。始之耕田。終之簠簋。惰者釜之。勤者鍾之。矧夫不爲而尙乎食也哉。譙子曰。朝發而夕異宿。勤則菜盈傾筐。且苟有羽毛。不織不衣。不能茹草飲水。不耕不食。安可以不自力哉。鼂錯曰。聖王在上。而民不凍不飢者。非耕而食之。織而衣之。爲開其資財之道也。夫寒之於衣。不待輕煖。飢之於食。不待甘旨。飢寒至身。不顧廉恥。一日不再食則飢。終歲不製衣則寒。夫腹飢不得食。體寒不得衣。慈母不能保其子。君亦安得以有民。夫珠玉金銀。飢不可食。寒不可衣。粟米布帛。一日不得而飢寒至。是故明君貴五穀而賤金玉。劉陶曰。民可百年無貨。不可一朝有飢。故食爲至急。陳思王曰。寒者不貪尺玉而思短褐。飢者不願千金而美一食。千金尺玉至貴。而不若一食短褐之惡者。物時有所急也。誠哉言乎。神農倉頡。聖人者也。其於事也。有所不能矣。故趙過始爲牛耕。實勝耒耜之利。蔡倫立意造紙。豈方縑牘之煩。且耿壽昌之常平倉。桑弘羊之均輸法。益國利民。不朽之術也。諺曰。智若禹湯。不如常耕。是以樊遲請學稼。孔子答云。吾不如老農。然則聖賢之智。猶有所未達。而況於凡庸者乎。猗頓魯窮士。聞陶朱公富。問術焉。告之曰。欲速富。畜五牸。乃畜牛羊。子息萬計。九眞廬江不知牛耕。每致困乏。任延王景。乃令鑄作田器。教之墾闢。歲歲開廣。百姓充給。燉煌不曉作耧犂。及種。人牛功力既費。而收穀更少。皇甫隆乃教作耧犂。所省傭力過半。得穀加五。又燉煌俗婦女作裙攣縮如羊腸。用布一疋。隆又禁改之。所省復不貲。茨充爲桂陽令。俗不種桑。無蠶織絲麻之利。類皆以麻枲頭貯衣。民惰窳少麤履。足多剖裂血出。盛冬皆然火燎炙。充教民益種桑柘。養蠶織履。復令種苧麻。數年之間。大賴其利。衣履溫暖。今江南知桑蠶織履。皆充之教也。五原土宜麻枲。而俗不知績織。民冬月無衣。積細草臥其中。見吏則衣草而出。崔寔作爲紡績織絍之具以教民。得以免寒苦。安在不教乎。黃霸爲潁川。使郵亭鄉官皆畜雞豚。以贍鰥窮者。及務耕桑。節用殖財。種樹。鰥寡孤獨有死無以葬者。鄉部書言。霸具爲區處。某所大木可以爲棺。某亭豚子可以祭。吏往皆如其言。龔遂爲渤海。勸民務農桑。令口種一株榆。百本薤。五十本葱。一畦韭。家二母彘。五母雞。民有帶持刀劍者。使賣劍買牛。賣刀買犢。曰。何爲帶牛佩犢。春夏不得不趣田畝。秋冬課收斂。益蓄果實菱芡。吏民皆富實。召信臣爲南陽。好爲民興利。務在富之。躬勸耕農。出入阡陌。止舍鄉亭。希有安居時。行視郡中水泉。開通溝瀆。起水門提閼凡數十處。以廣溉灌。務出於儉約。郡中莫不耕稼力田。吏民親愛信臣。號曰召父。僮种爲不其令。率民養一豬。雌雞四頭。以供祭祀。死買棺木。顏裴爲京兆。乃令整阡陌。樹桑果。又課以閑月取材。使得轉相告誡。教匠作車。又課民無牛者。令畜豬。投貴時賣以買牛。始者民以爲煩。一二年間。家有丁車大牛。整頓豐足。王丹家累千金。好施與。周人之急。每歲時後察其強力收多者。輒歷載酒肴從而勞之。便於田頭樹下飲食勸勉之。因留其餘肴而去。其惰懶者獨不見勞。各自恥不能致丹。其後無不力田者。聚落以致殷富。杜畿爲河東。課勸耕桑。民畜牸牛草馬。下逮雞豚。皆有章程。家家豐實。此等豈好爲煩擾而輕費損哉。蓋以庸人之性。率之則自力。縱之則惰窳耳。故仲長子曰。叢林之下。爲倉庾之坻。魚鼈之堀。爲耕稼之場者。此君長所用心也。是以太公封而斥鹵播嘉穀。鄭白成而關中無饑年。蓋食魚鼈而藪澤之形可見。觀草木而肥墝之勢可知。又曰。稼穡不修。桑果不茂。畜產不肥。鞭之可也。柂落不完。垣牆不牢。埽除不淨。笞之可也。此督課之方也。且天子親耕。皇后親蠶。況夫田父而懷窳惰乎。李衡於武陵龍陽汎洲上作宅。種甘橘千樹。臨卒敕兒曰。吾州里有千頭木奴。不責汝衣食。歲上一疋絹。亦可足用矣。吳末甘橘成。歲得絹數千疋。恆稱太史公所謂江陵千樹橘。與千戶侯等者也。樊重欲作器物。先種梓漆。時人嗤之。然積以歲月。皆得其用。向之笑者。咸求假焉。此種殖之不可已也。諺曰。一年之計。莫如種穀。十年之計。莫如樹木。此之謂也。書曰。稼穡之艱難。孝經曰。用天之道。因地之利。論語曰。百姓不足。君孰與足。漢文帝曰。朕爲天下守財矣。安敢妄用哉。孔子曰。居家理。故治可移於官。然則家猶國。國猶家。是以家貧思良妻。國亂思良相。其義一也。夫財貨之生。既艱難矣。用之又無節。凡人之性。好懶惰矣。率之又不篤。加以政令失所。水旱爲災。一穀不登。胔腐相繼。古今同患。所不能止也。

嗟乎。且飢者有過甚之願。渴者有兼量之情。既飽而後輕食。既暖而後輕衣。或由年穀豐穰。而忽於蓄積。或由布帛優贍。而輕於施與。窮窘之來。所由有漸。故管子曰。桀有天下而用不足。湯有七十里而用有餘。天非獨爲湯雨菽粟也。蓋言用之以節。仲長子曰。鮑魚之肆不自以氣爲臭。四夷之人不自以食爲異。生習然也。居積習之中。見生然之勢。孰自知也。斯何異蓼中之蟲。而不知藍之甘乎。今采捃經傳。爰及歌謠。詢之老成。驗之行事。起自耕農。終於醯醢。資生之業。靡不畢書。號曰齊民要術。凡九十二篇。分爲十卷。卷首皆有目錄。於文雖繁。尋覽差易。其有五穀果蓏非中國所植者。存其名目而已。種植之法。蓋無聞焉。捨本逐末。賢哲所非。日富歲貧。飢寒之漸。故商賈之事。闕而不錄。花草之流。可以悅目。徒有春華而無秋實。疋諸浮僞。蓋不足存。鄙意曉示家僮。未敢聞之有識。故丁寧周至。言提其耳。每事指斥。不尙浮辭。覽者無或嗤焉。

范縝　梁舞陽人。字子眞。考佛敎自漢明帝時傳入中國。經二三百年之醞釀。分布至南北朝。號爲最盛。(詳魏收魏書釋老志) 縝初在齊世。客竟陵王子良。子良篤信釋敎。而縝獨盛稱無佛。著神滅論以明其理。子良因集僧難之。而不能屈。其辭見梁書本傳及廣宏明集中。

神滅論

或問予云。神滅。何以知其滅也。答曰。神卽形也。形卽神也。是以形存則神存。形謝則神滅也。

問曰。形者無知之稱。神者有知之名。知與無知。卽事有異。神之與形。理不容一。形神相卽。非所聞也。答曰。形者神之質。神者形之用。是則形稱其質。神言其用。形之與神。不得相異也。問曰。神故非用。不得爲異。其義安在。答曰。名殊而體一也。問曰。名旣已殊。體何得一。答曰。神之於質。猶利之於刀。形之於用。猶刀之於利。利之名非刀也。刀之名非利也。然而捨利無刀。捨刀無利。未聞刀沒而利存。豈容形亡而神在。問曰。刀之與利。或如來說。形之與神。其義不然。何以言之。木之質無知也。人之質有知也。人旣有如木之質。而有異木之知。豈非木有一人有二邪。答曰。異哉言乎。人若有如木之質以爲形。又有異木之知以爲神。則可如來論也。今人之質。質有知也。木之質。質無知也。人之質非木質也。木之質非人質也。安有如木之質而復有異木之知哉。問曰。人之質所以異木質者。以其有知耳。人而無知。與木何異。答曰。人無無知之質。猶木無有知之形。問曰。死者之形骸。豈非無知之質邪。答曰。是無人質。問曰。若然者。人果有如木之質。而有異木之知矣。答曰。死者如木。而無異木之知。生者有異木之知。而無如木之質也。問曰。死者之骨骼。非生之形骸邪。答曰。生形之非死形。死形之非生形。區已革矣。安有生人之形骸。而有死人之骨骼哉。問曰。若生者之形骸。非死者之骨骼。非死者之骨骼。則應不由生者之形骸。不由生者之形骸。則此骨骼從何而至此邪。答曰。是生者之形骸。變爲死者之骨骼也。問曰。生者之形骸雖變爲死者之骨骼。豈不從生而有死。則知死體猶生體也。答曰。如因榮木變爲枯木。枯木之質。寧是榮木之體。問曰。榮體變爲枯體。枯體卽是榮體。絲體變爲縷體。縷體卽是絲體。有何別焉。答曰。若枯卽是榮。榮卽是枯。應榮時凋零。枯時結實也。又榮木不應變爲枯木。以榮卽枯。無所復變也。榮枯是一。何不先枯後榮。要先榮後枯。何也。絲縷之義。亦同此破。問曰。生形之謝。便應豁然都盡。何故方受死形。綿歷未已耶。答曰。生滅之體。要有其次。故也。夫欻而生者。必欻而滅。漸而生者。必漸而滅。欻而生者。飄驟是也。漸而生者。動植是也。有欻有漸。物之理也。問曰。形卽是神者。手等亦是邪。答曰。皆是神之分也。問曰。若皆是神之分。神既能慮。手等亦應能慮也。答曰。手等亦應能有痛癢之知。而無是非之慮。問曰。慮爲一爲異。答曰。知卽是慮。淺則爲知。深則爲慮。問曰。若爾應有二乎。答曰。人體惟一。神何得二。問曰。若不得二。安有痛癢之知。復有是非之慮。答曰。如手足雖異。總爲一人。是非痛癢。雖復有異。亦總爲一神矣。問曰。是非之慮。不關手足。當關何處。答曰。是非之慮。心器所主。問曰。心器是五藏之心。非邪。答曰。是也。問曰。五藏有何殊別。而心獨有是非之慮乎。答曰。七竅亦復何殊。而司用不均。問曰。慮思無方。何以知是心器所主。答曰。五藏各有所司。無有能慮者。是以心爲慮本。問曰。何不寄在眼等分中。答曰。若慮可寄於眼分。何故不寄於耳分邪。問曰。慮體無本。故可寄之於眼分。眼目有本。不假寄於佗分也。答曰。眼何故有本而慮無本。苟無本於我形。而可徧寄於異地。亦可張甲之情。寄王乙之軀。李丙之性。

託趙丁之體。然乎哉。不然也。問曰。聖人形猶凡人之形。而有凡聖之殊。故知形神異矣。答曰。不然。金之精者能昭。穢者不能昭。有能昭之精金。寧有不昭之穢質。又豈有聖人之神而寄凡人之器。亦無凡人之神而託聖人之體。是以八采重瞳。勛華之容。龍顏馬口。軒皞之狀。形表之異也。比干之心。七竅列角。伯約之膽。其大若拳。此心器之殊也。是知聖人定分。每絕常區。非惟道革羣生。乃亦形超萬有。凡聖均體。所未敢安。問曰。子云聖人之形必異於凡者。敢問陽貨類仲尼。項籍似大舜。舜項孔陽。智革形同。其故何邪。答曰。珉似玉而非玉。雞類鳳而非鳳。物誠有之。人故宜爾。項陽貌似而非實似。心器不均。雖貌無益。問曰。凡聖之殊。形器不一。可也。員極理無有二。而孔周殊姿。湯文異狀。神不侔色。於此益明矣。答曰。聖同於心器。形不必同也。猶馬殊毛而齊逸。玉異色而均美。是以晉棘荊和。等價連城。驊騮騄驪。俱致千里。問曰。形神不二。既聞之矣。形謝神滅。理固宜然。敢問經云爲之宗廟。以鬼饗之。何謂也。答曰。聖人之教然也。所以弭孝子之心。而厲偷薄之意。神而明之。此之謂矣。問曰。伯有被甲。彭生豕見。墳素著其事。寧是設教而已邪。答曰。妖怪茫茫。或存或亡。彊死者衆。不皆爲鬼。彭生伯有。何獨能然。乍爲人豕。未必齊鄭之公子也。問曰。易稱故知鬼神之情狀。與天地相似而不違。又曰。載鬼一車。其義云何。答曰。有禽焉。有獸焉。飛走之別也。有人焉。有鬼焉。幽明之別也。人滅而爲鬼。鬼滅而爲人。則未之知也。問曰。知此神滅。有何利用邪。答曰。浮屠害政。桑門蠹俗。風驚霧起。馳蕩不休。吾哀其弊。思拯其溺。夫竭財以赴僧。破產以趨佛。而不恤親戚。不憐窮匱者。何良由厚我之情深。濟物之意淺。是以圭撮涉於貧友。吝情動於顏色。千鍾委於富僧。歡意暢於容髮。豈不以僧有多稌之期。友無遺秉之報。務施闕於周急。歸德必於在己。又惑以茫昧之言。懼以阿鼻之苦。誘以虛誕之詞。欣以兜率之樂。故捨逢掖。集橫衣。廢俎豆。列缾缽。家家棄其親愛。人人絕其嗣續。致使兵挫於行間。吏空於官府。粟罄於惰遊。貨殫於泥木。所以姦宄弗勝。頌聲尙擁。惟此之故。其流莫已。其病無限。若陶甄稟於自然。森羅均於獨化。忽焉自有。怳爾而無。來也不禦。去也不追。乘夫天理。各安其性。小人甘其壟畝。君子保其恬素。耕而食。食不可窮也。蠶而衣。衣不可盡也。下有餘以奉其上。上無爲以待其下。可以全生。可以匡國。可以霸君。用此道也。

劉峻

梁平原人。字孝標。武帝引見。峻奏對失旨。不見用。乃著辨命論以自見。先儒謂其辭勝於理。語多憤激。今觀其論。首以自然爲言。末謂君子居正體道。非有求而爲。厥後柳宗元作天說。似由其旨推闡而成。則知峻此論不但以辭勝也。

辨命論

主上嘗與諸名賢言及管輅。歎其有奇才而位不達。時有在赤墀之下。豫聞斯議。歸以告余。余謂士之窮通。無非命也。故謹述天旨。因言其致云爾。

臣觀管輅。天才英偉。珪璋特秀。實海內之名傑。豈日者卜祝之流乎。而官止少府丞。年終四十八。天之報施。何其寡歟。然則高才而無貴仕。饕餮而居大位。自古所歎。焉獨公明而已哉。故性命之道。窮通之數。夭閼紛綸。莫知其辨。仲任蔽其源。子長闡其惑。至於鶡冠甕牖。必以懸天有期。鼎貴高門。則曰唯人所召。譊譊讙咋。異端斯起。蕭遠論其本而不暢其流。子元語其流而未詳其本。嘗試言之曰。夫道生萬物。則謂之道。生而無主。謂之自然。自然者物見其然。不知所以然。同焉皆得。不知所以得。鼓動陶鑄而不爲功。庶類混成而非其力。生之無亭毒之心。死之豈虔劉之志。墜之淵泉非其怒。昇之霄漢非其悅。蕩乎大乎。萬寶以之化。確乎純乎。一作而不易。化而不易。則謂之命。命也者。自天之命也。定於冥兆。終然不變。鬼神莫能預。聖哲不能謀。觸山之力無以抗。倒日之誠弗能感。短則不可緩之於寸陰。長則不可急之於箭漏。至德未能踰。上智所不免。是以放勛之世。浩浩襄陵。天乙之時。焦金流石。文公壹其尾。宣尼絕其糧。顏回敗其叢蘭。冉耕歌其芣苢。夷齊斃淑媛之言。子輿困臧倉之訴。聖賢且猶若此。而況庸庸者乎。至乃伍員浮屍於江流。三閭沈骸於湘渚。賈大夫沮志於長沙。馮都尉皓髮於郎署。君山鴻漸。鎩羽儀於高雲。敬通鳳起。摧迅翮於風穴。此豈才不足而行有遺哉。近世有沛國劉瓛。瓛弟璡。並一時秀士也。瓛則關西孔子。通涉六經。循循善誘。服膺儒行。璡則志烈秋霜。心貞崑玉。亭亭高竦。不雜風塵。皆毓德於衡門。並馳聲於天地。而官有微於侍郎。位不登於執戟。相次殂落。宗祀無饗。因斯兩賢。以言古則。昔之玉質金相。英髦秀達。皆擯斥於當年。韞奇才而莫用。候草木以共彫。與麋鹿而同死。膏塗平原。骨塡川谷。堙滅而無聞者。豈可勝道哉。此則宰衡之與皁隸。容彭之與殤子。猗頓之與黔婁。陽文之與敦洽。咸得之於自然。不假道於才智。故曰。死生有命。富貴在天。其斯之謂矣。然命體周流。變化非一。或先號後笑。或始吉終凶。或不召自來。或因人以濟。交錯糾紛。迴環倚伏。非可以一理徵。非可以一途驗。而其道密微。寂寥忽慌。無形可以見。無聲可以聞。必御物以效靈。亦憑人而成象。譬天王之冕旒。任百官以司職。而或者覩湯武之龍躍。謂龕亂在神功。聞孔墨之挺生。謂英睿擅奇響。視彭韓之豹變。謂鷙猛致人爵。見張桓之朱紱。謂明經拾靑紫。豈知有力者運之而趨乎。故言而非命。有六蔽焉爾。請陳其梗槩。夫靡顏膩理。哆噅顣頞。形之異也。朝秀晨終。龜鵠千歲。年之殊也。聞言如響。智昬菽麥。神之辯也。固知三者。定乎造化。榮辱之境。獨曰由人。是知二五而未識於十。其蔽一也。龍犀日角。帝王之表。河目龜文。公侯之相。撫鏡知其將刑。壓紐顯其膺籙。星虹樞電。昭聖德之符。夜哭聚雲。鬱興王之瑞。皆兆發於前期。渙汗於後葉。若謂驪貔。虎奮尺劍。入紫薇。升帝道。則未達窅冥之情。未測神明之數。其蔽二也。空桑之里。變成洪川。歷陽之都。化爲魚鼈。楚師屠漢卒。睢河鯁其流。秦人坑趙士。沸聲若雷震。火炎崑岳。礫石與琬琰俱焚。嚴霜夜零。蕭艾與芝蘭共盡。雖游夏之英才。伊顏之殆庶。焉能抗之哉。其蔽三也。或曰明月之珠。不能無纇。夏后之璜。不能無考。故亭伯死於縣長。相如卒於園令。才非不傑也。主非不明也。而碎結綠之鴻輝。殘懸黎之夜色。抑尺之量有短哉。若然者主父偃公孫宏對策不升第。歷說而不入。牧豕淄原。見棄州部。設令忽如過隙。溘死霜露。其爲詬恥。豈崔馬之流乎。及至開東閤。列五鼎。電照風行。聲馳海外。寧前愚而後智。先非而終是。將榮悴有定數。天命有至極。而謬生妍蚩。其蔽四也。夫虎嘯風馳。龍興雲屬。故重華立而元凱升。辛受生而飛廉進。然天下善人少。惡人多。闇主衆。明君寡。而薰蕕不同器。梟鸞不接翼。是使渾敦檮杌。踵武於雲臺之上。仲容庭堅。耕耘於巖石之下。橫謂廢興在我。無繫於天。其蔽五也。彼戎狄者。人面獸心。宴安鴆毒。以誅殺爲道德。以蒸報爲仁義。雖大風立於青邱。鑿齒奮於華野。比於狼戾。曾何足喻。自金行不競。天地板蕩。左帶沸脣。乘間電發。遂覆瀍洛。傾五都。居先王之桑梓。竊名號於中縣。與三皇競其氓黎。五帝角其區宇。種落繁熾。充仞神州。嗚呼。福善禍淫。徒虛言耳。豈非否泰相傾。盈縮遞運。而汨之以人。其蔽六也。然所謂命者。死生焉。貴賤焉。貧富焉。治亂焉。禍福焉。此十者天之所賦也。愚智善惡。此四者人之所行也。夫神非舜禹。心異朱均。才絓中庸。在於所習。是以素絲無恆。玄黃代起。鮑魚芳蘭。入而自變。故季路學於仲尼。厲風霜之節。楚穆謀於潘崇。成殺逆之禍。而商臣之惡。盛業光於後嗣。仲由之善。不能息其結纓。斯則邪正由於人。吉凶在乎命也。或以鬼神害盈。皇天輔德。故宋公一言。法星三徙。殷帝自翦。千里來雲。若使善惡無徵。未洽斯義。且于公高門以待封。嚴母埽墓以望喪。此君子所以自强不息也。如使仁而無報。奚爲修善立名乎。斯徑廷之辭也。夫聖人之言。顯而晦。微而婉。幽遠而難聞。河漢而不測。或立教以進庸怠。或言命以窮性靈。積善餘慶。立教也。鳳凰不至。言命也。今以其片言。辨其要趣。何異乎夕死之類。而論春秋之變哉。且荆昭德音。丹雲不卷。周宣祈雨。珪璧斯罄。于叟種德。不逮勳華之高。延年殘獷。未甚東陵之酷。爲善一。爲惡均。而禍福異其流。廢興殊其迹。蕩蕩上帝。豈如是乎。詩云。風雨如晦。雞鳴不已。故善人爲善。焉有息哉。夫食稻粱。進芻豢。衣狐貉。襲冰紈。觀窈眇之奇舞。聽雲和之琴瑟。此生人之所急。非有求而爲也。修道德。習仁義。敦孝弟。立忠貞。漸禮樂之腴潤。蹈先王之盛則。此君子之所急。非有求而爲也。然則君子居正體道。樂天知命。明其無可奈何。識其不由智力。逝而不召。來而不拒。生而不喜。死而不慼。瑤臺夏屋。不能悅其神。土室編蓬。未足憂其慮。不充詘於富貴。不遑遑於所欲。豈有史公董相不遇之文乎。

顏之推

北齊臨沂人。字介。卒於隋。故亦稱隋人。著有家訓。大旨辨正世俗之失。以戒子孫。勉學一篇尤爲切至。亦王昶戒子書之類也。唐志宋志均列於儒家。清四庫以其歸心等篇。兼涉佛法。非專以儒理立論者。改入雜家。

勉學　顏氏家訓

自古明王聖帝。猶須勤學。況凡庶乎。此事遍於經史。吾亦不能鄭重。聊舉近世切要。以啓寤汝耳。士大夫子弟。數歲已上。莫不被教。多者或至禮傳。少者不失詩論。及至冠婚。體性稍定。因此天機。倍須訓誘。有志尚者。遂能磨礪。以就素業。無履立者。自茲惰慢。便爲凡人。人生在世。會當有業。農民則計量耕稼。商賈則計論貨賄。工巧則致精器用。伎藝則沈思法術。武夫則慣習弓馬。文士則講議經書。多見士大夫恥涉農商。羞務工伎。射則不能穿札。筆則纔記姓名。飽食醉酒。忽忽無事。以此銷日。以此終年。或因家世餘緒。得一階半級。便謂爲足。安能自苦。及有吉凶大事。議論得失。蒙然張口。如坐雲霧。公私宴集。談古賦詩。塞默低頭。欠伸而已。有識旁觀。代其入地。何惜數年勤學。長受一生愧辱哉。梁朝全盛之時。貴游子弟。多無學術。至於諺云。上車不落則著作。體中何如則祕書。無不熏衣剃面。傅粉施朱。駕長簷車。跟高齒屐。坐碁子方褥。憑斑絲隱囊。列器玩於左右。從容出入。望若神仙。明經求第。則雇人答策。三九公讌。則假手賦詩。當爾之時。亦快士也。及離亂之後。朝市遷革。銓衡選舉。非復曩者之親。當路秉權。不見昔時之黨。求諸身而無所得。施之世而無所用。被褐而喪珠。失皮而露質。兀若枯木。泊若窮流。孤獨戎馬之間。轉死溝壑之際。當爾之時。誠駑材也。有學藝者。觸地而安。自荒亂已來。諸見俘虜。雖百世小人。知讀論語孝經者。尚爲人師。雖千載冠冕。不曉書記者。莫不耕田養馬。以此觀之。安可不自勉耶。

且又聞之。生而知之者上。學而知之者次。所以學者。欲其多智明達耳。必有天才。拔羣出類。

爲將。則闇與孫武吳起同術。執政。則懸得管仲子產之敎。雖未讀書。吾亦謂之學矣。今子旣不能然。不師古之蹤跡。猶蒙被而臥耳。人見鄰里親戚有佳快者。使子弟慕而學之。不知使學古人。何其蔽也哉。世人但知跨馬被甲。長矟强弓。便云我能爲將。不知明乎天道。辨乎地利。比量逆順。鑒達興亡之妙也。但知承上接下。積財發穀。便云我能爲相。不知敬鬼事神。移風易俗。調節陰陽。薦舉賢聖之至也。但知私財不入。公事夙辦。便云我能治民。不知誠己形物。執轡如組。反風滅火。化鴟爲鳳之術也。但知抱令守律。早刑晚舍。便云我能平獄。不知同轅觀罪。分劍追財。假言而奸露。不問而得情之察也。爰及農商工賈。廝役奴隸。釣魚屠肉。飯牛牧羊。皆有先達。可爲師表。博學求之。無不利於事也。夫所以讀書學問。本欲開心明目。利於行耳。未知養親者。欲其觀古人之先意承顏。怡聲下氣。不憚劬勞。以致甘腝。惕然慙懼。起而行之也。未知事君者。欲其觀古人之守職無侵。見危授命。不忘誠諫。以利社稷。惻然自念。思欲效之也。素驕奢者。欲其觀古人之恭儉節用。卑以自牧。禮爲敎本。敬者身基。瞿然自失。斂容抑志也。素鄙吝者。欲其觀古人之貴義輕財。少私寡欲。忌盈惡滿。賙窮恤匱。赧然悔恥。積而能散也。素暴悍者。欲其觀古人之小心黜己。齒弊舌存。含垢藏疾。尊賢容衆。薾然沮喪。若不勝衣也。素怯懦者。欲其觀古人之達生委命。强毅正直。立言必信。求福不回。勃然奮厲。不可恐懾也。歷茲以往。百行皆然。縱不能淳。去泰去甚。學之所知。施無不達。世人讀書者。但能言之。不能行之。忠孝無聞。仁義不足。加以斷一條訟。不必得其理。宰千戶縣。不必理其民。問其造屋。不必知楣橫而梲豎也。問其爲田。不必知稷早而黍遲也。吟嘯談謔。諷詠辭賦。事既優閒。材增迂誕。軍國經綸。略無施用。故爲武人俗吏所共嗤詆。良由是乎。夫學者所以求益耳。見人讀數十卷書。便自高大。陵忽長者。輕慢同列。人疾之如讎敵。惡之如鴟梟。如此以學自損。不如無學也。古之學者爲己。以補不足也。今之學者爲人。但能說之也。古之學者爲人。行道以利世也。今之學者爲己。修身以求進也。夫學者猶種樹也。春玩其華。秋登其實。講論文章。春華也。修身利行。秋實也。人生小幼。精神專利。長成已後。思慮散逸。固須早教。勿失機也。吾七歲時。誦靈光殿賦。至於今日。十年一理。猶不遺忘。二十之外。所誦經書。一月廢置。便至荒蕪矣。然人有坎壈。失於盛年。猶當晚學。不可自棄。世人婚冠未學。便稱遲暮。因循面牆。亦爲愚爾。幼而學者。如日出之光。老而學者。如秉燭夜行。猶賢乎瞑目而無見者也。

張蘊古　唐洹水人。通書傳。曉世務。文擅當時。太宗即位。上大寶箴。其辭挺切。視虞箴過之。不獨爲帝王之龜鑑也。

大寶箴

今來古往。俯察仰觀。惟辟作福。爲君實難。主普天之下。處王公之上。任土貢其所求。具寮陳其所倡。是故恐懼之心日弛。邪辟之情轉放。豈知事起乎所忽。禍生乎無妄。固以聖人受命。

拯溺亨屯。歸罪於己。因心於民。大明無私照。至公無私親。故以一人治天下。不以天下奉一人。禮以禁其奢。樂以防其佚。左言而右事。出警而入蹕。四時調其慘舒。三光同其得失。故身爲之度。而聲爲之律。勿謂無知。居高聽卑。勿謂何害。積小就大。樂不可極。樂極生哀。欲不可縱。縱欲成災。壯九重於內。所居不過容膝。彼昏不知。瑤其臺而瓊其室。羅八珍於前。所食不過適口。唯狂罔念。邱其糟而池其酒。勿內荒於色。勿外荒於禽。勿貴難得貨。勿聽亡國音。內荒伐人性。外荒蕩人心。難得之貨侈。亡國之音淫。勿謂我尊而傲賢慢士。勿謂我智而拒諫矜己。聞之夏后。據饋頻起。亦有魏帝。牽裾不止。安彼反側。如春陽秋露。巍巍蕩蕩。恢漢高大度。撫茲庶士。如履薄臨深。戰戰慄慄。用周文小心。詩之不識不知。書之無偏無黨。一彼此於胸臆。捐好惡於心想。衆棄而後加刑。衆悅而後行賞。弱其強而治其亂。伸其屈而直其枉。故曰如衡如石。不定物以限。物之懸者。輕重自見。如水如鏡。不示物以情。物之鑒者。妍蚩自生。勿渾渾而濁。勿皎皎而清。勿汶汶而闇。勿察察而明。雖冕旒蔽目而視於未形。雖黈纊塞耳。而聽於無聲。縱心乎湛然之域。遊神於至道之精。扣之者應洪纖而效響。酌之者隨深淺而皆盈。故曰天之清。地之寧。王之貞。四時不言而代序。萬物無言而化成。豈知帝力而天下和平。吾王撥亂。戡以智力。民懼其威。未懷其德。我皇撫運。扇以淳風。民懷其始。未保其終。爰述金鏡。窮神盡聖。使人以心。應言以行。包括治體。抑揚詞令。天下爲公。一人有慶。開羅起祝。援琴命詩。一日二日。念茲在茲。惟人所召。自天祐之。諍臣司直。敢告前疑。

劉禹錫　唐中山人。字夢得。工詩文。與柳宗元最相善。宗元作天說。禹錫亦作天論。其文縱橫博辨。而歸趣與宗元不遠。（宗元天說見古文治要編）著有劉賓客集。

天論上

世之言天者二道焉。拘於昭昭者。則曰天與人實影響。禍必以罪降。福必以善來。窮阨而呼必可聞。隱痛而祈必可答。如有物的然以宰者。故陰隲之說勝焉。泥於冥冥者。則曰天與人實剌異。霆震於畜木。未嘗在罪。春滋乎堇荼。未嘗擇善。跖蹻焉而遂。孔顏焉而危。是茫乎無有宰者。故自然之說勝焉。余之河東解人柳子厚。作天說以折韓退之之言。文信美矣。蓋有激而云。非所以盡天人之際。故余作天論以極其辯云。大凡入形器者。皆有能有不能。天有形之大者也。人動物之尤者也。天之能。人固不能也。人之能。天亦有所不能也。故余曰。天與人交相勝耳。其說曰。天之道在生植。其用在彊弱。人之道在法制。其用在是非。陽而阜生。陰而肅殺。水火傷物。木堅金利。壯而武健。老而耗眊。氣雄相君。力雄相長。天之能也。陽而藝樹。陰而揫斂。防害用濡。三禁用光。斬材窾堅。液礦硎芒。義制强訐。禮分長幼。右賢尚功。建極閑邪。人之能也。人能勝乎天者。法也。法大行。則是非爲公。天下之人蹈道必賞。違之必罰。當其賞。雖三旌之貴。萬鍾之祿。處之咸曰宜。何也。爲善而然也。當其罰。雖族屬之夷。刀鋸之慘。處之咸曰宜。何也。爲惡而然也。故其人曰。天何預。乃人事耶。雖告虔報本肆類授時之禮。曰天而已矣。福兮可以善取。禍兮可以惡召。奚預乎天耶。法小弛。則是非駁。賞不必盡善。罰不必盡惡。或賢而尊顯。時以不肖參焉。或過而僇辱。時以不辜參焉。故其人曰。彼宜然而信然。理也。彼不當然而固然。豈理耶。天也。福或可以詐取。而禍或可以苟免。人道駁。故天命之說亦駁焉。法大弛。則是非易位。賞常在佞。而罰常在直。義不足以制其强。刑不足以勝其非。人之能勝天之具盡喪。而名徒存。彼昧者方挈挈然提無實之名。欲抗乎言天者。斯數窮矣。故曰。天之所能者。生萬物也。人之所能者。治萬物也。法大行。則其人曰。天何預人耶。我蹈道而已。法大弛。則其人曰。道竟何爲耶。任天而已。法小弛。則天人之論駁焉。今人以一己之窮通。而欲質天之有無。惑矣。余曰。天常執其所能以臨乎下。非有預乎治亂云爾。人常執其所能以仰乎天。非有預乎寒暑云爾。生乎治者。人道明。咸知其所自。故德與怨不歸乎天。生乎亂者。人道昧。不可知。故由人者舉歸乎天。非天預乎人爾。

天論中

或曰。子之言天與人交相勝。其理微。庸使戶曉。盍取諸譬焉。劉子曰。若知旅乎。夫旅者。羣適乎莽蒼。求休乎茂木。飲乎水泉。必强有力者先焉。否則雖聖且賢。莫能競也。斯非天勝乎。羣次乎邑郛。求蔭于華榱。飽乎餼牢。必聖且賢者先焉。否則强有力者。莫能競也。斯非人勝乎。

苟道乎虞芮。雖莽蒼。猶郛邑然。苟由乎匡宋。雖郛邑。猶莽蒼然。是一日之途。天與人交相勝矣。吾固曰是非存焉。雖在野。人理勝也。是非亡焉。雖在邦。天理勝也。然則天非務勝乎人者也。何哉。人之宰則歸乎天也。人誠務勝乎天者也。何哉。天無私。故人可務乎勝也。吾於一日之途而明乎天人。取諸近也已。問者曰。若是言之。則天之不相去乎人也信矣。古之人曷引天爲答曰。若知操舟乎。夫舟行乎濰淄伊洛者。疾徐存乎人。次舍存乎人。風之怒號不能鼓爲濤也。流之泝洄不能峭爲魁也。適有迅而安。亦人也。適有覆而膠。亦人也。舟中之人未嘗有言天者。何哉。理明故也。彼行乎江河淮海者。疾徐不可得而知也。次舍不可得而必也。鳴條之風可以沃日。車蓋之雲可以見怪。恬然濟。亦天也。黯然沈。亦天也。阽危而僅存。亦天也。舟中之人未嘗有言天者。何哉。理昧故也。問者曰。吾見其駢焉而濟者。風水等耳。而有沈有不沈。非天曷司歟。答曰。水與舟二物也。夫物之合并。必有數存乎其間焉。數存。然後勢形乎其間焉。一以沈。一以濟。適當其數。適乘其勢耳。彼勢之附乎物而生。猶影響也。本乎徐者其勢緩。故人得以曉也。本乎疾者其勢遽。故難得以曉也。江海之覆也。猶伊淄之覆也。勢有疾。故有不曉耳。問者曰。子之言數存而勢生。非天也。天果狹於勢耶。答曰。天形常圓而色常青。周迴可以度。得晝夜可以表候。非數之存乎。常高而不卑。常動而不已。非勢之乘乎。今夫蒼蒼然者。一受其形於高大。而不能自還於卑小。乘其氣於動用。而不能自休於俄頃。又惡能逃乎數而越乎勢耶。吾固曰。萬物之所以爲無窮者。交相勝而已矣。還相用而已矣。天與人萬物之元者爾。問者曰。天果以有形而不能逃乎數。彼無形者。子安所寓其數耶。答曰。若所謂無形者。非空乎。空者。形之希微者也。爲體也不妨乎物。而爲用也常資乎有。必依於物而後形焉。今爲室廬。而高厚之形藏乎內也。爲器用。規矩之形起乎內者也。音之作也有大小。而響不能踰。表之立也有曲直。而影不能踰。非空之數歟。夫目之視。非能有光也。必因乎日月火發。而後光存焉。所謂晦而幽者。目有所不能燭耳。彼狸猩犬鼠之目。庸謂晦而幽耶。吾故曰。以目而視。得形之粗者。以智而視。得形之微者也。焉有天地之內有無形者耶。古所謂無形。蓋無常形耳。焉能逃乎數耶。

天論下

或曰。古之言天之曆象。有宣夜渾天周髀之書。言天之高遠卓詭。有鄒子。今之言有自乎。答曰。吾非斯人之徒也。大凡入乎數者。由小而推大必合。由人而推天亦合。以理揆之。萬物一貫。而今夫人之有顏目耳鼻齒毛頤口。百骸之粹美者也。然而其本在乎腎腸心腑。天之有三光懸寓。萬象之神明者也。然而其本在乎山川五行。濁爲清母。重爲輕始。兩位既儀。還相爲庸。噓爲雨露。噫爲雷風。乘氣而生。羣分彙從。植類曰生。動類曰蟲。蟲之長。最大能執人理。與天交勝。用天之利。立人之利。立人之紀。紀綱或壞。復歸其始。堯舜之書首曰稽古。不曰稽天。幽厲之詩首曰上帝不言人事。在舜之庭。元凱舉焉。曰舜用之。不曰天授。在商中宗。襲亂而興。心知說賢。乃曰帝賚。堯民之餘。難以神誣。商俗已譌。引天而歐。由是而言。天預人乎。

李翺　唐趙郡人。一作成紀人。字習之。從韓愈學爲古文。稱高足焉。作復性論三首。獨不取愈原性之說。（愈原性見古文治要編）論者謂其文導源於中庸。蓋漢魏諸子之流亞也。有李文公集。

復性書上

人之所以爲聖人者。性也。人之所以惑其性者。情也。喜怒哀懼愛惡欲七者。皆情所爲也。情既昏。性斯匿矣。非性之過也。七者循環而交來。故性不能充也。水之渾也。其流不清。火之煙也。其光不明。非水火清明之過。沙不渾。流斯清矣。煙不鬱。光斯明矣。情不作。性斯充矣。性與情不相充也。雖然。無性則情無所生矣。是情由性而生。情不自情。因性而情。性不自性。由情以明。性者天之命也。聖人得之而不惑者也。情者性之動也。百姓溺之而不能知其本者也。聖人者豈其無情耶。聖人者寂然不動。不往而到。不言而神。不耀而光。制作參乎天地。變化合乎陰陽。雖有情也。未嘗有情也。然則百姓者豈其無性邪。百姓之性與聖人之性弗差也。雖然。情之所昏。交相攻伐。未始有窮。故雖終身而不自覩其性焉。火之潛於山石林木之中。非不火也。江河淮濟之未流而潛于山。非不泉也。石弗敲。木不磨。則不能燒其山林而燥萬物。泉之源弗流。則弗能爲江爲河爲濟爲淮。東匯大壑。浩浩蕩蕩爲弗測之深。情之動靜弗息。則弗能復其性。而燭天地爲不極之明。故聖人者。人之先覺者也。覺者明。否則惑。惑則昏。明與昏謂之不同。明與昏性本無有。則同與不同二者離矣。夫明者所以對昏。昏既滅則明亦不立矣。是故誠者。聖人之性也。寂然不動。廣大淸明。照乎天地。感而遂通天下之故。行止語默。無不處於極也。復其性者。賢人。循之而不已者也。不已則能歸其源矣。易曰。夫聖人者。與天地合其德。日月合其明。四時合其序。鬼神合其吉凶。先天而天不違。後天而奉天時。天且勿違。而況於人乎。況於鬼神乎。此非自外得者也。能盡其性而已矣。子思曰。惟天下至誠爲能盡其性。能盡其性。則能盡人之性。能盡人之性。則能盡物之性。能盡物之性。則可以贊天地之化育。可以贊天地之化育。則可以與天地參矣。其次致曲。曲能有誠。誠則形。形則著。著則明。明則動。動則變。變則化。惟天下至誠爲能化。聖人知人之性皆善。可以循之不息而至於聖也。故制禮以節之。作樂以和之。安於和樂。樂之本也。動而中禮。禮之本也。故在車則聞和鸞之聲。行步則聞佩玉之音。無故不廢琴瑟。視聽言行。循禮法而動。所以教人忘嗜欲而歸性命之道也。道者至誠而不息也。至誠而不息則虛。虛而不息則明。明而不息則照天地而無遺。非他也。此盡性命之道也。哀哉。人人皆可以及乎此。莫之止而不爲也。不亦惑邪。昔者聖人以傳於顏子。顏子得之。拳拳不失。不遠而復。其心三月不違仁。子曰。回也其庶乎。屢空。其所以未到於聖人者。一息耳。非力不能也。短命而死故也。其餘升堂者。蓋皆傳也。一氣之所養。一雨之所膏。而得之者各有淺深。不必均也。子路之死也。石乞孟黶以戈擊之斷纓。子路曰。君子死冠不免。結纓而死。由非好勇而無懼也。其心寂然不動故也。曾子之死也。曰。吾何求焉。吾得正而斃焉。斯已矣。此正性命之言也。子思。仲尼之孫。得其祖之道。述中庸四十七篇。以傳於孟軻。孟軻曰。我四十不動心。軻之門人達者公孫丑萬章之徒。蓋傳之矣。遭秦焚書。中庸之弗焚者一篇存焉。於是此道廢缺。其教授者惟節文章句威儀擊劍之術相師焉。性命之源。則吾弗能傳矣。道之極於剝也必復。吾豈復之時耶。吾自六歲讀書。但爲詞句之學。志於道者四年矣。與人言之。未嘗有是我者也。南觀濤江。入於越。而吳郡陸傪存焉。與之言。陸傪曰。子之言。尼父之心也。東方如有聖人焉。不出乎此也。唯子行之不息而已矣。嗚呼。性命之書雖存。學者莫能明。是故皆入於莊列老釋。不知者謂夫子之徒不足以窮性命之道。信之者皆是也。有問於我。我以吾之所知傳焉。遂書於書。以開誠明之源。而缺絕廢棄不揚之道。幾可以傳於時。命曰復性書。以治其心。以傳乎其人。於戲。夫子復生。不廢吾言矣。

復性書中

或問曰。人之昏也久矣。將復其性者。必有漸也。敢問其方。曰。弗慮弗思。情則不生。情既不生。乃爲正思。正思者。無慮無思也。易曰。天下何思何慮。又曰。閑邪存其誠。詩曰。思無邪。曰已矣乎。曰。未也。此齋戒其心者也。猶未離於靜焉。有靜必動。有動必靜。動靜不息。是乃情也。易曰。吉凶悔吝生乎動者也。焉能復其性邪。曰。如之何。曰。方靜之時。知心無思者。是齋戒也。知本無有思。動靜皆離。寂然不動者。是至誠也。中庸曰。誠則明矣。易曰。天下之動。貞夫一者也。問曰。不慮不思之時。物格於外。情應於內。如之何而可止也。以情止情。其可乎。曰。情者性之邪也。知其爲邪。邪本無有。其心寂然不動。邪思自息。惟性明照。邪何所生。如以情止情。是乃大情也。情互相止。其有已乎。易曰。顏氏之子。其殆庶幾乎。有不善未嘗不知。知之未嘗復行也。易曰。不遠復。無祇悔。元吉。問曰。本無有思。動靜皆離。然則聲之來也。其不聞乎。物之形也。其不見乎。曰。不覩不聞。是非人也。視聽昭昭。而不起於見聞者。斯可矣。無不知也。無弗爲也。其心寂然。光照天地。是誠之明也。大學曰。致知在格物。易曰。無思也。無爲也。寂然不動。感而遂通天下之故。非天下之至神。其孰能與於此。曰。敢問致知在格物何謂也。曰。物者萬物也。格者來也。至也。物至之時。其心昭昭然辨焉。而不應於物者。是致知也。是知之至也。知至故意誠。意誠故心正。心正故身修。身修而家齊。家齊而國理。國理而天下平。此所以能參天地者也。易曰。與天地相似。故不違。智周乎萬物。而道濟天下。故不過。旁行而不流。樂天知命。故不憂。安土敦乎仁。故能愛。範圍天地之化而不過。曲成萬物而不遺。通乎晝夜之道而知。故神無方而易無體。一陰一陽之謂道。此之謂也。曰。生爲我說中庸。曰。不出乎前矣。曰。我未明也。

敢問何謂天命之謂性。曰。人生而靜。天之性也。性者。天之命也。率性之謂道。何謂也。曰。率。循也。循其源而反其性者。道也。道也者。至誠也。至誠者。天之道也。誠者。定也。不動也。修道之謂教。何謂也。曰。誠之者。人之道也。誠之者。擇善而固執之者也。循是道而歸其本者。明也。教也者。則可以教天下矣。顏子其人也。道也者。不可須臾離也。可離非道也。說者曰。其心不可須臾動焉。故也。動則遠矣。非道矣。變化無方。未始離於不動。故也。是故君子戒愼乎其所不覩。恐懼乎其所弗聞。莫見乎隱。莫顯乎微。故君子愼其獨也。說者曰。不覩之覩。見莫大焉。不聞之聞。聞莫甚焉。其心一動。是不覩之覩。弗聞之聞也。其復之也遠矣。故愼其獨。愼其獨者。守其中也。問曰。昔之注解中庸者。與生之言皆不同。何也。曰。彼以事解者也。我以心通者也。曰。彼亦通於心乎。曰。吾不知也。曰。修之一日。可以至於聖人乎。曰。十年擾之。一日止之。而求至焉。是孟子所謂以一杯水而救一車薪之火也。甚哉。止而不息必誠。誠而不息必明。明與誠終歲不違。則能終身矣。造次必於是。顚沛必於是。則可以希於至矣。故中庸曰。至誠無息。不息則久。久則徵。徵則悠遠。悠遠則博厚。博厚則高明。博厚所以載物也。高明所以覆物也。悠久所以成物也。博厚配地。高明配天。悠久無疆。如此者。不見而彰。不動而變。無爲而成。天地之道。可一言而盡也。問曰。凡人之性。猶聖人之性歟。曰。桀紂之性。猶堯舜之性也。其所以不覩其性者。嗜欲好惡之所昏也。非性之罪也。曰。爲不善者。非性邪。曰。非也。乃情所爲也。情有善有不善。性無不善焉。孟子曰。人無有不善。水無有不下。夫水搏而躍之。可使過顙。激而行之。可使在山。是豈水之性哉。其所以導引之者然也。人之性皆善。其不善亦猶是也。問曰。堯舜豈不有情邪。曰。聖人至誠而已矣。堯舜之舉十六相。非喜也。流四凶。非怒也。中於節而已矣。其所以皆中節者。設教於天下故也。易曰。知變化之道者。其知神之所爲乎。中庸曰。喜怒哀樂之未發。謂之中。發而皆中節。謂之和。中也者。天下之大本也。和也者。天下之達道也。致中和。天地位焉。萬物育焉。易曰。惟深也。故能通天下之志。惟幾也。故能成天下之務。惟神也。故不疾而速。不行而至。聖人之謂也。問曰。人之性猶聖人之性。嗜欲愛惡之心。何因而生也。曰。情者妄也。邪也。邪與妄則無所因矣。妄情滅息。本性清明。周流六虛。所以謂之能復其性也。易曰。乾道變化。各正性命。語曰。朝聞道。夕死可矣。能正性命故也。問曰。情之所昏。性卽滅矣。何以謂之猶聖人之性也。曰。水之性清激。而渾之者泥沙也。方其渾也。性豈遂無有。邪久而不動。泥沙自沈。清明之性鑒於天地。非自外來也。故其渾也。性本弗失。及其復也。性亦不生。人之性亦猶水也。問曰。人之性本皆善。而邪情昏焉。敢問聖人之性。將復爲嗜欲所渾乎。曰。不復渾矣。情本邪也。妄也。邪妄無因。人不能復。聖人既復其性矣。知情之爲邪。邪既爲明所覺矣。覺則無邪。邪何由生也。伊尹曰。天之道。以先知覺後知。先覺覺後覺者也。予天命之先覺者也。予將以此道覺此民也。非予覺之而誰也。如將復爲嗜欲所渾。是尚不自覺者也。

而況能覺後人乎。曰敢問死何所之邪。曰聖人之所不明書於策者也。易曰原始反終故知死生之說。精氣爲物游魂爲變。是故知鬼神之情狀斯盡之矣。子曰未知生焉知死。然則原其始。反其終。則可以盡其生之道。生之道既盡。則死之說不學而自通矣。此非所急也。子脩之不息。其自知之。吾不可以章章然言且書矣。

復性書下

晝而作。夕而休者。凡人也。作乎作者。與萬物皆作。休乎休者。與萬物皆休。吾則不類於凡人。晝無所作。夕無所休。作非吾作也。作有物。休非吾休也。休有物。作邪。休邪。二者離而不存。予之所存者。終不亡且離矣。人之不力於道也。昏不思也。天地之間。萬物生焉。人之於萬物一物也。其所以異於禽獸蟲魚者。豈非道德之性全乎哉。受一氣而成形。一爲物而一爲人。得之甚難也。生乎世又非深長之年也。以非深長之年。行甚難得之身。而不專專於大道。肆其心之所爲。其所以自異於禽獸蟲魚者。亡幾矣。昏而不思其昏也。終不明矣。吾之生二十有九年矣。思十九年時。如朝日也。思九年時。亦如朝日也。人之受命。其長不過七十八十年。九十百年者則稀矣。當百年之時。而視乎九年時也。與吾此日之思於前也。遠近其能大相懸邪。其又能遠於朝日之時邪。然則人之生也。雖享百年。若雷電之驚相激也。若風之飄而旋也。可知矣。況千百人而無一及百年之年者哉。故吾之終日志於道德。猶懼未及也。彼肆其心之所爲者。獨何人邪。

林思愼 唐長樂人。字虔中。咸通進士。黃巢之亂死於難。著有續孟子十四篇。大抵因孟子之言推闡以盡其義。而不自立論。必假借姓氏。類乎莊列之寓言。亦頗有發明。又著有伸蒙子。清四庫皆載於儒家。

樂正子 續孟子

樂正子見孟子。曰。吾國之君。常耽酒嗜音。俾俗不治。克欲以治道諫之。夫子何以敎克。孟子曰。魯君耽嗜。與民同之。則其庶幾乎。他日魯平公備樽罍之器。陳金石之音。樂正子曰。君獨好此。致魯俗不治。不若與民同之。則其庶幾乎。平公遂召致魯民。卒命樽罍俱執。使金石咸奏。魯民大酣。他日俗益不治。樂正子復見孟子。告之。孟子曰。吾昔敎子諫魯君耽嗜與民同之。君反若是。貽民之怨。豈謂與民同邪。且禽必棲於木。魚必泳於川。使易禽於籠。孰若木之安乎。移魚於沼。孰若川之樂乎。民居魯國。若禽之在木。魚之在川也。魯君耽嗜。召民於側。是猶易禽於籠。移魚於沼也。使民且恐且懼。豈暇耽嗜而同於君乎。吾所謂與民同者。均役於民。使民力不乏。均賦於民。使民用常足。然後君有餘而宴樂。民有餘而歌詠。夫若此。豈不謂與民同邪。詩云。假樂君子。顯顯令德。宜民宜人。受祿於天。此之謂也。樂正子復以是諫平公。平公不悅。臧倉曰。克之所陳。孟軻之言也。曩君欲乘輿出見孟子。臣常諫之。今孟子怨君不見。故敎克惑君。君惡信是哉。平公怒。他日有人告於孟子。孟子曰。天富道於予。魯國之君其能窮予乎。

宋臣 同上

孟子問宋臣曰。子之王於民何如。曰。撫之。曰。何以撫邪。曰。民未及歉。則開廩以賑之。不使民歉也。民未及寒。則散帛以給之。不使民寒也。孟子曰。吁。子之王。曾不若魯民也。子知魯民善敎子取薪乎。南山百里有薪也。北園百步有薪也。命子曰。汝採薪。欲山乎。園乎。其子曰。園近。願採諸園。魯民曰。汝勿以近爲易而採也。勿以遠爲難而不採也。且近是我家之薪。遠是天下之薪也。我家之薪。人不敢採之。以天下之薪盡。則我家之薪存焉。天下之薪。汝胡不先採之。以我家之薪盡。則天下之薪何有哉。子之王於民猶此也。民有耕織。猶南山有薪。不待取其耕織而賑之給之。是知魯民敎子乎。以恩樂於民。不知民樂爲惰。民惰則何取乎。

張弧　著有素履子二卷。清四庫載於儒家。提要曰。弧唐書無傳。宋晁說之學易堂記。謂世所傳子夏易傳。乃弧僞作。舊題爲大理評事。而里貫已不可考云。

履平 素履子

素履子曰。稱之用也。取之於衡。車之行也。通之於轍。衡平則毫釐不差。轍通則轅轂無滯。稱若失之於毫釐。則權衡不正。車若虧之於轅轂。則轍跡難通。欲稱之平。則愼之於毫釐。欲轍之通。宜治之於轅轂。毫釐不失。轅轂無虧。則謂天平地成。乃取易象。上天下澤。履。君子以辨上下。定民志，履之時用。居安慮危。履平慮險。所以禮云。積而能散。安而能遷。此君子履平而思進也。子房素書曰。衣不舉領者倒。走不視地者顛。士若耽逸遊。好財色。嗜酒多私。則平地生坑坎。安處有危亡。是以易曰。九三君子終日乾乾。夕惕若厲。无咎。亦曰。履道坦坦。幽人貞吉。故詩曰。謂天蓋高。不敢不局。謂地蓋厚。不敢不蹐。皆如履薄臨深。履平之至也。

履危　同上

素履子曰。居屯蒙危難之時。常見易象云。雲雷屯。君子以經綸。初九。盤桓利居貞。復見山下有險。險而止。蒙。退則困險。進則閡山。蒙以養正。乃聖功也。君子以果行育德。屯之時用。利在居貞。蒙之時宜。利於養正。是知貞之與正。可以涉危難矣。虞舜潛居中冀。仁孝之心唯堅。周公出徂東征。忠貞之志益盛。展禽三黜而不已。直道。子文三已而無慍辭。西伯拘羑里。仁德愈明。冶長囚縲絏而賢行不替。遭匡不改。仁聖厄陳。不徹鼓琴。君子福至不喜。禍至不懼。不緇不磷。潔白之德益彰。不凋不衰。清貞之操彌盛。詩云。我心匪石。不可轉也。我心匪席。不可卷也。又曰。風雨如晦。雞鳴不已。聖賢若是。所以長思鵰鶚之篇。鵬鳥之賦。然而履虎尾。畏懼愬愬。涉險難。慎危兢兢。易曰。視履考祥。其旋元吉。又曰。進退不失其正者。其唯聖人乎。履道亨矣。

金人銘

劉向說苑。王肅家語。皆載有此銘。其辭不知誰作。而文義簡約。大旨近於道家。疑爲古史氏之言。老聃之所作與今據說苑本附錄於此。

孔子之周。觀於太廟右陛之前。有金人焉。三緘其口。而銘其背曰。古之慎言人也。戒之哉。戒之哉。無多言。多言多敗。無多事。多事多患。安樂必戒。無行所悔。勿謂何傷。其禍將長。勿謂何害。其禍將大。勿謂何殘。其禍將然。勿謂莫聞。天妖伺人。熒熒不滅。炎炎奈何。涓涓不壅。將成江河。綿綿不絕。將成網羅。青青不伐。將尋斧柯。誠不能慎之。禍之根也。曰是何傷。禍之門也。強梁者不得其死。好勝者必遇其敵。盜怨主人。民害其貴。君子知天下之不可蓋也。故後之下之。使人慕之。執雌持下。莫能與之爭者。人皆趨彼。我獨守此。衆人惑惑。我獨不從。內藏我知。不與人論技。我雖尊高。人莫害我。夫江河長百谷者。以其卑下也。天道無親。常與善人。戒之哉。戒之哉。孔子顧謂弟子曰。記之。此言雖鄙。而中事情。詩曰。戰戰兢兢。如臨深淵。如履薄冰。行身如此。豈以口遇禍哉。

司馬談

漢夏陽人。武帝建元元封間爲太史令。初學天官於唐都。受易於楊何。習道論於黃子。愍學者之不達其意而師悖。乃論六家之要旨。以謂儒墨陰陽名法各有短長。獨道家之言最善。厥後班彪父子譏史記先黃老而後六經者。由此篇也。

論六家要指

易大傳。天下一致而百慮。同歸而殊塗。夫陰陽儒墨名法道德。此務爲治者也。直所從言之異路。有省不省耳。嘗竊觀陰陽之術。大詳而衆忌諱。使人拘而多所畏。然其序四時之大順。不可失也。儒者博而寡要。勞而少功。是以其事難盡從。然其序君臣父子之禮。列夫婦長幼之別。不可易也。墨者儉而難遵。是以其事不可徧循。然其彊本節用。不可廢也。法家嚴而少恩。然其正君臣上下之分。不可改矣。名家使人儉而善失眞。然其正名實。不可不察也。道家使人精神專一。動合無形。贍足萬物。其爲術也。因陰陽之大順。采儒墨之善。撮名法之要。與時遷移。應物變化。立俗施事。無所不宜。指約而易操。事少而功多。儒者則不然。以爲人主天下之儀表也。主倡而臣和。主先而臣隨。如此則主勞而臣逸。至於大道之要。去健羨。絀聰明。釋此而任術。夫神大用則竭。形大勞則敝。形神騷動。欲與天地長久。非所聞也。夫陰陽四時八位十二度二十四節。各有教令。順之者昌。逆之者不死則亡。未必然也。故曰使人拘而多畏。夫春生夏長秋收冬藏。此天道之大經也。弗順則無以爲天下綱紀。故曰四時之大順不可失也。夫儒者以六藝爲法。六藝經傳以千萬數。累世不能通其學。當年不能究其禮。故曰博而寡要。勞而少功。若夫列君臣父子之禮。序夫婦長幼之別。百家弗能易也。墨者亦尙堯舜道。言其德行曰。堂高三尺。土階三等。茅茨不翦。采椽不刮。食土簋。啜土刑。糲粱之食。藜藿之羹。夏日葛衣。冬日鹿裘。送死桐棺三寸。舉音不盡其哀。教喪禮。必以此爲萬民之率。使天下法。若此則尊卑無別也。夫世異時移。事業不必同。故曰儉而難遵。要其彊本節用。則人給家足之道也。此墨子之所長。雖百家弗能廢也。法家不別親疏。不殊貴賤。一斷於法。則親親尊尊之恩絕矣。可以行一時之計。而不可長用也。故曰嚴而少恩。若尊主卑臣。明分職。不得相踰越。雖百家弗能改也。名家苛察繳繞。使人不得反其意。專決於名而失人情。故曰使人儉而善失眞。若夫控名責實。參伍不失。此不可不察也。道家無爲。又曰無不爲。其實易行。其辭難知。其術以虛無爲本。以因循爲用。無成勢。無常形。故能究萬物之情。不爲物先。不爲物後。故能爲萬物主。有法無法。因時爲業。有度無度。因物與合。故曰聖人不朽。時變是守。虛者道之常也。因者君之綱也。羣臣並至。使各自明也。其實中其聲者謂之端。實不中其聲者謂之窾。窾言不聽。姦乃不生。賢不肖自分。白黑乃形。在所欲用耳。何事不成。乃合大道。混混冥冥。光耀天下。復反無名。凡人所生者神也。所託者形也。神大用則竭。形大勞則敝。形神離則死。死者不可復生。離者不可復反。故聖人重之。由是觀之。神者生之本也。形者生之具也。不先定其神。而曰我有以治天下。何由哉。

附錄　劉晝九流論

道者。老聃關尹龐涓莊周之類也。以空虛爲本。清淨爲心。謙挹爲德。卑弱爲行。居無爲之事。行不言之敎。裁成宇宙。不見其迹。亭毒萬物。不有其功。然而薄者。全棄忠孝。杜絕仁義。專任淸虛。欲以爲治也。儒者。晏嬰子思孟軻荀卿之類也。順陰陽之性。明敎化之本。遊心於六藝。留情於五常。厚葬文服。重樂有命。祖述堯舜。憲章文武。宗師仲尼。以尊敬其道。然而薄者流廣文繁。難可窮究也。陰陽者。子韋鄒衍桑丘南公之類也。敬順昊天。曆象日月星辰。敬授民時。範三光之度。隨四時之運。知五行之性。通八風之氣。以厚生民。以爲政治。然而薄者。則拘於禁忌。溺於術數也。名者。宋鈃尹文惠施公孫捷之類也。其道正名。名不正則言不順。故定尊卑。正名分。愛平尙儉。禁攻寢兵。故作華山之冠。以表均平之製。則寬宥之說。以示區分。然而薄者。捐本就末。分析明辯。苟析華辭也。法者。愼到李悝韓非商鞅之類也。其術在於明罰。討陣整法。誘善懲惡。俾順軌度。以爲治本。然而薄者。削仁廢義。專任刑法。風俗刻薄。嚴而少恩也。墨者。尹佚墨翟禽滑胡非之類也。儉嗇。兼愛。尙賢。右鬼。非命。薄葬無服。不怒非鬬。然而薄者。其道大觳。儉而難遵也。縱橫者。闞子名子我。龐煖蘇秦張儀之類也。其術本於行仁。譯二國之情。弭戰爭之患。受命不受辭。因事而制權。安危扶傾。轉禍就福。然而薄者。則苟尙華詐。而棄忠信也。雜者。孔甲尉繚尸佼淮夷之類也。明陰陽。本道德。兼儒墨。合名法。包縱橫。納農植。觸類取與。不拘一緒。然而薄者。則蕪穢蔓衍。無所係心也。農者。神農野老宰氏氾勝之類也。其術在於務農。廣爲墾闢。播植百穀。國有盈儲。家有畜積。倉廩充實。則禮義生焉。然而薄者。又使王侯與庶人並耕於野。無尊卑之別。失君臣之序也。觀此九家之學。雖有深淺。辭有詳略。偝僪形反。流分乖隔。然皆同其妙理。俱會治道跡雖有殊。歸趣無異。猶五行相滅。亦還相生。四氣相反。而共成歲。淄澠殊源。同歸于海。宮商異聲。俱會於樂。夷惠同操。齊蹤爲賢。二子殊行。等迹爲仁。道者玄化爲本。儒者德教爲宗。九流之中。二化爲最。夫道以無爲化世。儒以六藝濟俗。無爲以清虛爲心。六藝以禮樂爲訓。若以教行於大同。則邪僞萌生。使無爲化於成康。則氛亂競起。何者。澆淳時異。則風化應殊。古今乖舛。則政教宜隔。以此觀之。儒教雖非得眞之說。然茲教可以導物。道家雖爲達情之論。而違禮復不可以救弊。今治世之賢。宜以禮教爲先。嘉遁之士。應以無爲是務。則操業俱遂。而身名兩全也。

司馬遷　談子。字子長。繼父爲太史令。乃紬金匱石室之書。作史記一百三十篇。上起黃帝。下訖漢武。其書爲正史之冠。周秦之際。諸子學術最盛。而時代事跡。則湮晦居多。今可考見其梗概者。惟以史記各家本傳爲詳。故特附錄數篇。以爲學者知人論世之助。若管晏孫吳商鞅諸子之傳。則因其事業顯著。已別錄於史書治要中。今不重及。

老莊申韓列傳

老子者。楚苦縣厲鄉曲仁里人也。姓李氏。名耳。字聃。索隱本各本作字伯陽。謚曰聃。經典釋文序錄。文選征西官屬送於陟陽御詩注遊天台山賦注反招隱詩注後漢書。桓紀注並引史記字聃。周守藏室之史也。孔子適周。將問禮於老子。老子曰。子所言者。其人與骨皆已朽矣。獨其言在耳。且君子得其時則駕。不得其時則蓬累而行。吾聞之。良貫深藏若虛。君子盛德。容貌若愚。去子之驕氣與多欲。態色與淫志。是皆無益於子之身。吾所以告子。若是而已。孔子去。謂弟子曰。鳥吾知其能飛。魚吾知其能游。獸吾知其能走。走者可以爲罔。游者可以爲綸。飛者可以爲矰。至於龍。吾不知其乘風雲而上天。吾今日見老子。其猶龍邪。老子修道德。其學以自隱無名爲務。居周久之。見周之衰。迺遂去。至關。關令尹喜曰。子將隱矣。彊爲我著書。於是老子迺著書上下篇。言道德之意五千餘言而去。莫知其所終。或曰老萊子亦楚人也。著書十五篇。言道家之用。與孔子同時云。蓋老子百有六十餘歲。或言二百餘歲。以其修道而養壽也。自孔子死之後。百二十九年。而史記周太史儋見秦獻公。曰。始秦與周合。合五百歲而離。離七十歲而霸王者出焉。或曰儋卽老子。或曰非也。世莫知其然否。老子隱君子也。老子之子名宗。宗爲魏將。封於段干。宗子注。注子宮。宮玄孫假。假仕於漢孝文帝。而假之子解。爲膠西王卬太傅。因家于齊焉。世之學老子者。則紬儒學。儒學亦紬老子。道不同不相爲謀。豈謂是邪。李耳無爲自化。淸靜自正。

莊子者。蒙人也。名周。周嘗爲蒙漆園吏。與梁惠王齊宣王同時。其學無所不闚。然其要本歸於老子之言。故其著書十餘萬言。大抵率寓言也。作漁父盜跖胠篋。以詆訾孔子之徒。以明老子之術。畏累虛亢桑子之屬。皆空語無事實。然善屬書離辭。指事類情。用剽剝儒墨。雖當世宿學。不能自解免也。其言洸洋自恣以適己。故自王公大人不能器之。楚威王聞莊周賢。

使使厚幣迎之。許以爲相。莊周笑謂楚使者曰。千金重利。卿相尊位也。子獨不見郊祭之犧牛乎。養食之數歲。衣以文繡。以入太廟。當是之時。雖欲爲孤豚。豈可得乎。子亟去。無汚我。我寧游戲汚瀆之中自快。無爲有國者所羈。終身不仕。以快吾志焉。

申不害者。京人也。故鄭之賤臣。學術以干韓昭侯。昭侯用爲相。內修政教。外應諸侯。十五年。終申子之身。國治兵彊。無侵韓者。申子之學。本於黃老而主刑名。著書二篇。號曰申子。

韓非者。韓之諸公子也。喜刑名法術之學。而其歸本於黃老。非爲人口吃。不能道說。而善著書。與李斯俱事荀卿。斯自以爲不如非。非見韓之削弱。數以書諫韓王。韓王不能用。於是韓非疾治國不務修明其法制。執勢以御其臣下。富國彊兵而以求人任賢。反舉浮淫之蠹而加之於功實之上。以爲儒者用文亂法。而俠者以武犯禁。寬則寵名譽之人。急則用介冑之士。今者所養非所用。所用非所養。悲廉直不容於邪枉之臣。觀往者得失之變。故作孤憤五蠹內外儲說林說難十餘萬言。然韓非知說之難。爲說難書甚具。終死於秦。不能自脫。說難曰。凡說之難。非吾知之有以說之難也。又非吾辯之難能明吾意之難也。又非吾敢橫失能盡之難也。凡說之難。在知所說之心。可以吾說當之。所說出於爲名高者也。而說之以厚利。則見下節而遇卑賤。必棄遠矣。所說出於厚利者也。而說之以名高。則見無心而遠事情。必不收矣。所說實爲厚利。而顯爲名高者也。而說之以名高。則陽收其身。而實疏之。若說之以厚利。則陰用其言。而顯棄其身。此之不可不知也。夫事以密成。而以泄敗。未必其身泄之也。而語及其所匿之事。如是者身危。貴人有過端。而說者明言善議以推其惡者。則身危。周澤未渥也。而語極知。說行而有功則德亡。說不行而有敗則見疑。如是者身危。夫貴人得計而欲自以爲功。說者與知焉。則身危。彼顯有所出事。迺自以爲也。故說者與知焉。則身危。彊之以其所必不爲。止之以其所不能已者。身危。故曰與之論大人。則以爲閒己。與之論細人。則以爲粥權。論其所愛。則以爲借資。論其所憎。則以爲嘗己。徑省其辭。則不知而屈之。汎濫博文。則多而久之。順事陳意。則曰怯懦而不盡。慮事廣肆。則曰草野而倨侮。此說之難。不可不知也。凡說之務。在知飾所說之所敬。而滅其所醜。彼自知其計。則毋以其失窮之。自勇其斷。則毋以其敵怒之。自多其力。則毋以其難概之。規異事與同計。譽異人與同行者。則以飾之無傷也。有與同失者。則明飾其無失也。大忠無所拂辭。悟言無所擊排。迺後申其辯知焉。此所以親近不疑。知盡之難也。得曠日彌久。而周澤既渥。深計而不疑。交爭而不罪。迺明計利害。以致其功。直指是非。以飾其身。以此相持。此說之成也。伊尹爲庖。百里奚爲虜。皆所由干其上也。故此二子者。皆聖人也。猶不能無役身而涉世如此其汙也。則非能仕之所設也。宋有富人。天雨牆壞。其子曰不築且有盜。其鄰人之父亦云。暮而果大亡其財。其家甚知其子。而疑鄰人之父。昔者鄭武公欲伐胡。迺以其子妻之。因問羣臣曰。吾欲用兵。誰可伐者。關其思。曰。胡可伐。迺戮關其思。曰。胡。兄弟之國也。子言伐之。何也。胡君聞之。以鄭爲親己。而不備鄭。鄭人襲胡。取之。此二說者。其知皆當矣。然而甚者爲戮。薄者見疑。非知之難也。處知則難矣。昔者彌子瑕見愛於衞君。衞國之法。竊駕君車者罪至刖。既而彌子之母病。人聞。往夜告之。彌子矯駕君車而出。君聞之而賢之。曰。孝哉。爲母之故。而犯刖罪。與君游果園。彌子食桃而甘。不盡而奉君。君曰。愛我哉。忘其口而念我。及彌子色衰而愛弛。得罪於君。君曰。是嘗矯駕吾車。又嘗食我以其餘桃。故彌子之行。未變於初也。前見賢而後獲罪者。愛憎之至變也。故有愛於主。則知當而加親。見憎於主。則罪當而加疏。故諫說之士。不可不察愛憎之主而後說之矣。夫龍之爲蟲也。可擾狎而騎也。然其喉下有逆鱗徑尺。人有嬰之。則必殺人。人主亦有逆鱗。說之者能無嬰人主之逆鱗。則幾矣。人或傳其書至秦。秦王見孤憤五蠹之書。曰。嗟乎。寡人得見此人。與之游。死不恨矣。李斯曰。此韓非之所著書也。秦因急攻韓。韓王始不用非。及急。迺遣非使秦。秦王悅之。未信用。李斯姚賈害之。毀之曰。韓非。韓之諸公子也。今王欲并諸侯。非終爲韓不爲秦。此人之情也。今王不用。久留而歸之。此自遺患也。不如以過法誅之。秦王以爲然。下吏治非。李斯使人遺非藥。使自殺。韓非欲自陳。不得見。秦王後悔之。使人赦之。非已死矣。申子韓子。皆著書。傳於後世。學者多有。余獨悲韓子爲說難而不能自脫耳。

太史公曰。老子所貴道。虛無因應。變化於無爲。故著書辭。稱微妙難識。莊子散道德。放論。要亦歸之自然。申子卑卑。施之於名實。韓子引繩墨。切事情。明是非。其極慘礉少恩。皆原於道德之意。而老子深遠矣。

孟子荀卿列傳

太史公曰。余讀孟子書。至梁惠王問何以利吾國。未嘗不廢書而歎也。曰。嗟乎。利誠亂之始也。夫子罕言利者。常防其原也。故曰放於利而行多怨。自天子至於庶人。好利之弊。何以異哉。孟軻。鄒人也。受業子思之門人。道既通。游事於齊宣王。宣王不能用。適梁。梁惠王不果所言。則見以爲迂遠而闊於事情。當是之時。秦用商君。富國彊兵。楚魏用吳起。戰勝弱敵。齊威王宣王用孫子田忌之徒。而諸侯東面朝齊。天下方務於合從連衡。以攻伐爲賢。而孟軻乃述唐虞三代之德。是以所如者不合。退而與萬章之徒。序詩書。述仲尼之意。作孟子七篇。其後有騶子之屬。齊有三騶子。其前騶忌。以鼓琴干威王。因及國政。封爲成侯。而受相印。先孟子。其次騶衍。後孟子。騶衍睹有國者益淫侈。不能尚德。若大雅整之於身。施及黎庶矣。乃深觀陰陽消息。而作怪迂之變。終始大聖之篇。十餘萬言。其語閎大不經。必先驗小物。推而大之。至於無垠。先序今以上至黃帝。學者所共術。大並世盛衰。因載其禨祥度制。推而遠之。至天地未生。窈冥不可考而原也。先列中國名山大川通谷禽獸。水土所殖。物類所珍。因而推之及海外人之所不能睹。稱引天地剖判以來五德轉移。治各有宜。而符應若茲。以爲儒者所謂中國者。於天下乃八十一分居其一分耳。中國名曰赤縣神州。赤縣神州內自有九州。禹之序九州是也。不得爲州數。中國外如赤縣神州者九。乃所謂九州也。於是有裨海環之。人民禽獸莫能相通者。如一區中者。乃爲一州。如此者九。乃有大瀛海環其外。天地之際焉。其術皆此類也。然要其歸。必止乎仁義節儉。君臣上下六親之施。始也濫耳。王公大人初見其術。懼然顧化。其後不能行之。是以騶子重於齊。適梁。惠王郊迎。執賓主之禮。適趙。平原君側行撇席。如燕。昭王擁篲先驅。請列弟子之座而受業。築碣石宮。身親往師之。作主運。其游諸侯。見尊禮如此。豈與仲尼菜色陳蔡。孟軻困於齊梁同乎哉。故武王以仁義伐紂而王。伯夷餓不食周粟。衞靈公問陳。而孔子不答。梁惠王謀欲攻趙。孟軻稱太王去邠。此豈有意阿世俗苟合而已哉。持方枘欲內圜鑿。其能入乎。或曰。伊尹負鼎而勉湯以王。百里奚飯牛車下。而繆公用霸。作先合。然後引之大道。騶衍其言雖不軌。儻亦有牛鼎之意乎。自騶衍與齊之稷下先生。如淳于髡。愼到。環淵。接子。田駢。騶奭之徒。各著書言治亂之事。以干世主。豈可勝道哉。淳于髡。齊人也。博聞彊記。學無所主。其陳說。慕晏嬰之爲人也。然而承意觀色爲務。客有見髡於梁惠王。惠王屏左右。獨坐而再見之。終無言也。惠王怪之。以讓客曰。子之稱淳于先生。管晏不及。及見寡人。寡人未有得也。豈寡人不足爲言邪。何故哉。客以謂髡。髡曰。固也。吾前見王。王志在驅逐。後復見王。王志在音聲。吾是以默然。客具以報王。王大駭曰。嗟乎。淳于先生誠聖人也。前淳于先生之來。人有獻善馬者。寡人未及視。會先生至。後先生之來。人有獻謳者。未及試。亦會先生來。寡人雖屏人。然私心在彼。有之。後淳于髡見。一語連三日三夜無倦。惠王欲以卿相位待之。髡因謝去。於是送以安車駕駟。束帛加璧。黃金百鎰。終身不仕。愼到。趙人。田駢。接子。齊人。環淵。楚人。皆學黃老道德之術。因發明序其指意。故愼到著十二論。環淵著上下篇。而田駢。接子皆有所論焉。騶奭者。齊諸騶子。亦頗采騶衍之術以紀文。於是齊王嘉之。自如淳于髡以下。皆命曰列大夫。爲開第康莊之衢。高門大屋。尊寵之。覽天下諸侯賓客。言齊能致天下賢士也。荀卿。趙人。年五十。始來游學於齊。騶衍之術。迂大而閎辯。奭也文具難施。淳于髡久與處。時有得善言。故齊人頌曰。談天衍。雕龍奭。炙轂過髡。田駢之屬。皆已死齊襄王時。而荀卿最爲老師。齊尙修列大夫之缺。而荀卿三爲祭酒焉。齊人或讒荀卿。荀卿乃適楚。而春申君以爲蘭陵令。春申君死而荀卿廢。因家蘭陵。李斯嘗爲弟子。已而相秦。荀卿嫉濁世之政。亡國亂君相屬。不遂大道。而營於巫祝。信禨祥。鄙儒小拘。如莊周等。又滑稽亂俗。於是推儒墨道德之行事興壞。序列著數萬言而卒。因葬蘭陵。而趙亦有公孫龍。爲堅白同異之辯。劇子之言。魏有李悝。盡地力之教。楚有尸子。長盧。阿之吁子焉。自如孟子至于吁子。世多有其書。故不論其傳云。蓋墨翟。宋之大夫。善守禦。爲節用。或曰。並孔子時。或曰在其後。

劉向　小傳見前向領校祕書時每一書已。輒撰爲一錄。論其旨歸。辨其訛謬。敍而上之。後儒謂其附於本書者曰敍錄。其集衆錄爲一書者曰別錄。別錄之爲書。蓋猶淸之四庫總目提要。考隋志史部簿錄類載有七略別錄二十卷。當卽其書。惜不知亡於何代。今存者。惟附見於管晏諸子卷端之數篇而已。

荀子敍錄

護左都水使者光祿大夫臣向言。所校讎中孫卿書凡三百二十二篇。以相校除復重二百九十篇。定著三十二篇。皆以定殺青簡書可繕寫。孫卿趙人。名況。方齊宣王威王之時。聚天下賢士於稷下尊寵之。若鄒衍田駢淳于髡之屬甚衆。號曰列大夫。皆世所稱。咸作書刺世。是時孫卿有秀才。年五十。始來游學。諸子之事。皆以爲非先王之法也。孫卿善爲詩禮易春秋。至齊襄王時。孫卿最爲老師。齊尙修列大夫之缺。而孫卿三爲祭酒焉。齊人或讒孫卿。孫卿乃適楚。楚相春申君以爲蘭陵令。人或謂春申君曰。湯以七十里。文王以百里。孫卿賢者也。今與之百里地。楚其危乎。春申君謝之。孫卿去之趙。後客或謂春申君曰。伊尹去夏入殷。殷王而夏亡。管仲去魯入齊。魯弱而齊强。故賢者所在君尊國安。今孫卿天下賢人。所去之國。其不安乎。春申君使人聘孫卿。孫卿遺春申君書。刺楚國。因爲歌賦以遺春申君。春申君恨。復固謝孫卿。孫卿乃行。復爲蘭陵令。春申君死。而孫卿廢。因家蘭陵。李斯嘗爲弟子。已而相秦。及韓非號韓子。又浮丘伯皆受業。爲名儒。孫卿之應聘于諸侯。見秦昭王。昭王方喜戰伐。而孫卿以三王之法說之。及秦相應侯皆不能用也。至趙與孫臏議兵趙孝成王前。孫臏爲變詐之兵。孫卿以王兵難之。不能對也。卒不能用。孫卿道守禮義。行應繩墨。安貧賤。孟子者亦大儒。以人之性善。孫卿後孟子百餘年。孫卿以爲人性惡。故作性惡一篇。以非孟子。蘇秦張儀以邪道說諸侯。以大貴顯。孫卿退而笑之曰。夫不以其道進者。必不以其道亡。至漢興。江都相董仲舒亦　儒作書美孫卿。案至漢興以下十七字。似不當在此。應在下文蓋以法孫卿也句下。孫卿卒不用於世。老於蘭陵。疾濁世之政。亡國亂君相屬。不遂大道而營乎巫祝。信禨祥。鄙儒小拘。如莊周等。又滑稽亂俗。於是推儒墨道德之行事興壞。序列著數萬言而卒。葬蘭陵。而趙亦有公孫龍爲堅白同異之辯。處子之言。魏有李悝盡地力之敎。楚有尸子長盧子芋子。皆著書。然非先王之法也。皆不循孔氏之術。唯孟軻孫卿爲能尊仲尼。蘭陵多善爲學。蓋以孫卿也。長老至今稱之曰。蘭陵人喜字爲卿。蓋以法孫卿也。孟子孫卿董先生皆小五伯。以爲仲尼之門。五尺童子皆羞稱五伯。如人君能用孫卿。庶幾於王。然始終莫能用。而六國之君殘滅。秦國大亂。卒以亡。觀孫卿之書。其陳王道甚易行。疾世莫能用。其言悽愴。甚可痛也。嗚呼。使斯人卒終於閭巷。而功業不得見於世。哀哉可爲霣涕。其書比於記傳。可以爲法。謹第錄。臣向昧死上言。

列子敘錄

右新書定著八章。護左都水使者光祿大夫臣向言。敎校中書列子五篇。臣向謹與長社尉臣參校讎太常書三篇。太史書四篇。臣向書六篇。臣參書二篇。內外書凡二十篇。以校除復重十二篇。定著八篇。中書多。外書少。章亂布在諸篇中。或字誤以盡為進。以賢為形。如此者衆。及在新書有棧。校讎從中書。已定。皆以殺青。書可繕寫。列子者。鄭人也。與鄭繆公同時。蓋有道者也。其學本于黃帝老子。號曰道家。道家者。秉要執本。淸虛無爲。及其治身接物。務崇不競。合於六經。而穆王湯問二篇。迂誕恢詭。非君子之言也。至於力命篇。一推分命。楊子之篇。唯貴放逸。二義乖背。不似一家之書。然各有所明。亦有可觀者。孝景皇帝時貴黃老術。此書頗行於世。及後遺落。散在民間。未有傳者。且多寓言。與莊周相類。故太史公司馬遷不爲列傳。謹第錄。臣向昧死上。

管子敘錄

護左都水使者光祿大夫臣向言。所校讎中管子書三百八十九篇。大中大夫卜圭書二十七篇。臣富參書四十一篇。射聲校尉立書十一篇。太史書九十六篇。凡中外書五百六十四。以校除復重四百八十四篇。定著八十六篇。殺青而書可繕寫也。管子者。潁上人也。名夷吾。號仲父。少時嘗與鮑叔牙遊。鮑叔知其賢。管子貧困。常欺叔牙。叔牙終善之。鮑叔事齊公子小白。管子事公子糾。及小白立爲桓公。子糾死。管仲囚。鮑叔薦管仲。管仲既任政於齊。齊桓公以霸。九合諸侯。一匡天下。管仲之謀也。故管仲曰。吾始困時。與鮑叔分財多自予。鮑叔不以我爲貪。知吾貧也。嘗爲鮑叔謀事。而更窮困。鮑叔不以我爲愚。知吾有利有不利也。公子糾敗。召忽死之。吾幽囚受辱。鮑叔不以我爲無恥。知吾不羞小節而恥功名不顯于天下也。生我者父母。知我者鮑叔。鮑叔既進管仲。而己下之。子孫世祿於齊。有封邑者十餘世。常爲名大夫。管子既相。以區區之齊。在海濱。通貨積財。富國彊兵。與俗同好醜。故其書稱曰倉廩實而知禮節。衣食足而知榮辱。上服度則六親固。四維不張。國乃滅亡。下令猶流水之原。令順人心。故論卑而易行。俗所欲。因予之。俗所否。因去之。其爲政也。善因禍爲福。轉敗爲功。貴輕重。愼權衡。桓公怒少姬。南襲蔡。管仲因伐楚。責包茅不入貢於周室。桓公北伐山戎。管仲因而令燕修召公之政。柯之會。桓公背曹沫之盟。管仲因而信之。諸侯歸之。管仲聘於周。不敢受上卿之命。以讓高國。是時諸侯爲管仲城穀。以爲之乘邑。春秋書之。褒賢也。管仲富擬公室。有三歸反坫。齊人不以爲侈。管仲卒。齊國遵其政。常彊於諸侯。孔子曰。微管仲。吾其被髮左衽矣。太史公曰。余讀管氏牧民山高乘馬輕重九府。詳哉言之也。又曰。將順其美。匡救其惡。故上下能相親。愛豈管仲之謂乎。九府書民間無有。山高一名形勢。凡管子書務富國安民。道約言要。可以曉合經義。向謹第錄上。

呂氏春秋序

高誘　後漢河東人。注書甚多。今傳世者有呂氏春秋淮南子戰國策。考訂古義。皆以博洽見稱。

呂不韋者。濮陽人也。爲陽翟之富賈。家累千金。秦昭襄王者。孝公之曾孫。惠文王之孫。武烈王之子也。太子死。以庶子安國君柱爲太子。柱有子二十餘人。所幸妃號曰華陽夫人。無子。安國君庶子名楚。其母曰夏姬。不甚得幸。令楚質於趙。而不能顧質。數東攻趙。趙不禮楚。時不韋賈於邯鄲。見之。曰。此奇貨也。不可失。乃見楚曰。吾能大子之門。楚曰。何不大君之門。乃大吾之門邪。不韋曰。子不知也。吾門待子門大而大之。楚默幸之。不韋曰。昭襄王老矣。而安國君爲太子。竊聞華陽夫人無子。能立適嗣者。獨華陽夫人耳。請以千金爲子西行事安國君。令立子爲適嗣。不韋乃以寶玩珍物獻華陽夫人。因言楚之賢。以夫人爲天母。日夜涕泣思夫人與太子。夫人大喜。言於安國君。於是立楚爲適嗣。華陽夫人以爲己子。使不韋傅之。不韋取邯鄲姬。已有身。楚見說之。遂獻其姬。至楚所生男。名之曰正。楚立之爲夫人。暨昭襄王薨。太子安國君立。華陽夫人爲后。楚爲太子。安國君立一年薨。諡爲孝文王。太子楚立。是爲莊襄王。以不韋爲丞相。封爲文信侯。食河南雒陽十萬戶。莊襄王立三年而薨。太子正立。是爲秦始皇帝。尊不韋爲相國。號稱仲父。不韋乃集儒書。使著其所聞。爲十二紀八覽六論。訓解各十餘萬言。備天地萬物古今之事。名爲呂氏春秋。暴之咸陽市門。懸千金其上。有能增損一字者。與千金。時人無能增損者。誘以爲時人非不能也。蓋憚相國畏其勢耳。然此書所尚以道德爲標的。以無爲爲綱紀。以忠義爲品式。以公方爲檢格。與孟軻孫卿淮南揚雄相表裏也。是以著作錄略。誘正孟子章句作淮南孝經解畢訖。家有此書。尋繹案省。大出諸子之右。既有脫誤。小儒又以私意改定。猶慮傳義失其本眞。少能詳之。故復依先師舊訓。輒乃爲之解焉。以述古儒之旨。凡十七萬三千五百五十四言。若有紕繆不經。後之君子。斷一作斲而裁之。比其義焉。

淮南鴻烈解序

淮南王名安。厲王長子也。長。高皇帝之子也。其母趙氏女。爲趙王張敖美人。高皇帝七年。討韓信於銅鞮。信亡走匈奴。上遂北至樓煩。還過趙。不禮趙王。趙王獻美女趙氏女。得幸有身。趙王不敢內之於宮。爲築舍於外。及貫高等謀反發覺。幷逮治王。盡收王家及美人趙氏女亦與焉。吏以其得幸有身聞上。上方怒趙王。未理也。趙美人弟兼因辟陽侯審食其言之呂后。呂后不肯白。辟陽侯亦不彊爭。及趙美人生男。恚而自殺。吏奉男詣上。上命呂后母之。封爲淮南王。暨孝文皇帝卽位。長弟上書願相見。詔至長安。日從遊宴。驕蹇如家人兄弟。怨辟陽侯不爭其母於呂后。因椎殺之。上非之。肉袒北闕謝罪。奪四縣。還歸國。爲黃屋左纛。稱東帝。坐徙蜀嚴道。死於雍。上閔之。封其四子爲列侯。時民歌之曰。一尺繒。好童童。一升粟。飽蓬蓬。兄弟二人不能相容。上聞之曰。以我貪其地耶。乃召四侯而封之。其一人病薨。長子安襲封淮南王。次爲衡山王。次爲廬江王。太傅賈誼諫曰。怨讎之人。不可貴也。後淮南衡山卒反。如賈誼言。初安爲辯達。善屬文。皇帝爲從父。數上書。召見。孝文皇帝甚重之。詔使爲離騷賦。自旦受詔。日早食已上。愛而祕之。天下方術之士。多往歸焉。於是遂與蘇飛李尙左吳田由雷被毛被伍被晉昌等八人。及諸儒大山小山之徒。共講論道德。總統仁義。而著此書。其旨近老子。澹泊無爲。蹈虛守靜。出入經道。言其大也。則燾天載地。說其細也。則淪於無垠。及古今治亂存亡禍福。世間詭異瓌奇之事。其義著。其文富。物事之類。無所不載。然其大較歸之於道。號曰鴻烈。鴻大也。烈明也。以爲大明道之言也。故夫學者不論淮南。則不知大道之深也。是以先賢通儒述作之士。莫不援采以驗經傳。以父諱長。故其所著諸長字。皆曰修。光祿大夫劉向校定撰具。名之淮南。又有十九篇者。謂之淮南外篇。自誘之少。從故侍中同縣盧君受其句讀誦舉大義。會遭兵災。天下棊峙。亡失書傳。廢不尋修。二十餘載。建安十年。辟司空掾。除東郡濮陽令。覩時人少爲淮南者。懼遂陵遲。於是以朝餔事畢之間。乃深思先師之訓。參以經傳道家之言。比方其事。爲之注解。悉載本文。並舉音讀。典農中郎將弁揖借八卷刺之。會揖身喪。遂亡不得。至十七年。遷監河東。復更補足。淺學寡見。未能備悉。其所不達。注以未聞。唯博物君子覽而詳之。以勸後學者云爾。漢河東高誘撰。

魯勝　晉代郡人。字叔時。少有才操。明天文曆算之學。爲佐著作郎。元康初。遷建康令。後稱疾去官。嘗注墨辯。隋志巳不載。惟本傳存其一序。頗有理致。其全書則不可考矣。

墨辯序

名者。所以別同異。明是非。道義之門。政化之準繩也。孔子曰。必也正名。名不正則事不成。墨子著書。作辯經以立名本。惠施公孫龍祖述其學。以正刑名顯于世。孟子非墨子。其辯言正辭則與墨同。荀卿莊周等皆非毀名家。而不能易其論也。名必有形。察莫如別色。故有堅白之辯。名必有分明。分明莫如有無。故有無序之辯。是有不是。可有不可。是名兩可。同而有異。異而有同。是之謂辯同異。至同無不同。至異無不異。是謂辯同辯異。同異生是非。是非生吉凶。取辯于一物。而原極天下之汙隆。名之至也。自鄧析至秦時。名家者世有篇籍。率頗難知。後學莫復傳習。於今五百餘歲。遂亡絕。墨辯有上下經。經各有說。凡四篇。與其書眾篇連第。故獨存。今引說就經。各附其章。疑者闕之。又采諸眾雜集爲刑名二篇。略解指歸。以俟君子。其或興微繼絕者。亦有樂乎此也。

張湛　字處度。東晉時人。爲光祿勳。注列子。或謂列子書巳亡。今本卽湛所僞作也。

列子序

湛聞之先父曰。吾先君與劉正輿傅穎根。皆王氏之甥也。並少遊外家。舅始周。始周從兄正宗輔嗣皆好集文籍先並得仲宣家書幾將萬卷傅氏亦世爲學門三君總角競錄奇書及長遭永嘉之亂與穎根同避難南行車重各稱力並有所載而寇虜彌盛前途尙遠張謂傅曰今將不能盡全所載且共料簡世所希有者各各保錄令無遺棄穎根於是唯賫其祖玄父咸子集先君所錄書中有列子八篇及至江南僅有存者列子唯餘楊朱說符目錄三卷比亂正與爲揚州刺史先來過江復在其家得四卷尋從輔嗣女壻趙季子家得六卷參校有無始得全備其書大略明羣有以至虛爲宗萬品以終滅爲驗神惠以凝寂常全想念以著物自喪生覺與化夢等情巨細不限一域窮達無假智力治身貴於肆任順性則所之皆適水火可蹈忘懷則無幽不照此其旨也然所明往往與佛經相參大歸同於老莊屬辭引類特與莊子相似莊子愼到韓非尸子淮南子玄示旨歸多稱其言遂注之云爾

荀子序

楊倞　唐弘農人汝士子憲宗時爲大理評事注有荀子傳世以詳洽見稱

昔周公稽古三五之道損益夏殷之典制禮作樂以仁義理天下其德化刑政存乎詩至于幽厲失道始變風變雅作矣平王東遷諸侯力政逮五霸之後則王道不絕如綫故仲尼定禮樂作春秋然後三代遺風弛而復張而無時無位功烈不得被于天下但門人傳述而已陵夷至于戰國於是申商苛虐孫吳變詐以族論罪殺人盈城談說者又以愼墨蘇張爲宗

則孔氏之道幾乎息矣。有志之士所爲痛心疾首也。故孟軻闡其前。荀卿振其後。觀其立言指事。根極理要。敷陳往古。掎挈當世。撥亂興理。易於反掌。眞名世之士。王者之師。又其書亦所以羽翼六經。增光孔氏。非徒諸子之言也。蓋周公制作之。仲尼祖述之。荀孟贊成之。所以膠固王道。至深至備。雖春秋之四夷交侵。戰國之三綱弛絕。斯道竟不墜矣。倞以末宦之暇。頗窺篇籍。竊感炎黃之風。未洽於聖代。謂荀孟有功於時政。尤所耽慕。而孟子有趙氏章句。漢氏亦嘗立博士。傳習不絕。故今之君子多好其書。獨荀子未有注解。亦復編簡爛脫。傳寫謬誤。雖好事者時亦覽之。至於文義不通。屢掩卷焉。夫理曉則心愜。文舛則意忤。未知者謂異端不覽。覽者以脫誤不終。所以荀氏之書。千載而未光焉。輒用申抒鄙思。敷尋義理。其所徵據。則博求諸書。但以古今字殊。齊楚言異。事資參考。不得不廣。或取偏傍相近。聲類相通。或字少增加。或文重刊削。或求之古字。或徵諸方言。加以孤陋寡儔。愚昧多蔽。穿鑿之責。於何可逃。曾未足粗明先賢之旨。適增其蕪穢耳。蓋以自備省覽。非敢傳之將來。以文字煩多。故分舊十二卷爲二十卷。又改孫卿新書爲荀卿子。其篇第亦頗有移易。使以類相從云。時歲在戊戌。大唐睿聖文武皇帝元和十三年十二月也。楊倞序

中華經典叢書—語文類
國學治要 第三編 諸子治要

作　　者／張文治　編
主　　編／劉郁君
美術編輯／中華書局編輯部

出 版 者／中華書局
發 行 人／張敏君
行銷經理／王新君
地　　址／11494 台北市內湖區舊宗路二段181巷8號5樓
客服專線／02-8797-8396　　　傳　　真／02-8797-8909
網　　址／www.chunghwabook.com.tw
匯款帳號／華南商業銀行　　西湖分行
　　　　　179-10-002693-1　中華書局股份有限公司

法律顧問／安侯法律事務所
製版印刷／維中科技有限公司　海瑞印刷品有限公司
出版日期／2015年11月三版一刷
版本備註／據1971年12月二版復刻重製
定　　價／NTD 480（平裝）

國家圖書館出版品預行編目（CIP）資料

國學治要：第三編 諸子治要 / 張文治編. --
三版. -- 臺北市 : 中華書局, 2015.11
冊 ; 公分. -- (中華語文叢書)
ISBN 978-957-43-2888-8(第3冊 : 平裝)

1.漢學

030　　　　104020474

NO.H1004-3
ISBN 978-957-43-2888-8（平裝）